名山毓秀，至今騷客、仙子之侶，眼觀翠柏、蒼松，而樂境無窮。
張芸叟：
松鬱鬱，雲漠漠，龍吟虎嘯，風神何限，① 如游七澤五陵地；
山悠悠，水洋洋，② 花落鳥啼，機趣無窮，應在十洲三島間。

聽 松 閣

鄒邦彥：
瀟灑千層窮谷之巔，直覺西山爽氣撲人眉宇；③
盤桓百尺虬松之下，惟饒本地風光怡我襟懷。

題白雲阿

杜宗晦：
層層叠叠增奇觀，海島千尋、閬苑萬回仿佛似之；
嶽嶽岩岩壯勝槪，武陵九曲、湘江百折庶幾類是。

題 僧 室

張添祐：
静參河圖，④ 天地有情容我老；
閒談世事，江山無語笑人忙。⑤

---

① 何限：一作"有眼"，形近誤。
② 洋洋：一作"澤澤"，形近誤。
③ 西山爽氣：指隱居者的閒情逸致。典出南朝宋·劉義慶《世說新語·簡傲》："王子猷作桓車騎參軍，桓謂王曰：'卿在府久，比當相料理。'初不答，直高視，以手版拄頰雲：'西山朝來，致有爽氣。'"
④ 河圖：傳說中伏羲通過黃河中出現的龍馬身上的圖案，與自己的觀察，畫出的"八卦"，而龍馬身上的圖案就叫做"河圖"。八卦源於陰陽概念一分爲二，文王八卦源於天文曆法，但它的"根"是"河圖"。
⑤ 後二分句同黃諰［生卒年不詳，字汝綸，又字君敕，號慎庵，廣東省廣州府東莞縣（今東莞市）人。明朝政治人物］："天地有情容我老，山川無語笑人勞。"

幾千年田產，幾千年堂構，山川、門戶俱長。①

大 佛 殿

張尚德：
一派松聲鳴寶殿，幽如明月川前，使我徘徊不已；
四圍峰色擁靈泉，雅似山陰道上，令人應接不暇。②

靈 泉 寺

如曉題：
青山無數，但聞飛響流泉，不禁移情慾化；
綠樹多枝，殊覺蒼煙翠色，悠然雅致如神。③

題 寺 門

江夏王道宗：
深山窈窕，水流花發洩天機，未許野人問渡；
遠樹蒼涼，雲起鶴翔含妙理，惟偕騷客搜奇。④
曾泰：
望谷鍾靈，自古文臣、武將之人，目睹行雲、流水，而會心自遠；

---

① 與《今古（浙江武義縣）郭洞》……建於明萬曆三十七年的何氏宗祠……廳堂裏的一副對聯（有固定位置，每年重新書寫）……："幾千年田桑，幾千年堂構，山川、門戶俱長；第一等學術，第一等事功，祖、父、子、孫繼美"。僅3字及3字序異。
② 《明清小說評點批語例釋》："'山陰道上令人應接不暇'，或'如山陰道上行'、'令人應接不暇'等，是中國古代文藝批評常用的評語，明清小說批評，特別是評點中尤爲多見。"
③ 楹聯專家從該文體的歷史發展分析，像這樣有三個分句，長達32字的比較成熟的對聯，其出現不可能早於宋，而以明代及以後的可能性較大。
④ 有據本書考證：寺爲李暄、李洞兄弟創，時在王道宗之後；又據對聯歷史發展，認爲此聯爲明代以後人撰。

寺　　門

山疊疊而來，綿遠幽深，不盡烟霞之趣；
水悠悠而往，迴環映帶，常留泉石之風。

賀舉人張弘

春意滿瀛洲，靄靄宮雲邀翰墨；
晴光開帝里，翻翻御柳報芳菲。

堂　　聯

張添祐題：
何以答涓埃？①　願效一寸赤心，忠同葵藿；②
庶幾無疾病，笑看滿堤金綫，春入柳條。

寺　　門

張賓王：
遠望哉！龍蟠鳳舞，方知仙地非凡地；
大觀乎？水秀山明，始識人間有洞天。

堂　　聯

張公題：
第一等學術，第一等事業，父子、祖孫濟美；

---

①　涓埃：細流與塵土，比喻微小。
②　葵藿：指葵。葵性嚮日，古人多用以比喻下對上赤心趨向。

韓、范老文學並富甲兵，① 爲萬里長城。

賀舉人張祥

李璋：

佳節報東關，夜月達南宮之夢；

新恩催鎬宴，② 春明開上苑之花。

賀張添祐及第

曾泰：

馬蹄春暖杏泥香，群羨龍門第一；③

鯨海雨晴桃浪漲，爭夸國士無雙。

樓

杜宗晦題：

畫圖半壁煙雲裏，一首好詩也；

雅趣幾村山水中，數篇淡墨然。

---

① 韓琦（1008—1075），字稚圭，自號贛叟，漢族，相州安陽（今屬河南）人。北宋政治家、名將，天聖進士。初授將作監丞，歷樞密直學士、陝西經略安撫副使、陝西四路經略安撫招討使。與范仲淹共同防禦西夏，名重一時，時稱"韓范"。《宋史》有傳。著有《安陽集》五十卷。《全宋詞》錄其詞四首。
范仲淹（989—1052），字希文，漢族，生於武寧軍（治所徐州）（一說河北真定府）。祖籍邠州（今陝西省彬縣），先人遷居蘇州吳縣（今江蘇蘇州），唐朝宰相范履冰的後人。北宋著名的政治家、思想家、軍事家和文學家，世稱"范文正公"。有《范文正公全集》傳世，通行有清康熙歲寒堂刻版本，附《年譜》及《言行拾遺事錄》等。
② 鎬宴：謂天下太平，君臣同樂。典出《小雅·魚藻》："魚在在藻，有頒其首。王在在鎬，豈樂飲酒。"東漢·鄭玄箋云："豈，亦樂也。天下平安，萬物得其性。武王何所處乎？處於鎬京。樂八音之樂。與群臣飲酒而已。"
③ 龍門：古代科舉試場的正門，後喻指科舉中式爲登龍門。

衆水赴溪,無數縈洄,所見最幽。①

賀張楒中舉

張廷謨:

桂赤槐黃,秋水龍門今得意;

桃紅杏紫,春風雁塔早題名。②

賀刑部員外張雲鶚

沈寳:

宦味自儒、自仙,何必盡蘭臺藜閣?③

民情指象、指意,幾無用玉律金科。

賀張桃登第

張廷讚:

祖祖孫孫九發甲,仙山望族;

兄兄弟弟三登科,世澤名家。

贈御史張璞

湯泓:

寇萊公中書借司鎖鑰,④ 作一方保障;

---

① 有據本書考證:寺爲李暄、李洞兄弟創,時在李道宗之後;又據對聯歷史發展,認爲此聯爲明代以後人撰。
② 雁塔題名:古代科舉制度中,進士及第的代稱。雁塔即大雁塔,在陝西西安的慈恩寺中。爲唐玄奘所建。唐朝新中進士,均在大雁塔內題名。
③ 漢代宮内藏書之處,以御史中丞掌之,後世因稱御史臺爲"蘭臺"。東漢時班固曾爲"蘭臺令史",受詔撰史,故後世亦稱史官爲蘭臺。又唐中宗曾改"秘書省"爲蘭臺。藜閣:參見《謝頌九經書》注。
④ 萊國忠愍公寇準(961—1023):字平仲。華州下邽(今陝西渭南)人。北宋政治家、詩人。寇準善詩能文,七絕尤有韵味,今傳《寇忠愍詩集》三卷。

賀舉人張才

董珍：
斗牛呈光，寶劍搖來占太史；①
馬蹄得意，金鑾宴罷過長安。②

賀張鍾靈發解

張本治：
琢月仙才，袖惹桂香飄月頂；
凌雲佳句，筆翻花氣上雲頭。

大　佛　殿

張鬱：
石壁巍峨，快睹高松天半璧；
金爐燦爛，欣瞻瑞色月重輪。

靈泉寺門

王道宗題：
萬雲歸壑，許多曲折，其神獨遠；

---

① 《晉書·張華傳》：晉初，牛、門二星之間常有紫氣照射。張華請教精通天象的雷煥，雷煥稱這是寶劍之精，上徹於天。張華命雷煥爲豐城令尋劍，果然在豐城（今江西省豐城市，古屬豫章郡）牢獄的地下，掘地四丈，得一石匣，内有龍泉、太阿二劍。

② 宋太祖規定，在殿試後由皇帝宣佈登科進士的名次，並賜宴慶賀。新科進士中推選少年俊秀者二三人爲探花使，遍游京師名園，摘取名花。一路上"追星族"緊隨簇擁，歡聲雷動。"春風得意馬蹄疾，一朝看盡長安花。"孟郊《登科後》描述的，正是此時此景的意氣洋洋。

烏紗白髮，碧桃花裡醉春風。

賀張友諒拔貢

樊鑑：
南北三場，次第奪金標之秀；
春秋兩榜，淋漓聯翰墨之香。①

賀張添祐陞吏部

沈道中：
環海具瞻，應光岳百年間氣；
熙朝碩輔，作當代第一人流。

賀進士張輅

楊繼本：
身到鳳凰池，② 何難一言取相？
早調鹽梅鼎，③ 更祈三足經邦。

賀張禮中舉赴京

張廷謨：
此日秋天，已見放開雙鵠去；
來年春色，須知獨佔一鰲頭。

---

① 與嘉慶十二年《聶氏大成族譜·增田七修老序》："春秋兩榜，淋漓翰墨聯香，南北三場，次第錦標奪秀。"僅2句序異，1字異，增二虛字"之"。
② 鳳凰池：中書省。魏晉南北朝時設於禁苑，掌管機要，接近皇帝，故稱。
③ 鼎，一般爲三足、兩耳。古人有"和鼎調羹，論道經邦"之語，意思是天子與大臣們一起像調和鼎食一樣議論治理國家的大事。

鶯坡視草，① 遥分太乙青藜。

賀進士張鷙

何炌：
仁卜金甌，繼傳家之相業；
先登玉署，② 賁華國之文章。③

賀張敏中舉

張學悟：
聲振木鐸，風動三春杏苑；
文開金匱，④ 浪飛千尺桃花。

堂　聯

樊時亮題：
修竹蒼蒼，頻帶烟雲搖鳳尾；
古松鬱鬱，久經霜雪老龍鱗。

鄉　賢　祠

李時亮：
瑤草琪花堪飲酒，天然逸致；
清泉白石可吟詩，絕代風流。

鄒　氏　齋

絳帳青氈，木鐸聲中扶士氣；

---

① 鶯坡：翰林院的別稱。又作"鑾坡"，形容學識淵博。
② 玉署：官署的美稱。
③ 賁：文飾，裝飾得很好。華國：給國家增添華彩。
④ 金匱：亦作"金櫃"、"金鐀"，銅制的櫃。古時用以收藏文獻或文物。

沈氏齋

皓首窮經史，想寸陰堪惜；衡門表素心，①雖百世可知。

贈御史張尚德

黃金：
心鏡澄波，映徹明湖秋水；②
才鋒凌斗，高凝碧漢晴霞。

沈書房

煙裊橫峰，雲靄玉皇香案；
天空鑑水，流清太乙文河。

賀進士張鬱

王庚：
玉樹輝階，龍種交升台輔；
靈枝啟胄，鳳毛世掌經綸。

賀張通拔貢

孫熙贈：
虎觀談經，③坐照花磚紅日；

---

① 衡門：橫木為門。指簡陋的屋舍。語出《詩·陳風·衡門》："衡門之下，可以棲遲。"也指隱士的居處。
② 映徹：與"高凝"失對，改"徹映"為恰。
③ 虎觀：即白虎觀，漢代宮觀名，在未央宮中。東漢漢章帝建初四年（公元79年）朝廷召開白虎觀會議，由太常、將、大夫、博士、議郎、郎官及諸生諸儒陳述見解，"講議五經異同"，意圖彌合今、古文經學異同。漢章帝親自裁決其經義奏議，會議的成果由班固寫成《白虎通德論》，又稱《白虎通義》，簡稱《白虎通》。

門

張添祐題：繞户一溪緑水，臨門萬仞青山。

門

曾泰題：許多好景南豐筆，① 無數青山東野詩。②

靈 泉 寺

僧百嵒題：寂寞空山何堪久居？多情花鳥不肯放人。③

樊氏中堂聯

松、竹清幽，何必封侯日？
雲、山瀟灑，應還處士家。

靈 泉 寺

風送高柯，祇在此間坐坐；
雲迎峻嶺，常來這裏游游。

---

① 曾鞏（1019—1083），字子固，世稱"南豐先生"。漢族，建昌南豐（今屬江西）人，後居臨川（今江西撫州市西）。北宋政治家、散文家，"唐宋八大家"之一，爲"南豐七曾"（曾鞏、曾肇、曾布、曾紆、曾紘、曾協、曾敦）之一。在學術思想和文學事業上貢獻卓越。

② 孟郊，（751—814），唐代詩人。字東野。漢族，湖州武康（今浙江德清）人，祖籍平昌（今山東臨邑東北），先世居洛陽（今屬河南）。唐代著名詩人。現存詩歌500多首，以短篇的五言古詩最多，代表作有《游子吟》。與賈島齊名，人稱"郊寒島瘦"。

③ 與"王光庵［王賓，初名國賓，字仲光，號光庵，吴郡（今江蘇蘇州）人。隱居不仕，善畫山水。嘗於天平山作龍門春曉圖，遂知名。亦善刻印。有弟子盛寅。事迹見《吴中人物誌》《貧士傳》《明畫録》《廣印人傳》。］遁迹西山，姚少師以舊好訪之山中。謂曰：'寂寞空山，何堪久住？'答曰：'多情花鳥，不肯放人。'"僅一字之差。

寺　門

李定遠題：山朝北斗千千載，水繞南湖萬萬年。

靈　泉　寺

李廊題：千岩競秀曠懷遠，萬壑爭流法眼寬。

門

鄒光觀題：青山爲好友，綠水作良朋。

門

沈如筠題：俗士任他過去，野雲自我招來。

大　佛　殿

張鬱題：絕絕清泉應白日，奇奇綠樹靄蒼煙。

堂

董禮題：閉閣久無青鎖夢，看山聊與白雲親。

臨　湘　亭

李景望題：石上揮殘雨，波間醉白雲。①

門

鄭璧題：有情白月常來室，無價青山恒在門。

---

① 　見吳國倫《王使君子薦招飲范氏池亭》（明陳子龍等《皇明詩選》卷之九）頸聯。

曹氏別業

張添祐題：好水宜月

樊氏堂

李暄題：將相世業

沈公堂

張添祐題：斗山文河

董氏堂

沈宗周題：青山無價

鄒氏堂

張進忠題：南苑太史

鄭氏堂

張恒題贈：當代人龍

張氏堂

劉仲廉題：淵才鼎閱

閒閒處

僧如曉題：閒閒處

樊氏堂

樊英題：有玩山樂，無塵世想。

春 露 亭

張誠題：雲鎖兩肩

秋 風 亭

沈啟南題：半亭煙雨

張 氏 門

曾泰題：江夏名家

瑞 芝 堂

李巽題：萬卷書樓

聽 松 閣

李元善贈：松聲清籟

尋 樂 齋

張誠題：與點也①

臥 雲 亭

張誠題：小蓬萊

蓮花池內有小草亭

張誠題：供清玩

---

①　典出《論語·先進》"侍坐"章："夫子喟然嘆曰：'吾與點也！'"

集錄靈泉八達家堂、樓、亭、閣匾額對聯

靈 泉 寺

張添祐題：山水奇觀
曹閭題：遠山黛墨
沈如篁題：空谷聞聲
杜竑題：山間明月

鄉 賢 祠

董禮題：蒼翠含春
鄭璧題：趣趣
樊時亮題：山不在高
樊時中題：水不在深

含 山 樓

張芸叟題：青山雲流
張添祐題：諸山來朝
張恒題：大觀在上

琴 樓

張祥題：棲雲留月

望 遠 樓

沈春題：百里廻嵐

冬

　　雪花飄，滿空飛舞盡瓊瑤，虛明透徹光輝皎。《陽春》《白雪》聆聽逸調，音超，不負豐年佳兆。東屋無煙，雪封鳥道，那爐頭頓把酒價高。寒威勁峭，換金醪，卸却金貂。① 傳觴炙肉，大開懷抱。從容歌娛，樂盡今朝。頻吟眺，此花對坐情偏好。②

漁家樂③
進士，官通政　董禮

　　漁家樂，漁家樂。山間明月，江上烟波。行間小字改：蓑。數聲欸乃西崖下，細鱗、巨口，④一任網羅。波心裏，幾收，幾放，幾潛躍。向夕陽古渡，小艇輕過。綠楊深處蓼花坡，滿載歸來歡笑多。忙呼童，拿幾尾白鱗、青鯉，換幾壺玉液、金波。這朋、那友，張弟、李哥，猜幾個狀元謎，⑤ 唱幾個河鯉歌。只吃得東倒西歪，大醉也麼呵，大笑也麼呵。管什麼興王定霸，一任他大地山河。子陵灘上持竿穩，渭水溪邊生計活。古往今來名利客，到此時，行間小字改：地。待如何？漁家樂，漁家樂。⑥

---

① 金貂：漢以後皇帝左右侍臣的冠飾。
② 飄、瑤、超、朝，平聲宵韵；皎，上聲筱韵；調，去聲嘯韵；兆，上聲小韵；道、抱、好，上聲皓韵；高、醪，平聲豪韵；峭，去聲笑韵；貂、眺，平聲蕭韵。詞韵都屬八部。
③ 此詩原在中卷《改過箴》之後，今按其體例移此。
④ 細鱗、巨口：是主要產於渤海、黃海及相關河流的鱸魚的體型特點。西晉八王之亂時，出仕洛陽的吳郡張翰以思念家鄉的鱸魚膾、蓴菜羹爲藉口，遠離了洛陽的是非之地。後來成爲文人們藉以表達自己出仕報國和消極避世的兩種矛盾心理時常用的典故。
⑤ 狀元謎：謎底爲狀元名。
⑥ 樂，入作去；波、坡，平聲戈韵；羅、多、哥、歌、呵、河、何，平聲歌韵；躍，入作平；過，去聲過韵；活，入作上。詞韵都屬九部。

相如何必稱病?① 靖節奚容去官?② 善下其誰不許?③ 如愚是處皆然。④

紫萼園四季賞景調
張祥

春 浪淘沙

美景靜無塵，錦綉銀屏，嵌嶇小徑賞春亭。翠草和煙雛燕舞，舉目皆春。

樓外響車輪，檀板輕聲。揚鞭遊手馬穿雲，縱有游絲飛百尺，難繫春心。⑤

夏

荷開池滿好涼天，文鴛戲晴川。雲空色霽幽閑，蟾光影透簾。拾晚翠，漏聲殘，東風倦倚欄。酒闌聊起片時歡，黃昏人未眠。⑥

秋

彩雲散盡净丹楓，木落萬山空。萬戶砧敲千峯月，秋景畫難工。冰輪皎潔端然掛，皓魄淡溶溶。屏間雲漠漠，芬芳丹桂，玩月且從容。⑦

---

① 《史記·廉頗藺相如列傳》："相如每朝時，常稱病，不欲與廉頗爭列。"
② 陶潛（淵明）不爲五斗米折腰辭官，參見七絕《與沈學士》注。
③ 善下：對待下屬友善。
④ 官，桓韵；然，仙韵。詞韵都屬七部平聲。
⑤ 塵，詞韵六部真韵；屏、亭，詞韵十一部青韵；春、輪，詞韵六部諄韵；聲，詞韵十一部清韵；雲，詞韵六部文韵；心，詞韵十三部侵韵。方音韵。
⑥ 天、眠，詞韵七部先韵；川，詞韵七部仙韵；閑，詞韵七部山韵；簾，詞韵十四部鹽韵；殘、欄，詞韵七部寒韵；歡，詞韵七部桓韵。方音韵。
⑦ 楓、空、工，東韵；溶、容、鐘韵。詞韵都屬一部平聲。

廻文詩上下、長短反覆讀之，各數首。

張祥

鶯啼織柳弄春晴曉月明。

香蓮碧水愛風涼夏日長。

秋江楚雁宿沙洲淺水流。

紅爐黑炭積寒冬遇雪風。①

京師署中自判

又

不報門前賓客，已收案上文書。獨坐紫薇花下，宛如故里閒居。②

---

① 與明蔣一葵《長安客話》卷一載："連理廻文詩春、夏、秋、冬各一首，但十字，成四韵。廻文詩順讀連下四字，逆讀連上四字，故成四韵。其春（詩）【十字】是世廟（嘉靖皇帝）首倡，御制蓋是宫體，而夏秋冬則嚴（嵩）、夏（言）、李（春芳）三相依次應制者也。春（詩）【十字】曰：鶯啼岸柳弄春晴曉日明。夏（詩）【十字】曰：香蓮碧水動風涼夏日長。秋（詩）【十字】曰：秋江楚雁宿沙洲淺水流。冬（詩）【十字】曰：紅爐透炭炙寒冬遇雪風。"僅3字异。展開爲：《春詩》（嘉靖皇帝朱厚熜）："鶯啼岸柳弄春晴，柳弄春晴曉日明。明日曉晴春弄柳，晴春弄柳岸啼鶯。"《夏詩》（嚴嵩）："香蓮碧水動風涼，水動風涼夏日長。長日夏涼風動水，涼風動水碧蓮香。"《秋詩》（夏言）："秋江楚雁宿沙洲，雁宿沙洲淺水流。流水淺洲沙宿雁，洲沙宿雁楚江秋。"《冬詩》（李春芳）："紅爐（獸）【透】炭積寒冬，炭積寒冬遇雪風。風雪遇冬寒積炭，冬寒積炭（獸）【透】爐紅。"後略改易傳成清代的女詩人吴絳雪《四季咏》："（春）鶯啼緑柳弄春晴曉月明。（夏）香蓮碧水動風涼夏日長。（秋）秋江楚雁宿沙洲淺水流。（冬）紅爐黑炭炙寒冬遇雪風。"

② 前段（半）與宋文同《郡齋水閣閑書·獨坐》："不報門前賓客，已收案上文書。獨坐水邊林下，宛如故里閑居。"僅3字异。書、居，詞韵都屬四部魚韵。

冬

冬景好，① 萬物才告了。② 只聽得，朔風怒號。半空殘葉墮，③ 枯木寒鴉噪。霎時間，六花飄渺。變皓首，五岳都老。愛嬌娥，圍着銅爐添炭燒。瓊厄滿醪醛，④ 寶鼎實羊膏。開懷抱，劇飲達宵，何妨漏盡雞三叫。吁！⑤ 極咋啕。⑥ 豈知博弈爲賢，莫負孔門當年教。⑦

消閒清吏
張添祺

小徑竹間，日落淡淡，⑧ 固野客之良辰；一編窗下，風雨瀟瀟，亦幽人之好景。⑨

鄙吝一消，白雲自可贈客；⑩ 渣滓盡化，明月自來照人。⑪

坐沉紅鐙，⑫ 即邇室亦有遐思；⑬ 看遍青山，雖熱腸亦多冷意。⑭

---

① 景：用此詩記譜，是因爲無重複的字，"景"字上首已有。一作"季"。
② 才告：一作"告成"。
③ 墮：一作"飄"。
④ 滿：一作"泛、酌"。醪：一作"泛醴"。
⑤ 吁：一作"嘘"。
⑥ 咋啕：一作"酣酶"。
⑦ 門：一作"聖"。好、老、抱，上聲皓韻；了，上聲篠韻；號、膏、酉匋，平聲豪韻；噪，去聲號韻；渺，上聲小韻；燒，平聲蕭韻；宵，平聲宵韻；叫，去聲嘯韻；教，去聲效韻。詞韻都屬八部。
⑧ 落：多作"華"。
⑨ 此則見明末五子之一的屠隆《娑羅館清言》和明陳繼儒《小窗幽記·卷六·集景》。間，詞韻七部平聲山韻；淡，詞韻十四部去聲闞韻；辰，詞韻六部平聲真韻；景，詞韻十一部上聲梗韻。方音韻。
⑩ 自：多作"亦"。
⑪ 見明陳繼儒《小窗幽記·卷六·集素》，又見明吳從先《小窗自紀》。
⑫ 鐙：多作"燭"。
⑬ 亦：多作"若"。邇：一作"遠"。
⑭ 亦：多作"覺"。見明吳從先《小窗自紀·卷下》。思，平聲之韻；意，去聲志韻。詞韻都屬三部。

腸。噫！縱狂佯，①怎及洞中一局，不知柯爛幾夕陽。②

夏

　　夏日炎，漢表奇峯遠。睹園林，葵榴乍展。高柳咽新蟬，華屋飛乳燕。曲欄外，瀑下布泉。對南薰，強奏虞絃。向雪檻，攜咱仙姬赴玳筵。漫勞《金縷》唱，且把筆筒勸。③酒已酣，便就湘簟。接見羲皇夢方轉。呀！能消遣，怎似睹野終朝，④忘却秦虜臨城戰。⑤

秋

　　秋景凉，白露始横江。喜丹桂，暗洩天香。關山笛吹鳴，門巷砧敲響。彩雲收，冰輪推上。吐清輝，水波蕩漾。列綺席，兩行珠翠同玩賞。舞影滿臺階，⑥歌聲繞畫梁。更閑嘲，渡河女郎，貪夜偷個鳳求凰。呵！雖舒暢，勿惹勝算入神，通國稱善有名揚。⑦

---

① 狂佯：有作"佯狂"。
② 長、芳、妝、牆、觴、腸、佯（狂）、陽，平聲陽韻；光、篁、忙，平聲唐韻；象、掌，上聲養韻。詞韵都屬二部。
③ 筆：有作"碧"，同音誤。
④ 怎：有作"争"，古异體字。野：有作"墅"。
⑤ 炎，詞韵十四部平聲鹽韻；遠，詞韵七部上聲阮韻；展，詞韵七部上聲獮韻；蟬、泉、筵，詞韵七部平聲仙韻；燕，詞韵十四部去聲霰韻；弦詞韵七部平聲先韻；檻，詞韵十四部上聲檻韻；勸，詞韵七部去聲願韻；酣，詞韵十四部平聲談韻；簟，詞韵十四部上聲忝韻；轉、遣，詞韵七部上聲獮韻；戰，詞韵七部去聲綫韻。方音合韻。
⑥ 臺：一作"苔"，同音誤。
⑦ 凉、香、梁、揚，平聲陽韻；江，平聲江韻；響、賞，上聲養韻；上、漾、暢，去聲漾韻；郎、凰，平聲唐韻。詞韵都屬二部。

疎鐘遠水深。①

山居懷思
張尚德

爲厭紅塵愛寂寥，茂林修竹近漁樵。經年俗客絶車馬，終日和風長藥苗。流水遶門魚出沒，青山當户鳥歌謡。雖無玉帶並金佩，惟有詩筒伴酒瓢。廊廟不如貧賤樂，烟霞常鎖才名消。搜求野史情思永，嚼盡菜根滋味饒。浩蕩天懷活潑潑，徜徉泉石意陶陶。訪余祇在茅簷第，好向青山路一條。②

春圍棋調③
張祥

春晝長，幸遇此韶光。盈宇宙，融和氣象。藻底抛魚尺，枝頭弄鶯簧。閬苑內，百事芬芳。④ 倒惹着，⑤ 蝶亂蜂忙。集紅妝，⑥ 胡戲鞦韆過粉墙。解語難禁口，巧笑還拍掌。尋歸路，共倒壺觴，⑦ 那管多情惱斷

---

① 痕、吞，詞韻六部痕韻；門、昏、魂、奔、盆，詞韻六部魂韻；部文韻；清，詞韻十一部清韻；深，詞韻十三部侵韻。方音平聲合韻。
② 寥、饒、條，蕭韻；樵、苗、謡、瓢、消，宵韻；陶，豪韻。詞韻都屬八部平聲。
③ 有據明代古譜《石室秘傳》"景氏記譜法"，認爲作者即爲其書作者明代福建人吴晋叔，但更可能是他利用已有的正好每首90字的四首詞來記譜，故又稱"明代吴晋叔本寫盤詩"，因爲另有"清代巫信車本寫盤詩"，用的是另外一套各90字的四首詩。這四首詩的創作時間，當然應該在該書成書之前。
④ 事：有作"草"。
⑤ 着：有作"起"。
⑥ 集紅妝：底本原缺，據《石室秘傳》"景氏記譜法"補。
⑦ 觴：有作"漿"。

千溪萬派任沉浮。登高作賦懷往事，臨水吟詩樂朋儔。無限好境觀不盡，倏爾風光賞未休。南國多才擅著述，東楚鴻文勝瀛洲。至今崔顥題詩處，惹得青蓮擱筆憂。① 五湖四海同瀟灑，三湘七澤共遨遊。滿懷感慨何處寄？一任白雲淡悠悠。②

秋江雁字
張添祐

聲斷衡陽路數千，不沾泥水不沾天。摩空杳杳報寒信，淡筆悠悠紀大年。競渡文河帶紫色，羣飛銀浪踏蒼煙。孤身常作青雲客，兩翼渾同白鷺仙。漫綴清流幾點墨，輕描碧落一行箋。湘沅弔盡英、皇魄，③ 楚漢招來屈、宋賢。④ 行跡化爲奇制作，波光蕩出巧新篇。徘徊極目秋江上，惹得詩人幾萬聯？⑤

隔江聞鐘
張必貴

萬籟無聲絕跡痕，驀然敲斷禪關門。韵同短笛橫滄浪，音似長楊叩暮昏。驚破幾多富貴夢，撞開一切利名魂。汪洋澎湃風相送，廣大清明氣欲吞。淡淡傳神幻境净，悠悠遺韵客思清。依稀鸚鵡波中落，仿佛瀟湘煙上奔。豈是虞廷擊玉磬？莫非銅露滴金盆？如來天際鳴深夜，隱隱

---

① 傳説李白登黄鶴樓想賦詩，見崔顥詩後，僅寫了"眼前有景道不得，崔顥題詩在上頭"而擱筆。
② 樓、頭、侯，平聲侯韵；流、愁、求、眸、秋、留、舟、浮、儔、休、洲、憂、游、悠，平聲尤韵；舊，去聲宥韵；酒，上聲有韵；叟，上聲厚韵；幽，平聲幽韵。詞韵都屬十二部。
③ 英、皇：女英、娥皇，堯女，舜的兩個妃子。
④ 屈、宋：屈原、宋玉。
⑤ 千、天、年、煙、箋、賢，先韵；仙、篇、聯，仙韵。詞韵都屬七部平聲。

洞庭波，廣陵濤，廬山瀑布。

少陵詩，摩詰畫。

《左傳》文，馬遷史。

薛濤箋，右軍帖。①

《南華經》，②相如賦，屈子《離騷》。

黃鶴樓漫興 三十六句十八韻。

侍郎　張呂本

呂本乃洪武辛亥舉人，癸丑進士。官禮部左侍郎。明末郭正域修《縣誌》載其名，③楚藩與張氏子孫爲忤，竟削除之。

武昌城上有鶴樓，鶴樓之下水長流。惟有青山不改舊，幾度烟雨鎖樓頭。聞道仙子費文禕，④布衣學道傲王侯。又聞辛氏曾賣酒，摘橘乘鶴真樂叟。⑤風塵不染煙霞客，那管烟波江上愁。我思其人不得見，踏遍青山無處求。殘碑斷碣埋芳徑，數竿綠竹正青幽。携壺美酒尋古蹟，閒消半亭倦醉眸。風帆遠引雲水内，帶得瀟湘一片秋。把酒臨風發浩嘆，古今豪傑幾人留？獨上丹梯世境外，胸如天闊眼如舟。直把江漢作潮海，

---

① 王羲之（303—361）：字逸少，號淡齋。漢族人。琅琊臨沂（今山東臨沂）人，後遷居無錫洛社（今江蘇無錫）、會稽山陰（今浙江紹興）。善書法，有"書聖"之稱。又因爲他曾任右軍將軍，世稱"王右軍"。

② 《南華經》：本名《莊子》，是戰國早期莊周及其門徒所著，到了漢代道教出現以後，便尊之爲《南華經》，且封莊周爲南華真人。

③ 郭正域：江夏人，明朝政治家。神宗萬曆十一年（1583年）進士，授編修，歷禮部侍郎。博通經籍，勇於任事，有經濟大略，人望歸之，郭正域與沈鯉、呂坤同被譽爲萬曆年間天下"三大賢"。牽連到楚太子獄之事。萬曆三十一年有人揭發楚太子並非真太子。而沈一貫因爲受楚太子重賄并且想打擊力主查勘此事的東林黨人署禮部尚書郭正域，所以對其進行污衊，明神宗罷此事不問，郭正域因遭沈一貫等彈劾，罷職回籍聽勘，未及出都，因妖書案發而繫獄，次年五月始釋歸。因數忤首輔沈一貫，被罷官還籍。

④ 相傳費文禕仙人曾乘黃鶴在此樓休息，因此得名黃鶴樓。

⑤ 辛氏賣酒引得仙人顯靈，也是黃鶴樓的神話傳説。

無外，民心詎有訛？馬尋歸路熟，① 人比去歲多。② 喜氣浮三峽，軍聲動九河。遥知雙闕下，③ 齊進太平歌。④

答沈少崗古風十五韵三十句
張添祐

相去數十里，一別動經年。非關老無力，信因貧所牽。霜雪染鬚鬢，兒女願未全。不寐惟耿耿，大率病同然。今時豐禾稻，極盛開池蓮。不知獨樂者，曾詠懷人篇。諸子能供職，即謂教也賢。兄弟稱難再，友恭慰九泉。世路生荆棘，怪是雨露偏。吁嗟舊親友，辰星各一天。老景今何似？毋吝金玉傳。性拙難酬世，分應自甘田。君如欲知我，人事渾從前。滿腔不如意，不勝寫鴻箋。客待江帆晚，定買武陵船。⑤

靈泉玉書⑥
張添祺

滄海日，峨嵋雪。赤城霞，南樓月。⑦

彭澤煙，瀟湘雨。

---

① 尋：《眉庵集》作"循"。
② 歲：《眉庵集》作"時"。
③ 雙：《眉庵集》作"丹"。
④ 齊：一作"齋"，形近誤。過，去聲過韵；螺、訛，平聲戈韵；多、河、歌，平聲歌韵。詞韵都屬九部。
⑤ 定買武陵船：一定買下陶淵明《桃花源記》中武陵捕魚人的船，指去尋找世外桃源。鄒彥魁《張御史祖孫合傳》："洪武甲戌成進士，授翰林。詔入直備問，以近天子。耿光據直言事，或忘其忌諱，絶不覬望人主，無不安其位而行其事焉。及養望靈泉，優游二十餘年，意恬如也。其後起公爲冢宰，吏民鼓舞相賀。所謂逾河而恃舟楫，不若聞雷而驚喪匕鬯者，非先生之大有震於人心哉。天頭注：宣德年復起祐爲相。"與此詩自言不合。年、牽、蓮、賢、天、田、前、箋，先韵；全、然、篇、泉、偏、傳、傳、仙韵。詞韵都屬七部平聲。
⑥ 玉書：刻在玉石上的書簡。
⑦ 雪，薛韵；月，月韵。詞韵都屬十八部。

昭寢懷古

清乾隆甲午舉人　曹文藻綺川

兩山排列自青青，寢廟淒然俎豆馨。故物龜砆生石髮，於今樵牧到荒亭。王孫獨剩春風綠，杜宇空聞古木腥。只有高峯終不改，飛泉猶似舊時靈。

泉港寺晚題<small>寺在靈泉山北，去凉馬坊數百步。</small>
又

高齋獨喜傍名溪，長夏清風滿袖携。檢部依然分甲乙，書銘何必定東西？月飛樹杪穿金鏡，橋卧波心落彩霓。自是吾儒尋樂處，漁翁晚唱過新堤。

靈泉雜詠

觀宜春侯南征凱旋

五律

忠武侯　楊基孟載①

瘴地收蠻後，② 煙江擢槳過。③ 旌旗皆綉虎，鼓角半吹螺。④ 聖化方

---

① 楊基（1326—?）元末明初詩人。字孟載，號眉庵。原籍嘉州（今四川樂山），大父仕江左，遂家吳中（今浙江湖州），明初十才子之一。元末，曾入張士誠幕府，爲丞相府記室，後辭去。明初爲滎陽知縣，累官至山西按察使，後被讒奪官，罰服勞役，死於工所。著作有《眉庵集》12卷，補遺1卷。楊基《眉庵集》此詩標題爲《觀宜春侯平上猶還京師》，一作《觀宜春侯旋師》。
② 後：《眉庵集》作"侯"。
③ 擢：《眉庵集》作"棹"。
④ 角：《眉庵集》作"樂"。

九日思歸
李磎

去歲瀟湘重九時，滿城風雨客思歸。故鄉此日還佳節，黃菊今朝更晚輝。短髮無多休落帽，長風不斷且吹衣。開懷滿飲清樽酒，莫教一身老翠微。①

感　懷
陳元善

一身冷暖自知處，多在哭啼不敢中。健鳳思風甘櫪皁，饑鶯刷羽恥棲籠。沈文流浪今何在？阮籍疎狂路易窮。莫道天公還有意，從來榮辱到頭空。

過朱仙鎮懷古② _{宋岳飛字鵬舉，謚武穆，曾屯兵於朱仙鎮。}
閣老　李夢陽_{空峒，茶陵人。}

水廟紗飛白日陰，③ 古墩殘樹濁河深。金牌痛哭班師地，鐵駕馳驅報主心。④ 入夜松杉雙鷺宿，有時風雨一龍吟。徑行墨路還詞賦，⑤ 南北淒涼自古今。

---

① 與宋朱熹《九日登天湖以菊花鬢插滿頭歸分韻賦詩得歸字》："去歲瀟湘重九時，滿城寒雨客思歸。故山此日還佳節，黃菊清鱒更晚暉。短髮無多休落帽，長風不斷且吹衣。相看下視人寰小，秖合從今老翠微。"僅16字異。時，之韻；歸、輝、衣、微，微韻。詞韻都屬三部平聲。
② 標題一般爲《朱仙鎮》。
③ 紗：一般作"沙"。
④ 駕：一般作"馬"。
⑤ 路：一般作"客"。

又
鄒觀光

憑虛雕閣鬱巍巍，南紀滔滔四望開。煙樹霏微懸日月，山河縹渺護樓台。只餘詞客名千古，恍憶仙人戲九垓。① 惆悵總知成幻跡，登臨聊爲一啣杯。②

又
鄒迪光

憑臨矯首大荒浮，萬里蒼梧接漢丘。夜氣半啣三楚闊，天風長帶九嶷愁。虛聞仙子乘鶴去，儘有靈均鼓瑟遊。③ 最是晴川煙水滑，片帆漠漠下揚州。

黃鶴樓題壁
沈周④

昔聞崔顥題詩處，今日始登黃鶴樓。黃鶴已隨人去遠，楚江依舊水東流。照人惟有古今月，極目空餘天地秋。借問呂翁舊時笛，⑤ 不知吹破幾番愁？

---

① 九垓：亦作"九畡"、"九陔"，中央至八極之地。
② 巍，詞韻三部微韵；開、臺、垓，詞韵五部咍韵；杯，詞韻三部灰韵。平聲合韵。
③ 靈均：屈原號，據認爲曾經到達過這一帶。鼓瑟：沒有記載，應是作者想象。
④ 沈周（1427—1509）：明代杰出書畫家。字啓南、號石田、白石翁、玉田生、有居竹居主人等。漢族，長洲（今江蘇蘇州）人。生於明宣德二年，卒於明正德四年，享年八十三歲。不應科舉，專事詩文、書畫，是明代中期文人畫"吳派"的開創者，與文徵明、唐寅、仇英並稱"明四家"。傳世作品有《廬山高圖》《秋林話舊圖》《滄州趣圖》。著有《石田集》《客座新聞》等。
⑤ 呂翁：呂洞賓，傳說他曾吹笛過黃鶴樓。

同。劍倚旴衡勞寤寐，憑君卮酒醉稱翁。

又之琅邪謁曲阜與孔林，拜夫子廟
黃復遠

殘山剩水絕交遊，不見琅琊忠武侯。好擬赤松長別漢，惟憑青史說安劉。橫天癘氣終須掃，薄海鯨波尚未休。弟子元觀周禮、樂，賊臣豈懼《魯春秋》？烏紗拋去明先志，素業傳來繼聖猷。二百四十年裡事，以今檢校定誅謀。

祝祖望伯兄五旬 張欽字祖望，係鍾靈之子。
閨秀 張昊雲槎

秦廷咫尺有蓬萊，古桂、新葉相映開。採藥猶餘芝滿室，栽梅更識鳳常來。詩成《白雪》歌難和，賦罷《凌雲》志未摧。① 莫怪萊衣歌舞寂，瑤臺空到鳳雛才。②

登黃鶴樓
施均

鸚鵡洲邊倚客舟，憲君邀我上高樓。胡床老子三更月，鐵笛仙人一曲秋。流水白雲吳夏口，西風黃鶴晉磯頭。如今盡屬王孫草，添得江南幾許愁？③

---

① 賦罷《凌雲》：指的是司馬相如的《大人賦》，史記中說漢武帝讀了他的《大人賦》，十分高興，認為"飄飄有凌雲之氣，似游天地之間意"。
② 龐統（179—214）：字士元，號鳳雛，漢時荊州襄陽（治今湖北襄陽）人。三國時期，劉備的重要謀士，才智與諸葛亮齊名，官拜軍師中郎將。萊、開、來、才，詞韻五部咍韻；摧，詞韻三部灰韻。平聲合韻。
③ 舟、秋、愁，平聲尤韻；樓、頭，平聲侯韻；口，去聲厚韻。詞韻都屬十二部。

帽頭。紅袖霓裳遶瓊宴，① 鳳笙龍管靄朱樓。② 願言鶴算齊方朔，③ 王母蟠桃任爾偷。④

靈泉吊古
明副使　沈鍾

清風氤氳萃此閎，鍾靈毓秀出公卿。王阿抗節投枯井，叔夜全忠死北城。日落女墻秋鳥集，風生古木寒蟬鳴。於今想見南朝事，蕩蕩遠山不勝情。⑤

癸未亂後登黃鶴樓⑥
黃復遠

四海兵戈未得寧，晴川黃鶴刼灰停。王歸水府人如馬，⑦ 國作坵墟我似萍。血瀝乾坤頭盡赤，塵蒙日月眼難青。蟬貂九葉慚無補，只把孤忠訴上冥。⑧

黃公字良吉，號善夫。明末人。清以廣東香山令徵，三徵，以疾辭，不起。

金陵懷古
又

金陵正氣久隨空，指點斜陽感慨中。九有無家歸太子，謂太子慈烺、定王慈炤與永王慈炯。殘生有淚血王風。六朝人物水雲異，千里江山今昔

---

① 遶瓊宴：有作"供倚席"。
② 鳳：有作"風"，形近誤。靄：有作"蕩"。
③ 算：有作"壽"。
④ 爾：有作"意"。周、秋、樓，尤韵；頭、偷，侯韵。詞韵都屬十二部平聲。
⑤ 閎，耕韵；卿、鳴，庚韵；城、情，清韵。詞韵都屬十一部平聲。
⑥ 癸未亂：指張獻忠攻破武昌城。
⑦ 王歸水府：楚王華奎被沉入長江。
⑧ 寧、停、青、冥，青韵；萍、庚韵。詞韵都屬十一部平聲。

激水把竿①

明解元　王時化

誰把長竿激細流，② 一聲驚破海天秋？③ 兩條玉帶分猶合，④ 數顆珍珠灑復收。⑤ 紅蓼灘頭驚宿鷺，⑥ 白蘋深處起眠鷗。⑦ 誰知此處無魚釣，⑧ 收拾絲綸別下鈎。⑨

靈泉李氏書樓

祭酒　張輅

獨坐書齋萬卷香，笑談誰與共疎狂？素琴有興彈清調，間日無聊作短章。⑩ 細雨紛紛潤墨瀋，輕煙淡淡飄青箱。⑪ 風華料得無人識，一任君家作主張。

壽鄒太常六旬

太僕　張璞

綠鬢酡顏甲子周，喜逢初度桂花秋。玉壺酒瀉玻璃盞，金菊花簪紗

---

① 《明史》無考。一般都認爲佚名作，《海安民間故事》傳說是清康熙年間的舉人（後爲進士，官至兩江巡撫）查士鑛考場之上應陸學臺命而作。
② 激細：多作"擊急"，一作"杖碧"。
③ 海天：多作"初江"，一作"楚江"。
④ 猶：多作"還"。
⑤ 數顆：多作"萬點"，一作"萬斛"。珍珠：多作"銀花"，一作"璣（明）珠"。灑：有作"撒"、"散"。
⑥ 蓼灘頭驚宿鷺：多作"樹兩岸醒起燕"。
⑦ 蘋：多作"沙"。深處：多作"堤岸"。起：多作"動"。
⑧ 誰：一作"料"。
⑨ 拾：一作"回"。流、秋、收，尤韻；鷗、鈎，侯韻。詞韻都屬十二部平聲。
⑩ 間：空隙。
⑪ 青箱：書箱。

詠樵
又

不釣江湖不種畬，① 生涯山北與山西。槎村榾柮_{音骨出，短木也}。風隨起，長短茅柴縛不齊。木擔濕敲黃葉雨，芒鞋穩步落花泥。幾回事罷歸來晚，舉脚高低下石梯。②

詠耕
張添祐

懶把生涯事問天，生涯不盡在良田。圲圲綠水忙分種，瘦瘦黃牛慢着鞭。幾度煙蓑和濕背，一犁春雨帶泥穿。等閒耕罷歸來晚，半掩柴門伴月眠。③

詠塔上桃
鄒彥魁

劉郎昨夜下天臺，帶得仙桃塔上栽。老幹直冲天頂去，雲根不到地間來。葉經秋雨一般落，花遇春風次第開。獨倚芝山高處望，滿城雲錦自成堆。④

---

① 畬：開墾了二三年的熟田，這裏泛指田。
② 西、齊、泥、梯，平聲齊韻；起，上聲止韻。詞韻都屬三部。
③ 天、田、眠，平聲先韻；鞭、穿，平聲仙韻；晚，上聲阮韻。詞韵都屬七部。
④ 臺、栽、來、開，詞韵五部咍韵；堆，詞韵三部灰韵。平聲合韵。

也斷腸。①

詠　漁
明學士　楊榮

不願高封萬户侯，一絲牽動海天秋。長長竹竿深深釣，短短蓑衣小小舟。蕩起兩三支畫槳，驚飛四五個沙鷗。得魚沽酒江邊飲，醉卧蘆花雪白頭。②

---

① 與一説七律何氏《家書》（據寶壙《華氏宗譜》載：作者何氏爲燕廈華氏回渡堂開宗的太祖母。清順治時，她丈夫華士瞻與華士眉兄弟進中士後，至康熙初，一個在兵部任主事，一個在翰林院任庶吉士。一天夜間，丈夫突然被抓殺，其兄連夜聞噩耗在逃。而家鄉修譜，並不知此事。面臨"詢問"，不得已而寄上這封悲慘的家書。）："三十功名四十亡，有才無命實堪傷。夫妻鏡裏鸞分影，兄弟雲端雁折行。三尺紅綾書姓字，一抔黄土蓋文章。驟來不敢高聲哭，情凄猿聞也斷腸。"僅 20 字异。與一説湖南安仁歐陽樂梅先生作《挽詩》："三十功名四十亡，有才無壽只空傷。夫妻鏡中鸞分影，兄弟群中雁失行。三尺白綾書姓氏，一堆黄土蓋文章。我也不敢高聲哭，恐怕猿聞也斷腸。"僅 11 字异。亡、傷、章、腸，陽韻；行，唐韻。詞韻都屬二部平聲。

② 與《湖北監利倒騎龍劉氏歷代祖先詩詞拾遺》八世祖良寀公（嘉靖癸卯科湖廣鄉試中試第三十六名，龍安府知府，誥贈中憲大夫）《贈裴東皋先生（永樂探花裴倫曾孫）題漁景》："（銅池涵德産金芝，紫氣氤氲蔭四陲。）生不願封萬户侯，一絲牽動海天秋。（天上夔龍瞻豹尾，人間鴻雁羨娥眉。）層層波浪彎彎鈎，短短蓑衣小小舟。（子先及第探花早，父與同科出海遲。）唱出兩三聲畫槳，驚飛四五個沙鷗。（堪美世家聯弈葉，夢占吉兆協熊羆。）得魚沽酒江邊飲，醉卧蘆花雪枕頭。"有關句僅 12 字异。與鄭錫章《家譜》上還有八世祖釣魚時寫的詩句："生不願封萬户侯，一絲牽動海天秋。層層波浪彎彎鈎，短短蓑衣小小舟。唱出兩三聲畫槳，驚飛四五個沙鷗。得魚沽酒堤邊飲，醉卧蘆花雪枕頭。"僅 13 字异。侯、（鈎、）鷗、頭，侯韵；秋、舟，尤韵。詞韵都屬十二部平聲。

和夫張璞
朱玉淑

夫書一紙細推尋，讀罷叫奴淚滿襟。烈女豈能復改嫁？賢夫終不再求親。君今學道求仙品，妾亦爲尼捨色身。但願九天重聚首，白蓮臺畔禮觀音。

前言戲之耳，此言亦戲之耳，以戲答戲，各盡其妙。張烈評。

張公自評云：到了觀音地位，便念阿彌陀佛。

觀世有感
張玉嬋

龜爲殼靈翠爲毛，鹿爲皮張兔爲毫。人生名利多招禍，馬快塵途却受勞。美女色嬌多玷辱，歌鶯聲巧被籠牢。看盡世間無好事，裝聾作啞最爲高。

哭　　夫
萬氏①

一世功名四十亡，有才無壽最堪傷。夫妻鏡內鸞分影，兄弟羣中雁失行。三尺紅羅書姓字，一堆黃土蓋文章。夜來不敢高聲哭，只恐猿聞

---

① 萬氏：原在標題前，按體例移此。

寄惜花詩於妻
張璞

落艷如故又發新，賞情不及惜情真。夢驚恨滿枝枝雨，酒醒愁隨片片春。飛影莫緣流水去，餘香怎洗故園貧？此情此意知誰共？祇恐花殘傷却人。①

回惜花詩於夫
朱玉淑

忽睹惜花減却春，先生憂道不憂貧。玩風弄月賢良士，飲酒作詩散誕人。好把琴書消俗慮，莫將花柳敗餘神。阮郎自有逢仙日，駿馬歸來看綠蘋。②

宦　作
張璞

爲官日夜苦推尋，象簡羅袍懶掛襟。陽府案首由我判，陰司禁内有誰親？棄除宦業求仙品，捨却凡塵近佛身。寄語妻兒休問我，行間小字注：朱云：問爾怎的？從今更莫望回音。③ 行間小字注：又云：其然豈其然乎？

---

① 新、真、貧、人，真韵；春，諄韵。詞韵都屬六部平聲。
② 春，諄韵；貧、人、神、蘋，真韵。詞韵都屬六部平聲。
③ 與一説羅洪先〔字達夫。族譜稱彥明公。他生於明代嘉靖年間，（一説嘉靖八年中狀元），江西省吉水縣人。出家後法號念庵。〕《醒世詩》："爲官終日細沉吟，紫綬無心懶整襟。陽業案前由我造，陰司地府有誰親？願將官職爲仙職，除却凡心即佛心。寄語賢妻休再問，從今不必問來音。"僅31字异。尋、襟、音，詞韵十三部平聲侵韵；親、身，詞韵六部平聲真韵；品，詞韵十三部上聲寑韵。合韵。
　　下面一首與夫人回答狀元的詩："箋書一到折開吟，讀罷叫奴泪滿襟。烈女不堪重改適，賢夫不必再相親。君今已悟爲仙去，奴也隨修舍色身。但願西方同善會，九蓮臺畔禮觀音。"僅26字异。

思　親
太常　鄒邦彥

痛失雙親感慨深，追思不及到於今。碧窗月落有時夢，黃壤雲迷無處尋。流水斜陽千古恨，秋霜春雨百年心。常將幾處山頭望，一片白雲在茂林。①

夢　妻
舉人　張敏

空懸羅帳日傷懷，昨夜孤魂入夢來。一旦花容門外棄，百年冰骨土中埋。利刀忍截金絲帶，香匣猶存白玉釵。何事關心顏色悴？殘燈枕上人重諧。②

勉夫一律
閨秀　朱靈瑞

自古男兒志四方，勸君何必淚痕傷。滿朝朱紫文章貴，結髮夫妻歲月長。衾暖豈如桃浪暖？囊香怎似桂花香？鰲頭倘得青錢選，早寄音書慰故鄉。③

---

① 一説北宋詩人黃庭堅紹聖年間游此地（"思親臺"在龍帳峰下）留詩："痛失雙親感慨深，追思不及到如今。碧窗月朗有時夢，黃壤雲迷無處尋。流水夕陽千古恨，秋霜春露百年心。常登幾處山頭望，一片白雲在茂林。"僅5字异。

② 懷、埋、諧，皆韵；來，哈韵；釵，佳韵。詞韵都屬五部平聲。

③ 與羊城譚氏《宏峽祖祠履歷》附："廣東提督學政宏峽祖十三世祖譚彥芳……公每遇科場，不肯赴考，潘氏乃作詩以諫之：'自古男兒志四方，臨行何用淚雙行。滿朝朱紫文章貴，夙夜夫妻歲月長。食暖不如桃浪暖，衣香何似桂花香？願夫早赴鰲池選，衣錦還歸拜草堂。'時洪武八年丙午月己巳日潘氏秋英拜題。"僅22字异。

易白頭?①

歸　　隱
又

　　紅塵不到靜中居,綠水青山伴我歸。栽一二枝棲鳳竹,養三四個化龍魚。人來求卷拈拈筆,客去關門看看詩。眼里乾坤祇如此,何須再戀帝王畿?②

題舟早行③
明太祖

　　忙着征衣快着鞭,船頭月掛柳梢邊。④ 兩三點露不是雨,⑤ 七八個星尚在天。茅店雞鳴人過雨,⑥ 竹籬犬吠客猶眠。等閒擁出扶桑日,⑦ 社稷山河在眼前。⑧

---

① 由、流、游、秋,尤韵;頭,侯韵。詞韵都屬十二部平聲。
② 居、魚,詞韵四部魚韵;歸、畿,詞韵三部微韵;詩,詞韵三部之韵。平聲合韵。
③ 《居易録》云:"兩三條電欲爲雨,四五個星猶在天",乃五代盧延遜《山寺》詩(即唐盧延讓《松寺》詩)。元文宗剿取之爲《自建康之京都途中作》:"穿了毿衫便着鞭,一鈎殘月柳梢邊。兩三點露滴如雨,五六個星猶在天。犬吠竹籬人過語,雞鳴茅店客驚眠。須臾捧出扶桑日,七十二峰都在前。"後又改21字及8字序爲朱元璋作。標題一般作《早行》,或《拂曉行軍》。收入此集,其實也並不合適。
④ 船:一般作"轉"。
⑤ 是:一般作"爲",這裏按格律必須是平聲。
⑥ 雨:一般作"語",這裏必須爲謂詞。
⑦ 擁:一作"推",形近誤。
⑧ 鞭,仙韵;邊、天、眠、前,先韵。詞韵都屬七部平聲。

斗、山。① 聖世無偏昭鳳德，相才有夢會龍顏。公門桃李花開日，春滿乾坤宇宙間。②

賀李盛爲督學使者
又

人間和氣正雝雝，天上風雲九五龍。千載幸逢真道學，兩京爭仰大儒宗。道承木鐸宣天下，③ 德備金聲振辟雍。④ 正值龍門春雨足，願分一滴到芙蓉。⑤

賀曾泰典會試主考
又

四海人才樂廣溶，天生夫子作儒宗。馬經驥櫪方成驥，魚躍龍門始化龍。共上春臺歌《白雪》，均沾雨露注芙蓉。願公珍重調元手，自有清風到九重。⑥

贈歸客 客是狀元黄俊公子。
又

花落飄蓬不自由，歸心日夜水東流。擬追鳳閣龍樓去，懶逐花街柳巷遊。異地琴書掩歲月，故園松柏老春秋。人生作客江湖好，誰解江湖

---

① 斗、山：北斗、泰山，即泰斗。
② 閑、山、間，山韻；關、顏，删韻。詞韻都屬七部平聲。
③ 木鐸：以木爲舌的大鈴，銅質。古代宣布政教法令時，巡行振鳴以引起衆人注意。引指宣揚教化的人。
④ 辟雍：亦作"璧雍"等。本爲西周天子爲教育貴族子弟設立的大學。取四周有水，形如璧環爲名。其學有五，南爲成均、北爲上庠，東爲東序，西爲瞽宗，中爲辟雍。其中以辟雍爲最尊，故統稱之。
⑤ 雍、龍、雍、蓉、鐘韻；宗，鐘韻。詞韻都屬一部平聲。
⑥ 溶、龍、蓉、重，鐘韵；宗，冬韵。詞韻都屬一部平聲。

夏賞緑荷池
明教諭　潘緝

緑樹陰濃夏日長，憑欄閒玩芰荷香。① 花開錦綉紅如日，葉泛冰盤緑似蒼。愛擬濂溪人灑落，喜逢太白詩悠揚。臨池偏有無窮味，數陣清風送夕陽。②

呈沈休齋先生
吳廷舉

遠別休翁又十年，起居每問洞庭船。衷腸坦蕩平如水，門巷清虛靜似仙。老境一身諸福備，新詩萬首四方傳。重來却喜重相見，握手談心各惘然。③

弔沈休齋先生
鄒邦奇

秋風嫋嫋洞庭波，日暮塵途起此歌。湘漢文章悲賈誼，雲霄弟子泣田何？相門不識人誰似？南國重來事豈磨？欲送靈輀嗟路隔，鄂城東望淚痕多。④

時正德戊寅年八月，哭休齋先生塵途，無佳句也。邦奇寓咸寧。

上大總裁詹老先生
張添祐

先知先覺不等閒，民生民性兩相關。六經心學開天地，一代人才望

---

① 玩：一本作"賞"。
② 長、香、揚、陽，陽韵；蒼，唐韵。詞韵都屬二部平聲。
③ 年、然，先韵；船、仙、傳，仙韵。詞韵都屬七部平聲。
④ 波、磨，戈韵；歌、何、多，歌韵。詞韵都屬九部平聲。

冬吟白雪詩
明拔貢　樊鑑

萬里絕無半點埃，詩人把筆費敲推。"梅花遜雪"盧仝句，①"柳絮因風"道韞才。② 一夜青山齊皓首，滿天白玉盡塵埋。灞橋豪興何人事？一向歐公次第猜。③

靈泉山冬夜
明舉人　張祥

天道元暝位朔方，山空萬壑老風霜。色凋草木悲蕭索，氣錮乾坤貴蓄藏。松骨挺天堅耐冷，梅腮破雪暗飄香。文章足用方期朔，燈火茅齋夜正長。④

春遊芳草地
明進士　曹闓

淡淡輕風日暄妍，踏過前川與後川。遠眺青郊煙似錦，近看綠草軟如綿。人生對景須行樂，舉目興懷殊自仙。堪笑少陵多健筆，不知題破幾春芊？⑤

---

① 應爲南宋盧鉞的詩《雪梅》："梅雪爭春未肯降，騷人擱筆費評章。梅須遜雪三分白，雪却輸梅一段香。"盧仝爲唐詩人。
② 《晉書·王凝之妻謝氏傳》及《世說新語·言語》篇載謝道韞有"柳絮因風起"名句。
③ 埃、才、猜，詞韻五部哈韵；推，詞韵二部灰韵；埋，詞韵五部皆韵。平聲合韵。
④ 方、霜、香、長，陽韵；藏，唐韵。詞韵都屬二部平聲。
⑤ 妍、芊，先韵；川、綿、仙，仙韵。詞韵都屬七部平聲。

寄四弟添祺
又

客踪寥寂擬孤雁，京國多士許借籌。半夜燈寒千里外，十年心事五更頭。豈同國士歌長鋏？① 羞向王孫歎敝裘。何時歸來頻聚首？紫荆花下共悠悠。②

花放酒醉
又

連日春晴花盡開，小園長笑踏青來。桃邊不辨桃花面，竹裡偏宜竹葉杯。並語黃鸝休自得，雙飛蛺蝶豈相猜？晚來月出仍得醉，最愛花影綠滿臺。③

秋飲黃花酒
明歲貢　董珍

秋風颯颯過重陽，萬國萬山盡改常。惟有黃花成淡品，更嘉綠葉傲嚴霜。滿斟玉盞陪金色，淺酌雲罍味晚香。憶昔陶潛曾愛賞，至今猶得挹清光。④

---

① 用戰國策士馮諼典。
② 籌、裘、悠，尤韵；頭，侯韵。詞韵都屬十二部平聲。
③ 與清黃慎（揚州八怪之一）《聽琴圖》款識："蓮日春晴花盡開，小園長共踏春來。桃邊不辨桃花雨，竹裏偏宜竹葉杯。並語黃鸝休自得，雙飛蝴蝶豈相猜？晚來月出人將醉，最愛花蔭滿綠苔。"僅9字异和2字序异。開、來、猜、臺，詞韵五部咍韵；杯，詞韵三部灰韵。平聲合韵。
④ 陽、常、霜、香，陽韵；光，唐韵。詞韵都屬二部平聲。

應制詠新月
張鍾靈

誰家劈破此銀盤？獨步龍池問廣寒。大半墜沉滄海底，一邊掛在碧雲端。難尋大斧來修整，還待嫦娥另補完。但看來朝三五日，九州萬國任君看。①

問　　月
又

停杯不飲問嫦娥：天上人間事如何？玉兔已經多少載？桂枝曾長幾千柯？明皇昨夜曾遊否？② 李白當年捉得麼？③ 我將雲梯登天去，霓裳願得影婆娑。④

黃鶴樓春眺 詩爲建文出走作也。筆機飄忽，摹捉不住，渾淪不露，至末後始知。
張添祐

勃勃仙風在此樓，茫然一望大荒流。江山秀美開新眼，節屆清和洗舊遊。煙火萬家春樹綠，瀟湘九派白雲浮。神京千里空憑眺，獨對煙波江上愁。⑤

---

① 盤、端、完，桓韵；寒、看，寒韵。詞韵都屬七部平聲。
② 傳說唐明皇曾由道士導引游廣寒宮錄得《霓裳羽衣曲》。
③ 許多人根據李白生前豪放不羈的性格和浪漫高傲的氣質，認爲他的結局應該是"醉入水中捉月溺死"。
④ 娥、何、柯、娑，歌韵；麼，戈韵。詞韵都屬九部平聲。
⑤ 樓，侯韵；流、游、浮、愁，尤韵。詞韵都屬十二部平聲。

南樓中秋玩月
又

天風吹我上南樓，爲報嫦娥得舊遊。寶鏡瑩光開玉匣，桂花叢影入金甌。清含宇宙三千界，冷侵山河百二州。醉倚欄杆吹鐵笛，一聲驚破楚天秋。①

月桂步韻
又

上界誰將此樹栽？廣寒高處占香來。根從天地分時種，花在山河影內開。玉兔放丹依寶闕，青鸞啣子下瑤臺。不知砍盡吳剛斧，天上浮雲幾變回？②

闈中詠月、丹桂
張添祐

亭亭獨佔廣寒香，③大地山河雨露涼。天上有根難覓種，人間見影不聞香。嫦娥暗舞來花下，玉兔分陰歇樹旁。寄語吳剛休砍盡，一枝留待狀元郎。④

---

① 與明解縉《中秋》："天風吹我上南樓，爲報嫦娥得舊游。寶鏡瑩光開玉匣，桂花沉影入金甌。清涵宇宙三千界，冷浸山河百二州。醉倚畫樓吹鐵笛，一聲驚破九天秋。"僅6字异。樓、甌，侯韵；游、州、秋，尤韵。詞韵都屬十二部平聲。

② 與明郎瑛《七修類稿·卷三十詩文類·月中桂》："淞江管訥。字時敏。永樂中官楚府長史。《咏月中桂》詩云：'上界誰將此樹栽？廣寒高處古香來。根從天地分時種，花在山河影裏開。玉兔守株依舊闕。青鸞銜子下瑤臺。不知斫盡吳剛斧。天上浮雲變幾回？'"僅6字异（2字序异應爲倒乙）。栽、來、開、臺，詞韵五部咍韵；回，詞韵三部灰韵。平聲合韵。

③ 下有香字韵，犯重。

④ 涼、香，陽韵；旁、郎，唐韵。詞韵都屬二部平聲。

贈沈如筠先生隱居
又

先生晦跡竹林間，無束無縛任往還。吟首新詩陶意致，酌杯美酒解愁顏。烟霞洞裡神仙散，木石山中宰相閒。教子一經登仕路，青雲萬里不遮攔。①

贈張隱士歸隱 公諱起岩，元廷試第一。見紀綱不振、風俗凌夷，掛冠歸隱。沈公作詩以贈之。
沈如筠

買個黃牛學種田，結間茅屋傍林泉。因思老去無多日，且到山中過幾年。爲吏爲官俱是客，能詩能酒總神仙。世間百物皆增價，老來文章不值錢。②

歸途日暮 公途中作，有去國懷君、無限感慨之意。幽思悱惻，知其解者，可與談《小雅》。
又

日暮重關鄉邑遙，雲橫天末見歸橈。更尋野渡逢漁舍，爲取殘霞入酒燒。道在寧憂雨露僻，才微易向風塵憔。心懷去國山川舊，楚水東流不自聊。③

---

① 間、閑，山韵；還、顏，刪韵；攔，寒韵。詞韵都屬七部平聲。
② 與明代開國功臣劉基辭官詩："買個黃牛學種田，結間茅屋傍林泉。因思老去無多日，且向山中過幾年。爲吏爲官皆是夢，能詩能酒總神仙。世間萬事都增價，老了文章不值錢。"僅7字異。田、年，先韵；泉、仙、錢，仙韵。詞韵都屬七部平聲。
③ 遙、橈、燒、憔，宵韵；聊，蕭韵。詞韵都屬八部平聲。

又

明狀元　張修江陵人，居正公子。

一行行起布青天，祇在明沙遠月邊。孤點作隨如帶墨，數群中斷似殘箋。鶯簧借與填新曲，鳳史煩爲記大年。莫道書成無致餽，江南洲渚有秦煙。

又

明解元　譚友夏字元春。

瘦畫娟娟半欲欹，分如斜服絡如絲。千行寫就黄姑綫，一字題成碧落碑。南浦歴風文破碎，西江披雨墨淋漓。斜騫漫引白沙去，譜出胡笳出塞詩。①

又

明會元。年十五飲鄉薦。逵之子　蕭良友字以占，漢陽人。

篆煙畫月過瀟湘，瀟灑森疎綴幾行。禪客辨來知半滿，儒生記去識邊旁。回波引去雙鈞榻，暮雨凄成急就章。鳳鳥不出河圖隱，② 年年編録爲誰忙？③

張公祖堂

張添祐

前人積德後人親，五百年來風骨真。還是源流長一派，相承奕葉振千春。江山宦業年年舊，楚水家聲世世新。孝友堂中傳孝友，子孫祭祀莫辭貧。④

---

① 欹、碑、漓，支韵；絲、詩，之韵。詞韵都屬三部平聲。
② 鳳鳥至、河圖出，被古人認爲是聖人出、盛世到的吉兆。
③ 編録：一本作"書字"。湘、章，陽韵；行、旁、忙，唐韵。詞韵都屬二部平聲。
④ 親、真、新、貧，真韵；春，諄韵。詞韵都屬六部平聲。

贈黎選或云黎狀元淳之孫，年十七棄縣印。
張泌

風雅連宵竟未眠，座中黎子雪盈顛。一官久已聞彭澤，① 三絕嘗聞老鄭虔。② 小醉尚親藜杖下，新詩多在藕花前。蓬萊不識真清淺，欲傍先生看海田。③

題節婦張氏
拔貢　鄒振奇

孤身半世守空房，心似紅爐火煉鋼。口苦每嘗藜藿味，家貧不識綺羅裳。燈前白苧曾勤績，雪裡寒梅只淡粧。一夜夢隨蝴蝶化，人間天上兩茫茫。④

詠　雁
袁中郎

長鋒短折布空輪，筆勢蕭疎絕點塵。萬轉豈能無別意，千行何事祇書"人"？青腰玉女霜前牘，⑤ 大翮先生化後身。浙水、巴東從此去，漫將老健敵清新。⑥

---

① 用陶淵明棄彭澤令典。
② 唐鄭虔詩、書、畫皆精妙，後世因以贊譽人。
③ 眠、顛、前、天，先韻；虔，仙韻。詞韻都屬七部平聲。
④ 房、裳、妝，陽韻；鋼、茫，唐韻。詞韻都屬二部平聲。
⑤ 青腰玉女：是道教的東方天女，主要見於六朝道經，來源於古代神話中掌管霜雪的青（夭神）女。
⑥ 輪，諄韻；塵、人、身、新，真韻。詞韻都屬五部平聲。

思故鄉公居武昌，自□邸寄至靈泉，轉送武昌白滸。
內有家書，樊族兄帶之。
張鍾靈

浩浩乾坤望眼賒，天涯有意漫吁嗟。拊髀身世驚春夢，拭目光陰看物華。木脫蒼松迎春色，天高白雁度晴霞。黃花也笑無聊客，歲歲春風長在家。

寄知州沈貢在雷州、歸老之年，著有《退田集》行世。
張本智

歸老衡門茲若何？①《退田》一集堪磋磨。閒花野鳥皆心賞，谿谷流泉歷自歌。憶昔雷州連夜月，②至今北邸任風波。精明願附虬松上，千里遙情惟夢多。③

獄中寄張璞參宦官劉瑾專權，被害下獄，死於獄中。④
張璞

福楚雲關萬里天，白蘋洲上草纍然。一江隔斷晴川路，十載暌違芳樹煙。報國休言妻子聚，抗疏何惜功名全？皇都寂寂音書杳，惟有詩情托雁傳。⑤

---

① 衡門：橫木爲門。指簡陋的屋舍。
② 連：一本作"游"。
③ 何、歌、多，歌韵；磨、波，戈韵。詞韵都屬九部平聲。
④ 張璞：參見《寶善錄》注。正德八年，出按雲南，鎮守中官梁裕貪横，張璞裁抑，從而被誣陷，被逮捕入詔獄，死於獄中。
⑤ 天、煙，先韵；然、全、傳，仙韵。詞韵都屬七部平聲。

賀張巡按晚生子
曾敬

蘭桂森森天下奇，靈椿猶自長新枝。從來老蚌生珠晚，豈是長庚入夢遲？標格銀河光皎潔，精神秋色碧漣漪。玉皇案內家聲近，仁看鴻毛入鳳池。①

賀張桃新婚中舉
進士　張雍

吳山楚水路非賒，喜結良緣又折花。合巹杯中浮蟻首，玉欄杆下醉鳳葩。乾坤配德兆三世，龍虎題名自一家。身入洞房花燭夜，寧從海上泛仙槎？②

萬卷書樓弔李氏
張尚德

父死子亡不忍聞，哀聲震動五雷門。崩沙裂石柔腸斷，泄海傾河淚眼昏。半世功名春夢過，生平學問遺經存。天公錯使陰陽劍，割斷人間骨肉恩。③

---

① 與宋李劉《賀晚生子》："蘭玉森森天下奇，靈椿猶自長新枝。從來老蚌珠生晚，豈是長庚夢到遲。標格銀蟾光皎潔，精神秋水碧漣漪。玉皇案吏家聲近，仁看追踪入鳳池。"僅7字异。奇、枝、漪、池，支韵；遲，脂韵。詞韵都屬三部平聲。

② 與明代小說《包公案》十回本（三）第二十四回："……君瑞遂歌詩一首以遣其情。詩曰：'西山楚水路非賒，結良緣更可佳。合巹杯中浮蟻首，玉欄杆下醉春花。乾坤大道持悠久，琴瑟清聲善室家。喜氣洞房花燭夜，寧殊海上泛仙槎？'"僅21字异。

③ 聞，文韵；門、昏、存，魂韵；恩，痕韵。詞韵都屬六部平聲。

早　春
杜鈞

　　青山頭上雲初消，一夜東風回九梢。萬物盡沾新雨露，百花都換舊枝條。嬌鶯對對聲低囀，乳燕雙雙翅緩搖。看得幾般生意好，不知行過洛陽橋。①

遊杭州
李時亮

　　曾聞此地最繁華，此日遊來興倍加。無數帆隨秋水落，幾多舟泊夕陽斜。青樓笑處花如錦，銀甕傾來酒似霞。行樂人生處處有，他鄉雖好不如家。

壽舉人栗應瑞
張啟宸

　　四月薰風解慍涼，金杯酒襲嫩荷香。天邊客燕千秋節，庭下雲翻五色裳。桂子養成黃甲蓋，宮花榮拜紫泥章。人生五十服官政，還慶褒封百歲長。

賀進士順境歸婚
張鵬

　　三春有約在紅梅，爭跨征鞍馬上回。人自廣寒宮裡過，香從桂子月中來。科名幸遇聯星斗，銀燭喜逢照鳳臺。恰是禹門得意日，桃源仙女笑顏開。②

---

① 消、搖、橋，宵韵；梢、爻韵；條，蕭韵。詞韵都屬八部平聲。
② 梅、回，詞韵三部灰韵；來、臺、開，詞韵五部咍韵。平聲合韵。

送姪張鑑 鑑係楚昭王儀賓，住武昌白滸山。
又

風裡泛帆一日程，滔滔漢水送離情。洞賓亭上話偏長，黃鶴磯頭坐更清。惟憶武昌樓上月，猶懷白滸波中聲。茫茫世事真難料，試看中流浪不平。①

承詔赴京
又

匹馬蕭蕭上帝州，北風吹雪滿貂裘。棄官自許終逢主，抱璧何須晚封侯。②夜月啣杯燕市裡，春風載筆鳳池頭。相思南望梁園綠，自有音書問舊遊。③

元　　旦
沈一敬

金鷄報曉漏聲傳，氣轉洪鈞又隔年。造物安排新歲月，乾坤整頓舊山川。朝中玉曆頒天下，門外桃符換戶前。醉罷屠蘇帶醉色，滿堂賓客看春聯。④

---

① 程、情、清、聲，清韻；平，庚韻。詞韻都屬十一部平聲。
② 抱璧：用《韓非子》和氏獻璧典。
③ 與明徐中行《再和袁魯望》："匹馬蕭蕭向帝州，北風吹雪滿貂裘。棄襦自許終逢主，抱璧何妨晚拜侯。夜月啣杯燕市里，春雲載筆鳳池頭。相思南望蘼蕪綠，定有鴻書問舊游。"僅9字异。州、裘、游，尤韻；侯、頭，侯韻。詞韻都屬十二部平聲。
④ 前一"醉"字一本作"酌"。傳、川、聯，仙韻；年、前，先韻。詞韻都屬七部平聲。

時靖亂兵變，建文失位。公致仕還鄉，已歷三年。因游樊湖，作此以微寓其意。

春　　遊
張必貴

春風堤畔柳條妍，春色依依草自芊。春夜客來情不厭，春樓月至酒爲仙。春花時獻主人意，春友共添鮑子錢。①春鳥忽來喚醉眼，春城疑是杏花天。②

舟中懷古
又

一羽飛塵載浪輕，樊山遠接夕陽明。江廻伍子蘆漪渡，③石抱孫郎渚鄂城。回去身隨沙鳥泛，狂歌興逐白雲生。翻愁澤畔逢漁父，鼓枻重來笑獨清。④

寄四弟添祺詩
張添祐

了却浮生休便休，浮生之外更何求？莫將一生百年計，自取三千世界愁。夢覺側衾無擘畫，興來得酒且遨遊。兒孫自有兒孫福，莫把兒孫作馬牛。⑤

---

① 《史記·管晏列傳》："管仲曰：'吾始困時，嘗與鮑叔賈，分財利多自與，鮑叔不以我爲貪，知我貧也……生我者父母，知我者鮑子也。'"
② 妍、芊、天，先韵；仙、錢、仙韵。詞韵都屬七部平聲。
③ 用伍子胥受漁父幫助渡江逃往吳國的典故。
④ 用屈原楚辭《漁父》的典故。輕、城、清，清韵；明、生，庚韵。詞韵都屬十一部平聲。
⑤ 尾聯與元王哲《集賢賓·鳴鶴餘音卷一》："兒孫自有兒孫福，莫與兒孫作馬牛。"僅一字之差。

水琴。避世能承嚴子志，① 卧龍常效孔明心。② 長安祇恐人來訪，移到桃源無處尋。

賀杜公生子
又

千載重逢太運開，果符蘭夢產英才。九苞彩鳳人間獻，半夜玉麟天上來。皇國又添扶日手，儒林高築讀書臺。天公知是青雲路，吩咐嫦娥桂早栽。③

與李時亮、樊時中遊樊湖作
又

世事浮沉無所羈，閒亭冷落故人稀。逢君年老應談古，樂我時光效詠歸。④ 莫道幽棲歌驥櫪，⑤ 豈知賢隱樂漁磯？逍遥不管人間事，詩酒煙霞看夕暉。⑥

---

① 嚴子：嚴子陵，名嚴光，字子陵。生卒年不詳，東漢著名高士（隱士）。浙江會稽餘姚（今寧波慈溪市）人。嚴少年時就很有才氣，與劉秀（後來的漢光武帝）是同學好友。劉後來登基做了皇帝，回憶起少年時期的往事，想起嚴子陵，便多次徵召其爲諫議大臣，嚴子陵婉拒之並隱居富春江一帶，終老於林泉間；其因此被時人及後世傳頌爲不慕權貴追求自適的榜樣。

② 諸葛亮，字孔明，號卧龍（也作伏龍），琅琊陽都（今山東臨沂市沂南縣）人，三國時期蜀漢丞相、杰出的政治家、軍事家、發明家、文學家。在世時被封爲武鄉侯，死後追謚忠武侯，後來東晋政權推崇諸葛亮軍事才能，特追封他爲武興王。諸葛亮爲匡扶漢政權，嘔心瀝血，鞠躬盡瘁，死而後已。於234年在寶鷄五丈原逝世。諸葛亮在後世受到極大尊崇，成爲後世忠臣楷模、智慧化身。

③ 與《應酬本·賀生子》："千載重逢太運開，熊羆夜夢産英才。九苞彩鳳雲間獻，半夜石麟天上來。魏闕又添扶日手，儒林復築讀書臺。聞聲知是青器□，吩咐嫦娥桂早栽。"僅9字异，1字不明。

④ 用陶淵明《歸去來辭》典。

⑤ 用曹操的《龜雖壽》"老驥伏櫪志在千里，烈士暮年壯心不已"典。

⑥ 羈，平聲支韵；稀、歸、磯、暉，平聲微韵；櫪，入作去；事，去聲志韵。詞韵都屬二部。

黃 鶴 樓
又

隔江鄂渚動高秋，黃鶴飛來不見樓。轉向白雲勤野望，翻從新塚識舊愁。《梅花》調落晴川外，① 石鏡丹懸楚水頭。② 寄語昔年操笛者，樓空鶴羽自應留。③

琴、月寫雙情
又

琴在天中月在天，琴聲朗朗月娟娟。琴迎月出蟾宮路，月照琴彈流水前。月老修琴磨月斧，琴師對月理琴絃。要成琴、月雙情好，獨抱素琴月下眠。④

曾公伏處 曾泰於元末時，安貧樂道，不求聞達，伏處靈泉。明洪武五年，徵爲翰林。

又

不受塵埃半點侵，行藏隨分在山林。籬邊惟酌黃花酒，松下獨彈流

---

① 《落梅花》：古笛曲名。
② 石鏡：又稱石照，意爲石壁光滑可以照人，爲黃鶴樓一景。
③ 秋、愁、留，尤韻；樓、流，侯韻。詞韻都屬十二部平聲。
④ 天、前、弦、眠，先韻；娟，仙韻。詞韻都屬七部平聲。

何隆。一輪滿貯山川影，萬里盡消鬼魅踪。丹桂無根任攀折，前頭須認狀元紅。①

與楊溥玩月溥，洪武時閣老，與公爲莫逆交。
又

萬里同明長夜秋，一樽美酒洗詩喉。廣寒秀氣聯奎璧，皓魄清光射斗牛。影向樓臺來漫漫，風隨絃管去悠悠。無端飄去銀河內，天上寒深不可留。②

江上別楊溥憶之
又

登樓呼酒對名花，惜別樽前興未涯。濤落瀟湘天萬里，舟回楊柳月千家。翻疑星夜洞庭過，却是烟花楚塞斜。夜半微風吹夢醒，何堪回首憶《蒹葭》?③

金陵夜興
又

旅邸砧聲起暮愁，倏然王粲獨登樓。故山夜月隨人到，隔岸寒風逐水流。搖落秋聲傷遠別，淒涼幽夢入孤舟。天邊欲訪乘槎客，幾點疏星伴斗牛。④

---

① 狀元紅：珍稀丹桂品種，花色紅艷程度位居丹桂品種群首位。空、宮、隆、紅，東韵；踪，鐘韵。詞韵都屬一部平聲。
② 秋、牛、悠、留，尤韵；喉，侯韵。詞韵都屬十二部平聲。
③ 花、家、斜、葭，麻韵；涯，佳韵。詞韵都屬十部平聲。
④ 愁、流、舟、牛，尤韵；樓，侯韵。詞韵都屬十二部平聲。

前題
又

佳氣鬱鬱滿華堂，山廻水繞境尤良。層巒畫棟飛雲影，聳秀雕梁映日光。百世箕裘成祖業，四時管絃紹書鄉。傳家惟有遵《詩》《禮》，蟄蟄兒孫福祿昌。①

遊紫蕚園 是年公方十二歲。

此園乃張氏之名園也。洪武十二年春，園中名花盛開，一時賞景者咸飲於中。鄉老先生聞張公添祐才思敏捷，將八個曲牌名，限韻以難之。公吟成七言律，一揮毫而詩成。衆咸服爲"才高八斗"云。

八曲名：一，"宜春令"；二，"小梁州"；三，"黃鶯兒"；四，"香柳娘"；五，"三棒音□上聲。鼓"；六，"一江風"；七，"醉東風"；八，"上小樓"。

張添祐

愛逐宜春令去遊，園林好景小梁州。黃鶯兒喚今朝事，香柳娘摩舊日愁。三棒鼓催花下酒，一江風送路頭舟。歸來乘醉東風晚，笑提銀壺上小樓。②

中秋月
又

誰家金鏡夜飛空？千古人談玉兔宮。雲斂衆形陰有讓，星收羣景光

---

① 堂、光，唐韵；良、鄉、昌，陽韵。詞韵都屬二部平聲。
② 與明李清《明珠緣》（又名《梼杌閑評》）第二十二回："詩曰：爲家宜春令去游，風光絕勝小梁州。黃鶯兒唱今朝事，香柳娘牽舊日愁。三棒鼓催花下酒，一江風送渡船頭。嗟子沉醉東風裏，笑剔銀燈上小樓。"僅16字異。游、州、愁、舟，尤韵；樓，侯韵。詞韵都屬十二部平聲。

風凉。露凝疎雨添生意，霜落殘花到底香。莫把品題歸隱逸，惟從老叟看容光。①

洪福寺
又

散步消閒到上方，② 逼人清氣不尋常。蒼苔雨潤沿階翠，黃花風吹滿院香。寶塔遊來通佛殿，廻廊玩遍轉僧房。老禪坐對圍棋局，那解浮雲半日長。

七夕
又

天上佳期此日當，喜看織女會牛郎。九華燈向祥光靄，石子溪邊笑語香。月露嫦娥秋尚淺，橋懸烏鵲夜何長？人間欲乞天孫巧，不管樵樓漏箭忙。③

含山樓落成
又

高樓一座在深坪，爲喜今朝歌舞成。鳳舞龍騰百代壯，日華星燦千年榮。繞門綠水流蒼玉，當户南山列畫屏。獨上丹梯人境外，青雲覆去有公卿。④

按：樓宋建炎年間張芸叟所構也，元末火於兵。明洪武中，公仍舊址復加修焉。

---

① 芳、凉、香，陽韵；藏、光，唐韵。詞韵都屬二部平聲。
② 上方：指洪福寺。
③ 樵樓：即譙樓，亦稱鐘鼓樓或更鋪。當、郎、忙，唐韵；香、長，陽韵。詞韵都屬二部平聲。
④ 坪、榮、卿，庚韵；成，清韵；屏，青韵。詞韵都屬十一部平聲。

正夕陽。①

獨坐來青閣
又

孤舘蕭然掩畫扉，徘徊日影甚依依。白雲空自浮書幌，芳草徒留滿釣磯。舊社於今恍失約，時名與昔共相違。墻邊惟有新叢竹，日夕清風送燕飛。

夏　　至
又

暖風送過楚江岑，春去春來看茂林。梅子園中枝盡落，槐花庭外影迷沉。誰知蛙韻池邊鼓？特借蟬聲柳底琴。天運轉移無定位，一時好景須留心。

早　　秋
張添祐

昨夜紛紛亂葉飄，逼人秋氣甚無聊。滿林楓樹因霜醉，一院芭蕉被雨憔。綠水青山初寂寞，瓊林珠戶半蕭條。楚江天空看鴻陣，碧梧枝頭月未消。②

李園秋菊
又

東籬誰植數枝芳？點玉浮金異樣藏。豈是心嫌春日暖？却緣性耐晚

---

① 與唐來鵠《清明日與友人游玉粒》："幾宿春山逐陸郎，清明時節好煙光。歸穿細荇船頭滑，醉踏殘花屐齒香。風急嶺雲飄迥野，雨餘田水落方塘。不堪吟罷東回首，滿耳蛙聲正夕陽。"僅 16 字异。郎、光、塘，唐韵；香、陽，陽韵。詞韵都屬二部平聲。
② 飄、憔、消、宵韵；聊、條，蕭韵。詞韵都屬八部平聲。

瀜瀜。① 吐梅白玉村村異，② 鎖柳蒼煙處處同。③ 門外春光觀不盡，賞心樂事在東風。

桃　　花
又

昔年劉、阮入天臺，帶得人間處處栽。④ 一種化工真自在，十分春色爲誰開？玉皇殿上紅雲合，金谷園中絳雪堆。好看禹門三汲浪，魚龍變化不須猜。⑤

杏　花　飲
又

二月東皇醉臉香，杏花開遍玉欄杆。紅光照滿珊瑚樹，紫艷巧成錦綉章。幾度晚風來酒店？一枝春色出鄰墻。遊人對此多高興，歌舞花前似洛陽。⑥

暮　春　行
又

幾度青山逐六郎，清明時節好風光。笑穿綠柳船頭濕，醉踏殘花屐齒香。風急嶺雲飄坰野，雨餘澗水落方塘。四圍覽景歸來晚，滿耳蛙聲

---

① 瀜瀜：一作"溶溶"。
② 村村：一作"樹樹"。
③ 同：一作"風"，形近誤。
④ 《古小説鉤沉》輯《幽明録》略云：漢明帝永平五年，剡縣劉晨、阮肇共入天臺山取谷皮，迷不得返。經十三日，採山上桃食之。
⑤ 臺、栽、開、猜，詞韵五部平聲咍韵；在，詞韵五部去聲代韵；堆，詞韵三部平聲灰韵。合韵。
⑥ 與明王世貞《艷异編（續集）·卷七夢游部》杏氏吟曰："二月東皇醉艷陽，靚妝倚遍午橋莊。紅光照滿珊瑚樹，紫艷薰成錦綉裳。幾度晚香來野店，一枝春色出鄰墻。書生對此多高興，題品新詩入錦囊。"僅21字异。

壽同年進士沈賁四十
又

昔年岳降產英雄，誕節奇逢馬首東。萬善作基天必壽，一恒立性德何窮？文章五色鳴時鳳，豪氣千尋貫斗虹。四十古來稱始仕，[1] 秋香留意爲君紅。[2]

嘲友再娶
沈賁

喜君和氣盎春天，知是劉郎入洞仙。自許柏舟堅晚節，忽聞菱鏡得重圓。初施雲雨調新瑟，再整絲桐理舊絃。莫道枯楊花不好，輸君綠髮尚鮮然。[3]

壽張學悟八旬
沈世昌

幾年垂髮待文王？八度春秋壽屆當。[4] 古柏蒼松含造化，高山流水和宮商。滿庭芳草如春意，一律梅花見古腸。今際太平開壽域，更期鶴算等高崗。[5]

遊　春[6]
張添祐

百花開放滿園紅，遍野韶光氣象隆。遙看青山山鬱鬱，近觀碧水水

---

[1] 《禮記·曲禮上》："人生……四十曰強，而仕"。
[2] 雄、東、窮、虹、紅，平聲東韻；鳳，去聲送韻。詞韻都屬一部。
[3] 天、弦，先韻；仙、圓、然，仙韻。詞韻都屬七部平聲。
[4] 八度："八旬"之誤。
[5] 王、商、腸，陽韻；當、崗，唐韻。詞韻都屬二部平聲。
[6] 標題一作《靈泉游春》。

賀沈公鍾之子賁
張鍾靈

貞晝元開甲子新，蘭枝發秀應昌辰。鳳雛疑是岐山物，龍馬終歸渥水羣。寶樹春風吹瑞氣，玉壺秋水湛精神。前人積德方流慶，滾滾公侯延甫申。①

賀沈賁新婚見寄
又

未過殘臘過春宵，花燭生輝影動搖。預識伯鸞能舉案，② 久聞蕭史善吹簫。③ 乘龍已遂今生願，渡鵲爭看萬里橋。阻遠未能躬對飲，高明應念故人遙。④

賀樊鏞七夕新婚
又

月淡星稀渡鵲橋，牛郎織女會今宵。玉臺華筵燒紅燭，金屋濃粧簇翠翹。連理有花開靜夜，海棠無力醉春嬌。勸君滿飲三杯酒，早佔鰲頭樂事饒。⑤

---

① 新、辰、神、申，真韵；群，文韵。詞韵都屬六部平聲。
② 伯鸞：漢梁鴻的字。鴻家貧好學，不求仕進。與妻孟光共入霸陵山中以耕織爲業。夫婦相敬有禮。見《後漢書·逸民傳·梁鴻》。
③ 相傳春秋時秦穆公的愛女弄玉，她酷愛音樂，尤喜吹簫。一晚，她夢見一位英俊青年，極善吹簫，願同她結爲夫妻。穆公按女兒夢中所見，派人尋至華山明星崖下，果遇一人，羽冠鶴氅，玉貌丹唇，正在吹簫。此人名蕭史。使者引至宮中，與弄玉成了親。一夜兩人在月下吹簫，引來了紫鳳和赤龍……於是蕭史乘龍，弄玉跨鳳，雙雙騰空而去。
④ 宵、搖、橋、遙，宵韵；簫、蕭韵。詞韵都屬八部平聲。
⑤ 橋、宵、嬌，平聲宵韵；翹、饒，去聲笑韵。詞韵都屬八部。

菖蒲一名蒲劍

又

三尺青青鼓太阿，舞風斬破一川波。長橋有影蛟龍懼，流水無聲晝夜磨。山岸帶煙吐紫氣，五更彈雨和漁歌。秋來只愁西風惡，銷盡鋒稜轉恨多。①

祝沈閣老八旬

沈公如筠，祖貫江西，自先世祖沈該。該生文通，仕宋。筠仕元，故稱"三代衣冠"。元末，筠自江西徙居江夏靈泉山內。不受明祿，忠於元也。

又

三代衣冠三代豪，鳳毛於今起鴻毛。頭垂白髮籠紗帽，眼見斑衣換紫袍。秋月冰霜堅古柏，春風雨露獻蟠桃。登堂願上千年酒，壽比南山萬仞高。②

祝鄒年伯六旬鄒彥魁之祖。

又

甲子輪流甲又來，長春不老天栽培。清光北海千年節，春酒南山百歲杯。音繞畫梁《金縷曲》，③花堆天上碧桃開。古今惟有仁人壽，笑看年年戲老萊。④

---

① 阿、歌、多，歌韵；波、磨，戈韵。詞韵都屬九部平聲。
② 豪、毛、袍、桃、高，平聲豪韵；帽，去聲號韵。詞韵都屬八部。
③ 《金縷曲》：詞牌名，即《賀新郎》，因葉夢得賀新郎詞有"誰爲我唱金縷"句，而名《金縷曲》。
④ 年年：一本作"他年"。來、開、萊，詞韵五部哈韵；培、杯，詞韵三部灰韵。平聲合韵。

酒數杯。①

批：李詩清，楊詩逸，杜詩雄，張詩渾。各臻其妙。李嗣溪先生評。

過靈泉秋風亭誌感
張鍾靈

靈見世家故業、先朝名塚將有傾覆、爭奪之患，亦與晉索靖憂銅駝、②周大夫怨《黍離》同此浩歎，③因賦一律，以誌余感。④

春露亭前秋草連，百年遺跡總堪憐。故園桑梓今搖落，別業村田幾變遷。荒塚荊棘眠狡兔，敗垣短樹集烏鸇。此來感我淒涼意，回首惡風一愴然。⑤

靈 泉 寺
張添祐

鑿破雲根四面空，簷牙高聳古番東。種來松幹枝枝翠，開到荊花樹樹紅。山水掇歸圖畫裡，乾坤放入酒杯中。黃冠野服無人管，太古涼風一樣同。

---

① 裁、來、開、臺，詞韻五部平聲咍韵；界，詞韻五部去聲怪韵；杯，詞韻三部平聲灰韵。方音合韵。
② 《晉書·索靖傳》："靖有先識遠量，知天下將亂，指洛陽宮門銅駝，嘆曰：'會見汝在荊棘中耳！'"後人以"銅駝荊棘"指山河殘破、世族敗落或人事衰頹。
③ 一般認爲，《詩經·王風·黍離》是東周大夫悲悼宗周覆亡之作。
④ 詩序原在詩後，依體例移此。
⑤ 與萬曆本《新樂縣志》記載：春露亭，在縣南四十里孔村社南蘇村。元祭酒蘇天爵先塋在焉，因建亭爲祭奠之所……正德元年（公元 1506 年），刺史孫昌以亭臺坍塌而有感愴，乃題曰："春露亭前秋草連，百年遺迹總堪憐。故園桑梓今搖落，別業莊田幾變遷。荒冢荊榛眠狡兔，敗垣草樹集烏鴉。此來感我淒凉興，回首西風一愴然！"僅 7 字异。連、遷、鸇、然，仙韵；憐、先韵。詞韻都屬七部平聲。

竹聲。① 松柏千柯如玉樹，樓台百尺似銀城。敲詩騷客凭欄望，一片瓊瑤世界清。②

前　　題
明洪武初副使　楊繼本

花飛六出滾堆來，搖曳人間燦爛開。庾嶺臘梅寒散亂，章臺柳絮風旋回。登樓頗有謝家客，覽景慚無詠雪才。天上蒼茫紛舞瑞，連山接水遍塵埃。③

前　　題
杜宗晦

昨夜西風鼓角喧，曉來濃凍怯氈寒。茫茫一片渾無地，皓皓三山俱是天。孫壁淒涼宜束手，灞陵豪傑且停鞭。陽春有腳深如海，願借太平到閭邊。④

前　　題
張添祐

誰把鵝毛費剪裁，紛紛飄落下天來。初疑柳絮因風起，又認梨花帶雨開。變作三千銀世界，粧成十二玉樓臺。苦吟詩士不知冷，醉飲羔羊

---

① 前半與《全唐詩·卷六百九十二·杜荀鶴二·雪》："風攪長空寒骨生，光於曉色報窗明。江湖不見飛禽影，岩谷時聞折竹聲。巢穴幾多相似處，路岐兼得一般平。擁袍公子休言冷，中有樵夫跣足行。"前4句僅3字異。
② 生、明，平聲庚韵；影，上聲梗韵；聲、城、清，平聲清韵。詞韵都屬十一部。
③ 來、開、才、埃，詞韵五部咍韵；回，詞韵三部灰韵。平聲合韵。
④ 與明蘭陵笑笑生《金瓶梅詞話·第七十回·西門慶工完升級　群僚廷參朱太尉》："昨夜西風鼓角喧，曉來隆凍怯寒氈，茫茫一片渾無地，浩浩四方俱丹天；綺壁淒涼宜未守，霸陵豪杰且停鞭，陽春有腳恩如海，願借餘溫到客邊。"僅12字异，2字序异。喧，元韵；寒，寒韵；天、邊，先韵；鞭，仙韵。詞韵都屬七部平聲。

前　題
江夏成化元年乙酉舉人　湯泓

　　春入靈泉景物幽，呼童携酒遍山遊。紅紅白白花容好，綠綠青青草木稠。喚友黃鶯聲韻切，尋香粉蝶意偏留。賞心樂事渾無限，幾度歸來興未休。①

前　題
弘治己未進士　沈貢

　　同君百步玩羣蘚，日暖風和正午天。幾樹梨花開帶雪，數枝杏蕊放無煙。黃鶯擲柳金聲囀，白鷺投林玉羽翩。相看青山情不厭，歸來明月滿前川。②

前　題
明庚子舉人③　李友文

　　景物繁華望眼迷，詩懷灑落最堪題。鶴從紅杏花間舞，鶯在綠楊枝上啼。五六七群鷗戲水，兩三四個燕啣泥。和風吹醉遊春客，一路香煙送馬蹄。

　　靈泉詠雪明生員李嗣溪，時亮之父，優通五經，博洽群書。
　　與張孝廉在含山樓飲酒，見大雪，命及門諸生吟詩。
明給事中　李時亮

　　風攪長空寒氣生，先於曉色報窗明。江湖不見飛禽影，岩谷惟聞折

---

①　幽，幽韵；游、稠、留、休，尤韵。詞韵都屬十二部平聲。
②　蘚，上聲狝韵；天、煙，平聲先韵；翩、川，平聲仙韵。詞韵都屬七部。
③　明庚子有四：即公元1420、1480、1540、1600年。

春飲春露亭

沈公石田集鄒光標、董禮、曹間等在春露亭飲酒，行一令云："三春又三春，三勝逢三奇。新舊兩個口，可請詩人題。題得者免罰。"張鍾靈題曰：

張鍾靈

春官春令布春華，春詩春酒春色嘉。勝會勝遊尋勝景，奇逢奇女摘奇花。新鶯遷囀新喬木，舊燕仍巢舊主家。字字草成山水格，此句有一本作"好景可人真可玩"。今朝歌舞夕陽斜。

酬和原韻
沈石田

春風春雨春光華，春水春山春景嘉。新柳戀鶯鶯戀柳，好花迷蝶蝶迷花。尋芳客入尋芳徑，買酒人投買酒家。去是路兮歸是路，馬頭相對日頭斜。①

酬春露亭飲
弘治戊午解元　張鍾靈

為愛羣芳美少年，東風吹我袖翩翩。行過紫陌紅塵裡，吟到落花流水邊。鶯舌韵調《金縷曲》，馬蹄聲散鐵連錢。家童携得歸元酒，醉倒王孫草上眠。②

---

① 自己行的令，"三勝逢三奇。新舊兩個口"都沒有了。與明蔣一葵《堯山堂外紀》（見吳景旭《歷代詩話》卷七十二）舒狀元（名芬，字國裳）春游，用重叠意作詩曰："春風春日競春華，春水春山春景佳。新柳戀鶯鶯戀柳，好花迷蝶蝶迷花。尋芳子入游芳伴，買酒人投賣酒家。去是路兮歸是路，馬頭相對日頭斜。"僅8字异。

② 年、邊、眠，先韵；翩、錢，仙韵。詞韵都屬七部平聲。

詠梅、竹
張添祐

梅、竹相依仿佛同，竹青梅白自成叢。梅知竹守清虛節，竹愛梅施慘澹紅。竹影橫梅留夜月，梅花伴竹待春風。莫嫌梅、竹多平淡，梅、竹心情千古隆。

詠梅、雪
三邊都堂　張必貴

雪裡梅花最好看，老梅帶雪白漫漫。雪飛梅上添新彩，梅立雪中倍慘寒。踏雪尋梅間策杖，觀梅永雪共凭欄。有梅有雪方成趣，有雪無梅得趣難。①

詠梅、月
張鬱文憲。

寒梅籠月影含英，月上梅梢異樣明。梅待月來方有色，月從梅過寂無聲。梅寧遜月三分白，月不輸梅一味清。梅、月向人真灑灑，倚梅玩月自長吟。②

李嗣溪曰：詩有其品，如金玉精潤，如蘭桂雅淡，方稱名貴。君家三作，換俗骨而脫凡胎，吾名之曰仙品。

---

① 看，去聲翰韵；漫，平聲桓韵；寒、欄、難，平聲寒韵。詞韵都屬七部。
② 英、明，詞韵十一部庚韵；聲、清，詞韵十一部清韵；吟，詞韵十三部侵韵。方音平聲合韵。

鎖薜蘿。①

靈泉春雨
明生員　沈少崗篁之後。

細霧濛濛春色寒，行吟樂就倚欄杆。池塘綠水添新景，園圃紅花換舊顏。出谷流鶯冒雨過，芳草遊子帶泥還。青雲擾擾飛山岫，祇在煙村樓閣間。②

頌閨秀張含英
明生員　沈學鳳篁之後。

喜溢門楣賦好詩，夢思明月入懷時。姮娥命駕離金闕，③ 寶婺乘祥下繡闈。④ 嬌奪春風花似質，才凌秋水柳如眉。仙姑不是凡間女，定看他年作帝妃。⑤

祝靈泉修真上人真俗姓樊，名炎塘。
明舉人　李巽

七十年來鬢未皤，靈泉瀟灑養天和。函關老子騎牛度，蓬苑神仙跨鶴過。庭上彩雲飛白洞，階前紅日映青蘿。從今頗得長生訣，惟有高人壽最多。⑥

---

① 多、阿、歌、蘿，平聲歌韵；過，去聲過韵。詞韵都屬九部。
② 寒、杆，寒韵；顏、還，删韵；間，山韵。詞韵都屬七部平聲。
③ 姮娥：嫦娥本名，因西漢時爲避漢文帝劉恒的諱而改稱嫦娥，又作常娥，是中國神話人物后羿之妻。神話中因媮食后羿自西王母處所盜得的不死藥而奔月。民間多有其傳說以及詩詞歌賦流傳。
④ 寶婺：即婺女星。常借指女神。
⑤ 詩、時，平聲之韵；闈、妃，平聲微韵；質，入作上；眉，平聲脂韵。詞韵都屬三部。
⑥ 皤、和，平聲戈韵；過，去聲過韵；蘿、多，平聲歌韵。詞韵都屬九部。

雨後踏山
張添祐

靈泉春色雨中饒，松翠苔紋艷石磧。山口有橋，溪水出湖。新漲忽從欹岸出，亂雲陡自平湖飄。內湖吳塘湖有雲起池中。風廻小徑通幽壑，瀑滴虛巖長藥苗。淡月青山無價買，不知行過幾蜂腰？

詠　龍
舉人　張祥

誰禀乾坤氣獨雄？含靈毓秀在淵中。黃鱗奮起投滄海，綠角崢嶸現碧空。變化莫非量市劍，昇騰疑是葛陂筇。風雲際會如翻掌，普沛甘霖萬國同。①

詠　鳳
張添祐

身在雲天越樣奇，羽蟲三百孰儔之？九苞冲漢乘風起，五彩朝陽映日齊。阿閣成巢臨舜世，岐山飛舞應周時。②棲梧不肯同凡鳥，天下文明人共知。③

靈泉古墓
明生員　張伏一字退庵。

古塚傾頹歲月多，尚留名塔在山阿。煙光天霽時時見，靈影風清日日過。騷客每多舒雅興，牧童時傍起樵歌。披襟遙看幽深處，滿目蕭然

---

① 雄、中、空、同，東韵；筇，鐘韵。詞韵都屬一部平聲。
② 《國語·周語》："周之興也，鸑鷟鳴於岐山。"鸑鷟即鳳凰。
③ 奇、知，平聲支韵；之、時，平聲之韵；起，上聲止韵；齊，平聲齊韵；世，去聲祭韵。詞韵都屬三部。

有誰知？①

御批：鮮然出色。

樊湖遇雨
拔貢　樊鑑

幾年未到寒溪遊，武昌縣有寒溪寺。纔到樊湖又雨途。千里獨看雲外雁，一身常伴水中鷗。蓬窗野夢尋常有，客路親情半點無。却憶武昌市上酒，不知深入醉鄉愁。②

靈泉寺雪
樊鏞

朔風漸漸送寒來，日午僧門半未開。羽客只宜添短褐，枯松偏自耐寒胎。苦吟簷角玲瓏玉，間撥爐頭榾柮灰。料是天心無改易，千山萬嶺少塵埃。③

靈泉冬景
杜一山

萬物殘冬貴蓄藏，千山空谷老容光。陰風習習雙龍卧，曉霧濃濃孤鶴翔。松骨挺天枝幹古，雲衣拖地卷舒忙。忽然飄下銀河雪，宛似玉盤映華堂。④

---

① 翅，去聲實韵；遲，平聲脂韵；絲、詩，平聲之韵；知，平聲支韵。詞韵都屬三部。
② 游、愁，詞韵十一部平聲尤韵；途，詞韵四部平聲模韵；鷗，詞韵十二部平聲侯韵；有，詞韵十二部上聲有韵；無，詞韵四部平聲虞韵。方音合韵。
③ 來、開、胎、埃，詞韵五部咍韵；灰，詞韵三部灰韵。平聲合韵。
④ 藏、光、忙、堂，唐韵；翔，陽韵。詞韵都屬二部平聲。

尚未歸。柳絮池塘香入夢，梨花庭院冷侵衣。趙家姊妹多相妬，莫遣朝陽殿裡飛。①

白燕應制
周子諒

未到故國伴侶稀，忽聞春語卷羅衣。輕過楚巷無人見，乍入梁園雜雪飛。送雨迎風終潔已，沾泥帶水應知稀。勸君只在枝頭宿，莫向梨花院內歸。②

白燕應制
辜皋

纔過三春任所之，滿身寒雪猶堪思。垂柳枝上縞衣素，畫棟梁間清語呢。歲歲玉容不改舊，年年皓首豈爲遲？飛來靜夜看顏色，只道梨園月半池。③

白燕應制
彭友信

一年好景帶霜翅，秋去春來不敢遲。綠野塘邊兩點雪，烏衣巷口幾行絲。冰肌欲假霜爲賦，玉骨願賡梅作詩。惟愛清光如水淡，一身高潔

---

① 《堯山堂外紀》（見吳景旭《歷代詩話》卷七十二）：海叟歸作詩，翌日呈廉夫云："故國飄零事已非，舊時王、謝見應稀。月明漢水初無影，雪滿梁園尚未歸。柳絮池塘春入夢，梨花庭院冷侵衣。趙家姊妹多相忌，莫向昭陽殿裏飛。"（僅4字異）廉夫得詩嘆賞，連書數紙，盡散坐客，一時呼爲"袁白燕"。

② 與徐渭《落花》："花落條空芳樹稀，秦王宮裏卷羅衣。經過楚巷兼人麗，乍入梁園雜雪飛。送雨迎風俱是別，沾泥帶水不能歸。明年知向何枝發，願傍青陽近日暉。"有33字異。

③ 之、思，之韻；池，支韻；呢、遲，脂韻。詞韻都屬三部平聲。

名山幾度巍？

白燕應制洪武五年壬子三月，選舉天下名士，十七布衣召見。
應制詠白燕，不限韻，賜翰林及第。①
曾泰

閑庭盡日見還稀，院院梨花去漸瀕。別殿幾年埋玉匣，舊人何處認烏衣？春風水面徒聞語，夜月梁間好弄輝。安得姚家紅縷綫？却看片雪帶花飛。②

御批：溫厚和平，得風人之體。③ 賜翰林第一。

白燕應制
時大舉④

春社年年帶雪歸，海棠庭院月爭輝。珠簾十二中間捲，玉剪一雙上下飛。天下公侯讀紫額，國中儔侶上烏衣。江湖多少閑鷗鷺，宜與同盟伴釣磯。⑤

白燕應制
袁凱

故國飄零事已非，舊時王、謝見應稀。月明漢水初無影，雪滿梁間

---

① 翰林爲官職，非科舉所致。亦無下文第一之説。
② 與《徐渭集·白燕》（中華書局 1984 年版）："閑庭盡日見還稀，院院梨開去漸微。別殿幾年埋玉匣，舊人何處認烏衣？春風水面徒聞語，夜月梁間好弄輝。安得姚家紅綫縷，却看片雪帶花飛。"僅 2 字異，另 2 字序異。
③ 風人：教育、影響人。
④ 時大舉："時大本"之誤。時太初：字大本，常熟人。元明間詩人。
⑤ 明蔣一葵《堯山堂外紀》（見吳景旭《歷代詩話》卷七十二）：袁海叟謁楊廉夫，見幾上有琴川時大本《詠白燕詩》："春社年年帶雪歸，海棠庭院月爭輝。珠簾十二中間捲，玉剪一雙高下飛。天下公侯夸紫額，國中儔侶尚烏衣。江湖多少閑鷗鷺，宜與同盟伴釣磯。"（僅 4 字異）謂廉夫曰："此詩殆未盡體物之妙。"廉夫不以爲然。

由默點頭。①

登含山樓
李宗孟

危樓百尺對高峰，祇在雲烟縹緲中。綠水遶門幽似月，青山入座穆如風。日邊金闕由梯達，天上銀河有路通。欲識靈泉景物好，山南山北與山東。②

明閨秀張玉嬋云："含山樓上詩百篇，不及李家美少年。"

過靈泉寺
張添祐

雪繞芒鞋踏草新，桃花揉碎撲香塵。隔溪怪石虎爲友，異代喬松身是鱗。作賦莫疑巫峽雨，③尋幽不類漢宮春。如何物我忘形日，古洞相携有主人？④

九日登高失約
杜鈞

自入江城未得歸，今朝倏爾雁南飛。龍山落帽風猶舊，⑤陶徑吹衣人已非。⑥誰把香醪酬令節，強將詩句詠斜暉？可憐不得登高興，辜負

---

① 巢、由：巢父與許由，傳説都是堯時的隱士。侯、頭，侯韵；丘、愁，尤韵。詞韵都屬十二部平聲。
② 峰，鍾韵；中、風、通、東，東韵。詞韵都屬一部平聲。
③ 用宋玉《高唐賦》典。
④ 新、塵、鱗、人，真韵；春，諄韵。詞韵都屬六部平聲。
⑤ 龍山落帽：東晋時期，大將軍桓温在重陽佳節帶上手下一行到龍山游玩，並設宴暢飲。席間，才學過人的幕僚孟嘉因戴不慣軍帽，帽子被風吹落。桓温讓參軍孫盛寫一篇文章嘲笑他。孟嘉立即從容地寫出一篇讓人敬服的答文，成爲氣度恢宏、臨亂不驚的典型。
⑥ 陶徑：晋陶潛《歸去來兮辭》有"三徑就荒，松菊猶存"句。後以指隱者之居。

哭祖叔夜

宋　張舜民芸叟，棟子。

千秋事業總成空，松柏淒迷老樹逢。雁過一聲青塚月，雞鳴何處景陽鐘?① 還舟已卧靈泉久，回首未蒙馬鬣封。② 滿目傷心雙蝴蝶，不知血淚幾番紅?③

哭父棟

又

當年把筆佔鰲頭，④ 此日荒涼土一坵。詔問久虛宣室對，⑤ 遺書空憶茂林求。陸沉天地千峯泪，寂寞文章百代愁。知是仙風餘韵遠，青山無數水東流。⑥

隱居靈泉

張潮百谷

獨守清高貧賤樂，不甘爵位不封侯。⑦ 讀書談古白雲屋，採桑栽花綠水坵。淡淡平平無岸意，瀟瀟灑灑少憂愁。古今如許逃名客，應使巢、

---

① 景陽鐘：始於南朝時期，齊武帝以宮深不聞端門鼓漏聲，置鐘於景陽樓上，宮人聞鐘聲，早起裝飾，後人稱之爲"景陽鐘"。每日景陽鐘響，宣告早朝開始，群臣百官在鐘聲中上殿排列班次。

② 馬鬣封：墳墓封土的一種形狀。亦指墳墓。《禮記·檀弓上》："昔者夫子言之曰：'吾見封之若堂者矣，見若坊者矣，見若覆夏屋者矣，見若斧者矣。'從若斧者焉，馬鬣封之謂也。"鄭玄注："俗間名。"孔穎達疏："馬鬣之上，其肉薄，封形似之。"

③ 空、紅，東韵；逢、鐘、封，鐘韵。詞韵都屬一部平聲。

④ 佔鰲頭：宮殿門前臺階上的鰲魚浮雕，科舉進士發榜時狀元站此迎榜。科舉時代指點狀元。比喻占首位或第一名。

⑤ 宣室對：用《史記·屈原賈生列傳》漢文帝在宣室求教賈誼的典故。

⑥ 頭、侯韵；丘、求、愁、流，尤韵。詞韵都屬十二部平聲。

⑦ 甘爵位：認爲爵位甘，即羨慕爵位。

題靈泉寺壁①石首縣閣老張璧，字別山，張伏一之後。隆慶年，奉旨踏勘靈泉古墓，丈量山界。至寺，題壁而去。

張璧②

南北高峯聳碧天，山頭靈處有靈泉。雲深蕭寺無人見，笑傲煙霞自在仙。③

靈泉詩七言律

南道吟叔夜官樞密院，爲南道總管。以禦金兵死難。

宋丞相　張叔夜

提兵殺賊恨無功，今日西來明日東。叨受皇恩三十載，休辭汗馬百年庸。運籌嘔盡心肝血，決勝勞成肚腹蟲。但願太平齊唱凱，莫教塞上鼓鼕鼕。④

死　節
宋狀元　張棟季槐，夜之三子也。

蒼天禍宋賊兵狂，報國心殷恨未央。白髮今朝埋野徑，青絲此日喪黃粱。滿懷皓氣赤虹貫，⑤一片孤忠明月涼。辜負君親無以報，只留姓氏狀元郎。⑥

---

① 原詩無題，依注文加。
② 原詩無署名，依注文加。
③ 天，先韵；泉、仙，仙韵。詞韵都屬七部平聲。
④ 功、東、蟲，東韵；庸，鐘韵；鼕，冬韵。詞韵都屬一部平聲。
⑤ 皓：通"浩"。
⑥ 狂、央、粱、涼，陽韵；郎，唐韵。詞韵都屬二部平聲。

詠夾山
張添祐

綠樹蒼深隱萬家，雙龍排送兩湖斜。啣杯東嶺峯頭望，無數青山棲落霞。

又
用陳句寫之，祇易幾之便宛然曲肖。
楊繼本

綠樹蒼深隱萬家，雙湖夾遠山城斜。啣杯東嶺峯頭望，無數遠山棲落霞。

和仙詩韵
張添祐

身跨白雲居上頭，飄然四顧任遨遊。桑田世事知多少？萬古青山幾度秋。①

按：洪武九年丙辰，鄒、沈二家請仙。仙題一絕句曰："逍遥散淡駕雲頭，無拘無束到處遊。不管人間幾甲子，只圖天上度春秋。"仙索和，衆默然。時添祐方九歲，和之。仙云："靈山才子，想玉麟來也。"去。

遊靈泉山
張鳳翼

遊春看看春去矣，緩步山村買酒錢。共上靈泉絕頂望，蒼煙緑水碧雲天。②

---

① 頭，侯韵；游、秋，尤韵。詞韵都屬十二部平聲。
② 錢，仙韵；天，先韵。詞韵都屬七部平聲。

祝公溪在慈雲寺上。
知府　杜勝宗

盈盈一帶水平流,綠竹青溪殊自幽。昔日祝公家未遠,門前好景也須留。①

萬卷樓即瑞芝堂內。
明進士,與吏部同族　張鳳翼

古木陰陰覆草堂,長年來此試文章。日中寫就凌雲趣,閑拂紅塵看畫堂。②

含山樓追次張鶴山韻
明舉人　黃填元之

垂衣在御廄懷沙,燈月筵開太宰家。玩取公參《寬大詔》,萬方枯木解生花。

又次含山樓元宵韻
又

閬苑由來勝錦沙,③ 恭逢燈宴慶王家。④ 相公又際夔龍會,小子欣開智慧花。

---

① 流、留,尤韵;幽、幽韵。詞韵都屬十二部平聲。
② 堂,唐韵;章,陽韵。詞韵都屬二部平聲。
③ 閬苑:也稱閬風苑、閬風之苑,傳説在崑崙山之巔,是西王母居住的地方。在詩詞中常用來泛指神仙居住的地方,有時也代指帝王宮苑。
④ 王家:王朝。

半枝。①

又
探花　張添祐御批：雄才。

仙桂原來未敢棲，一朝扶起與天齊。腰間拔出黃金斧，定折蟾宮第一枝。②

上在丹鳳亭讀《忠孝經》，問：世間何最好？
張鍾靈

丹鳳來儀宇宙春，中天雨露四時新。世間好事忠和孝，臣報君兮子報親。③

夢東窗半月
又

昨夜東窗睡正濃，夢魂飛入廣寒宮。嫦娥憐我青年少，劈破銀盤作會同。④

---

① 據《長泰縣志》等：傳說宣德帝自幼好讀聲律，這一道題是以民間習稱考中狀元謂"蟾宮折桂"，即事爲題，命二人當殿各吟詠七絶一首。沈文裘自爲高才，搶先吟道："作就五湖三島賦，吟成四海九州詩。月中丹桂連根拔，不許旁人折半枝。"僅6字异……帝微笑頷首，當殿斷諭：敕封林震爲新科狀元，賜沈文裘爲榜眼。不料，沈文裘以早已立誓"赴京會試非元不中"爲由推辭不受。宣宗不快，隨即向楊榮説："沈文裘不受賞賜，就作罷了。一甲還空二名，由楊愛卿提擬名單就是。"於是，楊榮把原擬定二甲進士前二名提前補闕：榜眼名下補入建安龔奇，探花名下補入莆田林文。這樣，進士鼎甲三名，全歸閩人。詩，之韵；枝，支韵。詞韵都屬三部平聲。
② 棲、齊，齊韵；枝，支韵。詞韵都屬三部平聲。
③ 與孚佑帝君（吕洞賓）《忠孝誥》："丹鳳來儀宇宙春，中天雨露四時新。世間好事惟忠孝，臣報君恩子養親。"僅3字异。春，諄韵；新、親，真韵。詞韵都屬六部平聲。
④ 濃，鐘韵；宮、同，東韵。詞韵都屬一部平聲。

詠牧童

烟雨冥蒙草正稠，相呼相唤過林圻。聲聲莫向南山牧，昨日南山虎食牛。

贈陶居士

倦遊歸隱白雲鄉，芳草閒亭晝日長。晋世衣冠門外柳，幽人獨自説柴桑。①

永樂北狩回朝遇雪命博士詠詩

一片東來一片西，不沾柳絮不沾泥。蒼天知主回鸞駕，故剪羣花襯馬蹄。

飲瓊林宴應制各詠攀桂一絶

狀元　吳伯仁　御批：奇才。

騎鯨飛上碧天臺，親見嫦娥把桂栽。昨夜廣寒宮未閉，被臣和月掇將來。②

又

榜眼　邢□　御批：天才。

作盡九洲三島賦，吟成起鳳騰蛟詩。月中丹桂連根拔，未許旁人折

---

① 幽人：幽隱之人；隱士。柴桑：陶淵明爲東晋潯陽柴桑人。鄉、長，陽韵；桑，唐韵。詞韵都屬二部平聲。

② 據《長泰縣志》等：明宣德五年（1430年），林震進京會考，獲第15名進士。據傳林震參加殿試時，宣德皇帝出《月中丹桂第一枝》題。林震才思敏捷，即賦："騎鯨直上九天臺，親見嫦娥將桂栽。幸得廣寒宮未閉，待臣連月抱歸來。"僅9字异。皇帝聞之大喜，御筆圈定林震爲新科狀元，大魁天下。此科第二名榜眼爲建安（今建甌市）龔锜，第三名探花爲莆田林文。福建省囊括榜首前3名，閩中一科三鼎甲，至今傳爲佳話。

隱逸作
張芸叟

湖邊半畝一白沙，流水柴門是我家。老叟山中無一事，自鋤明月種梅花。

又

青山隱隱水迢迢，秋盡江南草木凋。① 二十四橋明月夜，玉人何處叫吹簫。②

詠漁翁
李宗孟

雨後沙虛古岸崩，漁舟移入亂雲村。歸來月落汀洲暗，認看妻兒補網燈。③

又

網破無魚缺酒錢，遠觀茅店口流涎。欲脫蓑衣來當酒，祇恐明朝是雨天。④

---

① 木：一作未。
② 此句同唐杜牧《寄揚州韓綽判官》。
③ 與唐陸龜蒙《和襲美釣侶二章·之二》："雨後沙虛古岸崩，魚梁移入亂雲層。歸時月墮汀洲暗，認得妻兒結網燈。"僅7字异。崩、（層）燈，詞韵十一部登；村，詞韵六部魂韵。方音平聲合韵。
④ 錢、涎，仙韵；天，先韵。詞韵都屬七部平聲。

又
又

萬言倚馬羣欽奇，放筆豪吟寫錦詩。莫道蟾宮無路入，① 文章便是上天梯。②

又
又

曾說讀書如煉丹，莫辭辛苦莫辭寒。朝朝闢盡舊茅塞，③ 勉強學問漸近安。

贈長老
又

朝中宰相五更寒，鐵甲將軍夜渡關。山寺日高僧未起，算來名利不如閑。④

---

① 蟾宮即廣寒宮，是神話景觀，是上界神仙爲嫦娥在月亮上建造的一座宮殿。因爲這座宮殿是一個具有宇宙靈性的蟾蜍幻化而成，所以廣寒宮又稱作蟾宮。中國古代書面語用稱月亮。這裏指蟾宮折桂，攀折月宮桂花。科舉時代比喻應考得中。

② 奇，支韵；詩，之韵；梯，齊韵。詞韵都屬三部平聲。

③ 闢：打開。

④ 與明馮夢龍的《喻世明言》第十四卷"陳希夷四辭朝命"節"朝臣待漏五更寒，鐵甲將軍夜渡關。山寺日高僧未起，算來名利不如閑。"僅3字异。由元高明《琵琶記·第十六·丹陛陳情》："……做不得卿相當朝一品貴，先隨着朝臣待漏五更寒。空嗟嘆，山寺日高僧未起，算來名利不如閑。"發展而來。寒，寒韵；關，刪韵；閑，山韵。詞韵都屬七部平聲。

臺上觀桃
又

春日尋芳上玉臺，藹然灼灼笑顏開。等閒識得多輕薄，紅逐波流不肯回。①

詠海棠
鄒彥魁

高燒銀燭照紅粧，不與乾坤入醉鄉。卯時未醒春恩重，君王帶笑坐沉香。②

殘　　杏
又

玉律潛催次第春，前花已謝後花新。半開半落閒園裡，何異榮枯世上人？③

勉人力學
又

力學須求日日新，莫貪嬉笑負青雲。六經造就精微處，發憤方爲人上人。④

---

① 臺、開，詞韻五部咍韵；回，詞韵三部。平聲合韵。
② 與元郭居敬《百香詩選·海棠》："高燒銀燭照紅妝，不與花神入睡鄉。外酒未醒春思重，君王帶笑坐沉香。"僅6字异。
③ 春，諄韵；新、人，真韵。詞韵都屬六部平聲。
④ 新、人，真韵；雲，文韵。詞韵都屬六部平聲。

卧 雲 舘
又

掃地焚香閉閣眠，簟文如水帳如煙。客來夢覺知何處？掛起西窗碧接天。①

靈泉閒閒亭
張添祐

閒亭芳草溪邊幽，一帶青山作畫圖。祇有白雲閒不得，時時出没萬峰頭。②

蕨 萁
又

一拳打破地皮穿，握住春風不放拳。直候朝陽時節到，放開龍爪始朝天。③

植 梅
張潮百谷。

幾度梅花雨後移，移時尚有未開枝。不知帶得春多少？却問梅花也不知。

---

① 與蘇軾《南堂五首·之五》："掃地焚香閉閣眠，簟紋如水帳如煙。客來夢覺知何處？掛起西窗浪接天。"僅2字异。

② 一説前二句爲亭中宰相李景望繪製的李洞僧（號曉然）塑像邊石壁上鐫刻的詩句，僅後二句爲張添祐續，但本書《閑閑亭》稱二句爲僧如曉所作。幽，詞韵十二部幽韵；圖，詞韵四部模韵；頭，詞韵十二部侯韵。平聲方音合韵。

③ 與宋信州籍詩人汪應辰《蕨初生》："一拳打破地皮穿，拿住春風不放拳。直待子規啼夜月，放開青掌始朝天。"僅9字异。穿、拳，仙韵；天，先韵。詞韵都屬七部平聲。

掬水月在手
又

金盤午夜濯春蔥，① 一片冰輪握掌中。② 莫道指尖筋力軟，也能擎出廣寒宮。

曾泰見此詩，曰："昨閱古詩中，有'掬水月在手'之句。此作足見才思，非臺閣中人不能道此。別有天地，非人間。"

梁湖玩景
又

梁湖煙樹密如雲，恰是滄海一水分。莫問山川誰作主？總來漁艘亦堪羣。

舟出樊口
又

盡日園亭興無涯，又乘明月上星槎。③ 村前沽酒問江路，何處青山不是家？④

蓮花池
又

天然一種出方塘，千態百媚勝尋常。愛綠貪紅深一賞，歸來襟袖有餘香。⑤

---

① 春蔥：春天的嫩蔥。比喻女子細嫩雪白的手指。
② 冰輪：月亮的別稱。
③ 星槎：往來於天河的木筏。傳說古時天河與海相通，漢代曾有人從海渚乘槎到天河，遇見牛郎織女。見晉張華《博物志》卷三。又泛指船。
④ 涯，佳韻；槎、家，麻韻。詞韻都屬十部平聲。
⑤ 塘，平聲唐韻；常、香，平聲陽韻；賞，上聲養韻。詞韻都屬二部。

詠燈花

初沈公云："以含蓄爲妙。"詩成，評云："清雅絕妙，何高渾乃爾！"

又

開時渾不見春光，一蕊紅釭冷焰長。①簾影無風深夜處，何愁粉蝶暗偷香？②

詠梅
又

教爾開時不肯開，一開便占百花魁。江南多少真消息，盡是枝頭拔下來。③

訪靈泉山雲遊道人④
又

芒鞋竹杖爲尋君，山隈重重煙火村。及至相逢無可語，松風十里一溪雲。

按：張公訪見後，道人曰："此間住不得卿，我去，爾便來。"題壁而去。至今，靈泉石壁上有詩句。日後張公卒，乃知其爲仙。

---

① 釭：通"釘"，燈。
② 光，唐韵；長、香，陽韵。詞韵都屬二部平聲。
③ 開、來，詞韵五部咍韵；魁，詞韵三部灰韵。平聲合韵。
④ 與宋法宏、道謙等編錄《禪宗雜毒海》雪嶠信《訪抱璞和尚》："芒鞋竹杖爲尋君，山塢重重烟火村。及至相逢無可語，梅花十里一溪雲。"僅3字异。君、雲，文韵；村，魂韵。詞韵都屬六部平聲。

氣宇，故留明月伴燈花。

觀燈賞月共飲樓上者，計人廿四，計詩廿四，實一時佳會也，亦千古奇觀、奇賞也。余讀《靈泉誌·詠詩》罷後，因吟一絕：羣賢畢集在高樓，賞月觀燈樂事休。麗句清詞相唱和，千秋萬古仰名流。

長嶺山麓湯飲冬半品氏記。

白頭鳥集玉簪叢①

祐字仁一，號鶴山，賜號元楨，生於洪武元年戊申。至洪武甲戌年，登進士，賜探花及第。官至南京吏部尚書。祖居靈泉山下。父誠，字孝廉，諡簡肅。祖養浩，字賓王，諡文忠。誠與元相沈如筠爲莫逆交，朝夕往還。山北有一書齋，名尋樂。後爲紫薲園，吏部少時讀書處也。一日沈公至齋玩花，見玉簪叢中有白頭鳥集於其上，命祐詠詩。祐方數步，遂磨墨展箋，寫成一絕。公讀罷，贊曰："筆有仙氣，瓊林宴上人。迅速如此，非天才而何？"

此詩借刻他氏，今正之。後祐中探花，與陶安、解縉齊名百世。

張添祐

宴罷瑤池王母家，翻身飛上紫雲車。玉釵落地無人拾，化作東南第一花。②

---

① 玉簪：草本植物，花莖細長，白色，極似飾物玉簪。
② 與宋黃庭堅《玉簪》："宴罷瑤池阿母家，嫩窈（一作瓊）飛上紫雲車。玉簪墮地無人拾，化作江南第一花。"僅6字异。

踏花。

又
張欽字祖望，鍾靈子。

長空月印天心沙，疑是蓬萊仙子家。處處笙歌人盡樂，春宵何地不生花？

又
張學悟

朗朗玉山月似沙，乾坤何地不爲家？試問春從何處至？江南遙寄一枝花。

又
張輅

樓籠燈火燈籠紗，元老送春宰相家。自去自來燈巷火，一天星斗燦梅花。

又
張必貴

登樓一望渺無沙，玉律回春月滿家。① 天子樂民民共樂，鸞鳳笙管樂天花。

又
張敏

光聯奎璧度恒沙，一曲春花太平家。行間小字注：歌宰相。盛世融和新

---

① 玉律：玉制的標準定音器。相傳黃帝時伶倫截竹爲筒，以筒之長短分別聲音的清濁高下。樂器之音，則依以爲準。分陰、陽各六，共十二律。古人又以配十二月。

又
沈賁進士。

燈月交輝朗玉沙,《陽春》《白雪》屬君家。年年此夕共留飲,階有芝蘭庭有花。

又
沈泓

中天月照玉樓沙,把酒觀燈自一家。說道金吾全不禁,① 玉人歌舞盎春花。

又
鄒彥邦

樓上樓前一片沙,今宵不比尋常家。千年酒家萬年月,共慶君王富貴花。

又
鄒彥魁

燈似月兮月似沙,春從海上到人家。爲歌今朝融融月,醉倚南樓共探花。

又
張添祺

玉宇無塵净似沙,欣看春滿到人家。銀燈載道笙歌近,疑是狀元馬

---

① 金吾:古官名,掌管京城的戒備,禁止人們夜間行走;不禁:開放禁令。本指古時元宵及前後各一日,終夜觀燈,地方官取消夜禁。後也泛指没有夜禁,通宵出入無阻。

又

張宏 進士。

月色沉沉水似沙，樓中歌舞是誰家？人間一刻千金夜，試看六街朵朵花。

又

張祥 舉人。

龍鱗五色現丹砂，特賜嫦娥伴酒家。且盡畫堂今夜醉，那分月色與燈花。

又

沈道中 封君。

河清海宴風無沙，喜見當頭月滿家。更有銀燈遶閣散，賞心樂事宜看花。

又

沈璧

一峯明月似銀沙，高照金堂玉馬家。① 十二蘭樓午夜火，醉看步步是梅花。

又

沈道倫 筠子。

天開金鎖玉律沙，春在嫦娥仙府家。燈火輝煌當夜飲，清歌艷舞錦添花。

---

① 玉堂金馬：指高官。典出《漢書·公孫弘傳》："拜爲博士，待詔金馬門。"《漢書·李尋傳》："過隨衆賢待詔，食太官衣御府，久污玉堂之署。"

李花。

又
張鬱

樓台叠叠月鋪沙，叠叠樓台燈滿家。明月留人人醉月，村村玉笛暗吹花。

又
張才 舉人。

銀漢高騰碧海沙，紫簫吹月春歸家。紅粧火樹今宵夜，散入江城滿市花。

又
張璞

滿輪皓月千村沙，天上人間共一家。燈火重重歌舞地，風光正是上林花。①

又
張鍾靈 解元。

含山月色水如沙，光照千家與萬家。月在中天燈在市，人人携手去看花。

---

① 上林苑，是漢武帝劉徹於建元三年（公元前 138 年）在秦代的一個舊苑址上擴建而成的宮苑，規模宏偉，宮室衆多，有多種功能和游樂內容。上林苑地跨長安、咸陽、周至、户縣、藍田五縣縣境，縱橫 300 里，有霸、產、涇、渭、豐、鎬、牢、橘八水出入其中。上林苑既有優美的自然景物，又有華美的宮室組群分佈其中，是包羅多種多樣生活內容的園林總體，是秦漢時期建築宮苑的典型。今已無存。

含山樓觀燈賞月 時張添祐致仕家居，值元宵夜，集沈、鄒諸家子弟飲含山樓上。公曰："月明星稀，不可無作。"即以觀燈賞月爲題，共慶春王正月，同歌太平景象。

張添祐

天無淒雨海無沙，燈滿樓台月滿家。乾象年年回北斗，春宵何地不生花？

又
張學戀

燈月接天一片沙，陽春到處即爲家。人生有酒須行樂，兄兄弟弟共玩花。

又
張學文

高臺鶴鬢兩垂沙，笑指銀燈月滿家。願祝遐齡齊北斗，兒孫進酒獻椒花。①

又
李時亮

天官樓上月堆沙，最喜詩家共酒家。更有星橋十二座，人人同賞太平花。

又
杜宗晦

月殿風來萬頃沙，高粧火樹墜君家。含山含盡千般景，遍種公門桃

---

① 晋劉臻妻陳氏曾於正月初一獻《椒花頌》，後常用爲春節之典。

不休。

題燕玉嬋，張公醉酒之女。借燕爲題嘲夫，所以激夫也。
夫李上觀不第，後夫奮發爲學，卒登科甲，官至太守。
閨秀　張玉嬋名月

如何不傍畫堂棲，① 頻逐東風上下飛？欲采芹香猶未得，嘴頭空自帶泥歸。②

解　　燕
又

深山飲酒夜吹簫，報得兒郎奪第歸。昔日庭前逐去燕，於今也向畫堂飛。

詠　　蓮
董禮一本作沈如筠。

源頭活水滿方塘，净植學亭壓衆芳。世上已無周茂叔，③ 不知今日爲誰香？④

---

① 畫堂：繪有彩畫的殿堂，指高官的美宅和富裕生活。
② 棲，齊韵；飛、歸，微韵。詞韵都屬三部平聲。
③ 周茂叔：周敦頤（1017—1073），字茂叔，號濂溪，漢族，宋營道樓田堡（今湖南道縣）人，北宋著名哲學家，是學術界公認的理學派開山鼻祖。周敦頤酷愛雅麗端莊、清幽玉潔的蓮花，曾於知南康軍時，在府署東側挖池種蓮，名爲愛蓮池，池寬十餘丈，中間有一石臺，臺上有六角亭，兩側有之字橋。
④ 與元郭居敬《百香詩選·蓮花》："源頭活水滿方塘，净植亭亭异衆芳。世上已無周茂叔，不知今日爲誰香？"僅2字异。

又

傳臚　解縉①

見說家雞堪自愛，誰教野鶩自紛如？奈君不度衡陽路，嶺外徒知習漢書。

休歸詠

侍講　張師德

嵐漲山寺松萬箇，茅簷屋角竹千竿。此生不逐風魔境，只伴湖中烟雨仙。②

秋夜雨

詩寓思親意。

閨秀　張琪字含英

秋雨沉沉滴露長，夢難成處轉淒凉。芭蕉葉上梧桐裡，點點聲來空斷腸。③

悼亡柳乃長洲籍。其夫張祥，永樂廿一年舉人，
不幸早逝。終身守義，因作悼亡詩。

閨秀　沈碧柳

菊老梧桐正暮秋，閒齋獨坐暗生愁。可憐野鳥知人意，也向西風叫

---

① 解縉（1369—1415）：明朝内閣首輔、著名學者。字大紳，縉紳，號春雨、喜易，謚文毅，漢族，江西吉水人，解綸之弟。洪武十二（己未，公元 1379）年進士。歷官御史、翰林待詔，成祖即位，擢侍讀，直文淵閣，參預機務，與編《永樂大典》，累進翰林學士兼右春坊大學士。有《解學士集》《天潢玉牒》。解縉以才高好直言爲人所忌，屢遭貶黜，終以"無人臣禮"下獄被殺。

② 風魔境：佛教用語，魔鬼之域。竿，寒韵；仙，仙韵。詞韵都屬七部平聲。

③ 與宋才女朱淑真《悶懷》："秋雨沉沉滴夜長，夢難成處轉淒凉。芭蕉葉上梧桐裏，點點聲聲有斷腸。"僅 3 字异。

應制詠雁洪武二十一年戊辰科殿試，不限韻。

狀元　任亨泰襄陽人，建坊自此始。①

羣拂霜毫帶曉寒，依稀乍出碧雲端。非言非句非玄偈，南國詞人仔細看。②

又

榜眼　唐日震

不須擱筆狂疑猜，客裡年年見幾回。今日中原有寄字，盡從沙磧帶得來。③

又

探花　盧原質④

借天爲紙海爲墨，寫出瀟湘半幅圖。別有元和新樣脚，問誰臨得一行秋？⑤

---

① 任亨泰：生卒年不詳，明初大臣。字古雍，湖廣襄陽（今湖北襄陽）人，爲襄樊明代唯一的一名狀元，也是中國首位以聖旨建狀元坊表彰的狀元。洪武二十一年進士第一，官至禮部尚書，訂定旌表孝行事例，曾出使安南。太祖重其學行，常每呼"襄陽任"。著有《使交集》等。
② 寒，平聲寒韻；端，平聲桓韻；看，去聲翰韻。詞韻都屬七部。
③ 沙磧：沙灘；沙洲。猜、來，詞韻五部咍韻；回，詞韻三部灰韻。平聲合韻。
④ 盧原質：字希魯，浙江寧海人。母爲方孝孺姑，其學問得於方門爲多。洪武二十一年（1388年）舉進士，廷試名列第三，授翰林院編修，以文章超群，深爲朱元璋所寵愛。洪武二十八年任太常少卿。後左遷涑水丞，定期聽訟，及時斷案，屬吏亦以誤期爲恥。重教化，愛黎民，辦事不趨勢。後以他事獲罪，逮解至京，地方父老前往京師求情，訴說原質清廉公正，得復職。翌年，又坐罪被逮。百姓再次請求赦免，當時各地同罪者近千人，唯原質官復涑水丞，其餘皆抵法。建文時於政事亦屢有建議。及朱棣稱帝，與弟原樸皆以方孝孺案而論死。
⑤ 圖，詞韻四部模韻；秋，詞韻十二部尤韻。平聲合韻。

賣 花 郎

<small>洪武初有文宗　劉維謙考江夏名童第一。有刻解縉名，非也。</small>

萬紫千紅色色新，擔頭挑盡洛陽春。一聲喚入紗窗內，忙煞梳頭對鏡人。①

又②

又

紅紅白白滿擔挑，聲聲叫過洛陽橋。樓頭多少風流女，笑倚欄杆把手招。

四 藥 名
張添祐

<small>沈公指案上黑牽牛、茴香、縮砂、防豐四藥命題，③ 祐遂成詠。</small>
<small>此詩可作笑談可也，不入詩選。</small>

呼童半夜去耕田<small>黑牽牛</small>，來到江邊無渡船<small>茴香</small>。祇得和衣灘上臥<small>縮砂</small>。蓑衣、箬笠在身邊<small>防豐</small>。④

---

① 與明徐復祚《紅梨記·一出（花婆）》："萬紫千紅色色新，擔頭挑盡洛陽春。一聲叫過紗窗外，忙殺梳妝對鏡人。"僅4字异。新、人，真韵；春，諄韵。詞韵都屬六部平聲。

② 明朝萬曆元年（公元1573年）的《八能奏錦》所收的《紅葉記》的民間無名氏《四喜四愛》（但有目錄而缺內文），而《詞林一枝》則名爲出自《題紅記》。其他如《樂府菁華》《玉谷新簧》《摘錦奇音》《大明春》《徽池雅調》《堯天樂》《樂府紅珊》《群音類選》《樂府萬象新》《大明天下春》等戲曲選集都收有此折。清初被收入《納書楹曲譜》內，名叫《金盆撈月》。文全同。挑，蕭韵；橋、招，宵韵。詞韵都屬八部平聲。

③ 防豐："防風"之誤。

④ 田、邊，先韵；船，仙韵。詞韵都屬七部平聲。

獄中寫懷明成化廿三年丁未冬十月丙子星變，詔求直言。
智上書被禍下獄，蓋劉吉嫉智故也。

又

人到白頭終是盡，事垂青史定誰真？夢中不識身猶繫，又逐東風入紫宸。①

辭　朝

又

盡披肝膽知何日？望見衣裳祗此時。但願太平無一事，孤臣萬死更何悲？②

豐禾山齋集古
張廷讚

我愛山頭草色芳，就將茅草結爲房。幾分月色通幽壑，一片花陰覆短墻。

退老靈泉
張光翰

閉閣久無親鎖夢，看山聊與白雲親。自憐白髮常爲客，誰道青山不負人？③

---

① 釋鑒《稽古略續集》（三）、《立齋遺文》同。盡，上聲軫韵；真、宸，平聲真韵。詞韵都屬六部。
② 釋鑒《稽古略續集》（三）、《立齋遺文》同。日，入作去；時，平聲之韵；悲，平聲脂韵。詞韵都屬三部。
③ 後二句同《七才子詩選·卷之一·李攀龍·郡城樓贈謝茂秦山人》頷聯。

送　客
李盛

花落飄蓬不自由，歸心日夜水東流。人生作客江湖好，誰解江湖易白頭？①

發解題智讀書靈泉寺，後中蜀解元。十二歲，能文章。家貧，掃樹葉焚之，讀書達旦。未弱冠，鄉試第一，成進士、庶吉士。宰相劉吉嫉之，卒年廿六。
鄒智字汝愚②

靈泉菴内苦書生，偶竊三巴第一名。世上許多難了事，郡人何用大相驚？③原籍四川合州。

---

① 由、流，尤韵；頭，侯韵。詞韵都屬十二部平聲。
② 鄒智（1466—1491）：字汝愚，號立齋，又號秋困，四川合州（今重慶市合川）人。生於明憲宗成化二年，卒於孝宗弘治四年，年二十六歲。年十二，能屬文。家貧，讀書焚木葉繼晷者三年。成化二十二年（公元1486年）鄉試第一，即有志摘奸發伏。明年，成進士，授庶吉士。會星變，遂上疏擊萬安、劉吉、尹直三大學士，兼劾中貴。雖不報，而奸黨已銜之刺骨。乃借他事羅織下詔獄，將擬死刑；彭韶力持之，得謫廣東石城千户所吏目。弘治四年（公元1491年）因病卒於官。熹宗天啓初年，追謚忠介。智詩文多發於至性，不加修飾。撰有《立齋遺文》五卷，《四庫總目》傳於世。
③ 見明焦竑《玉堂叢語》："鄒公智生而穎異過人，十二歲能文章，群經子史，一經目即不忘。嘗居龍泉庵，貧無繼晷之具，則聚樹葉燃之，讀書達旦。如是者三年，文思警拔，千言可立就。蜀雖多才，未能或之先也。年十六，舉四川丙午（成化二十二年，即公元1486年）鄉試第一，鄉人聚觀，公馬上口占曰：'龍泉庵内小書生，偶竊三巴第一名。世上許多難了事，鄉人何用大相驚？'"3字异。釋鑒《稽古略續集》（三）："己酉（弘治）二（公元1489）年，鄒智字汝愚，四川人，讀書龍庵，十九發解，鄉人爭看。口占：龍庵山上舊書生。偶掇三巴第一名。天下許多難了事。鄉人何用大相驚？" 7字异。《立齋遺文》無。
生、驚，庚韵；名，清韵。詞韵都屬十一部平聲。

元宵晤慈雲寺僧 僧名潮源和尚。寺在今張家橋北，地形如盤。方伯家廟。永樂時。

杜宗晦

春水春山春夜天，無心水到慈雲邊。老僧寺裡玩明月，携手相逢又一年。

又
又

蛙鼓静中鬧洞天，① 清風明月到池邊。禪房不宿朝堂客，瀟灑雲中那計年？

詠 竹
王屺

清似夷、齊立首陽，② 平生高節傲嚴霜。若將汗簡修青史，也會得扶姓字香。③

詠畫中花、小鳥
張通 長空

好鳥奇花奪影形，花無花氣鳥無聲。任君舒轉從頭看，花不凋零鳥不驚。④

---

① 蛙鼓：群蛙叫聲。
② 用伯夷、叔齊恥食周粟餓死首陽山的典故。
③ 與元郭居敬《百香詩選·竹》："清似夷、齊立首陽，平生高卧傲風霜。若教汗簡修青史，多少人留姓字香。"僅7字异。
④ 形，青韵；聲，清韵；驚，庚韵。詞韵都屬十一部平聲。

尋　菊
又

黃花何所愛栽培？惟羨凌霜獨自開。幾陣清涼飄野徑，山啣落日未停杯。①

慈雲寺壁上日影
又

萬年渾如流水逝，光陰未許暫停羈。人生碌碌忙過去，古往今來讓與臺。② 我也。

八分山龍王廟 山神最靈。
又

嵯峨古寺對江天，上有白雲下有泉。③ 何事消情忘永日？青山流水兩流連。

觀　桃　園
又

春色無邊觀不盡，桃花灼灼笑顏開。等閒識得天臺路，流入神仙洞裡來。

---

① 培、杯，詞韵三部；開，詞韵五部咍韵。平聲合韵。
② 逝，詞韵三部去聲祭韵，羈，詞韵三部平聲支韵；臺，詞韵四部平聲咍韵。合韵。
③ 天，先韵；泉、連，仙韵。詞韵都屬七部平聲。

梁湖疎雨
又

湖頭盡處見平沙，雨打團荷葉葉斜。怪得清風多點綴，藕花深處是菱花。

客　船
又

江水悠悠日夜流，得停舟處且停舟。世人不識風波險，直到風波險上休。①

月中折桂應制洪武廿七年甲戌科欽賜御宴，命翰林各題詩一絕，公中探花□云。②
又

一柯玉樹在天關，③留與凌雲才子攀。臣向廣寒宮裡過，帶來金殿獻龍顏。

紫萼園
又

溪水悠悠遶畫亭，山爲好友月爲鄰。④花開後苑成佳趣，高卧雲間萬竹青。⑤

---

① 與明張四維《雙烈記》第二十九出《計定》：（醜船家唱山歌上）"萬里長江不斷流，得停舟處且停舟……世人弗識風波險，直到風波險上休。"僅8字異。
② 《張御史祖孫合傳》稱是年中進士，授翰林，無探花之説；《答沈少崗》自稱貧，自甘田，欲買武陵船。差別更大。
③ 天關：天宮之門。
④ 月：一作"日"。
⑤ 亭、青，詞韵十一部青韵；鄰，詞韵六部真韵。方音平聲合韵。

花人。①

柳絮
又

祇道柳條管別離,楊花一去不思歸。簷前惟有蛛絲網,挽住青山不放歸。②

春邀友漫遊
又

鶯聲宛轉拂春衣,載酒尋行樂不違。松下盤桓梅下飲,三三兩兩詠而歸。

辛浩典試滇南歸江夏邀之
又

文名却借青氈重,③ 國士應同白璧收。身世百年歌夢幻,花間十日許淹留。

春日歸雁
又

雲天風急切鄉音,一字緘書萬裏心。④ 記得時來搖曳落,綠楊堤畔又春深。

---

① 塵、人,真韵;春,諄韵。詞韵都屬七部平聲。
② 擬人。離,支韵;歸,微韵。詞韵都屬三部平聲。
③ 青氈:指清寒貧困的生活。
④ 指雁在天上排成"人"字。

愛月夜眠遲
又

素魄初從碧海離,① 清光已透綉簾幃。夜深欲擬嫦娥會,獨倚東樓看未歸。②

詠牡丹下伏雌③
又

富貴花開富貴家,那知野鳥戀名花。山中本是時哉物,也學春風度歲華。

曾氏垂崖竹
又

雨過淇園翡翠迷,④ 瀟然濕壓鳳毛低。⑤ 青鸞那怪琅玕險,昏夜歸來不敢棲。

吊王氏荒園
又

空階苔滿半生塵,郭外苑花冷落春。爲問當年歌舞地,看花還是惜

---

① 素魄：月亮的別稱。
② 離,平聲支韵；幃、歸,平聲微韵；會,去聲泰韵。詞韵都屬三部。
③ 雌：疑"雉"之誤。
④ 淇園：位於河南省淇縣（朝歌）西北 17 公里耿家灣一帶,爲西周晚期衛武公（前 812—前 757）時修建,是中國歷史上第一座貴族園林。淇園"群峰拱翠,泉隨澗轉,嵐光樹影,野花怪石,檻繞紅藻,徑穿翠竹,一塵不染,怡目騁懷"。淇園當初的景物結構,建築形式現已無人知曉,其特性就是多竹。南朝《述异記》："衛有淇園,出竹,在淇水之上,《詩》'瞻彼淇澳,綠竹猗猗'是也。"翡翠：同下文琅玕,玉類寶石,這裏指竹。
⑤ 鳳毛：指代姿態美麗的竹干與葉子。

太平。①

與沈學士
張徵

官非彭澤先生隱，② 柳似柴桑處士栽。閉户堂前看古史，清閒就是神仙胎。

與李處士
張國安

門無俗客鶴常舞，堂有清琴韵自佳。夜釣收時月作伴，高蘆白處酒爲家。③

九日夜詠
又

一鈎淡月飄長空，愛説南朝狂客風。④ 莫笑黄花辜負酒，黄花也笑月朦朧。

惜花春起早
張添祐

深院沉沉曉起寒，海棠開遍玉欄杆。梳粧未整雲鬟亂，獨自携燈架上看。⑤

---

① 行、平，庚韵；輕，清韵。詞韵都屬十一部平聲。
② 指未能像陶淵明那樣棄官歸隱。彭澤先生：與對句"采桑處士"都指陶淵明。
③ 佳，佳韵；家，麻韵。詞韵都屬十部平聲。
④ 愛説南朝狂客：宋劉克莊《賀新郎·湛湛長空黑》下闋句。
⑤ 寒、杆，平聲寒韵；亂，去聲换韵；看，去聲翰韵。詞韵都屬七部平聲。

靈泉詩七言絕句

晚朝歸
宋 張商英

女蘿月上松千尺，鶴夢床頭玉一灣。①脱却朝衣身已倦，得消閒處且消閒。②

山溪書屋③
張去華

茅垝静掃棲雲室，野鶴潜通宿露池。鳥導落花催進酒，月來修竹擁題詩。

乘月登樓
張元載

天横照落明千里，地入空荒接萬山。三峽暮雲催賦筆，九秋新色動高攀。④

春日榮歸
張孝

驛路迢迢輿緩行，和風送暖馬頭輕。花無桃李非春色，人有笙歌是

---

① 形容其夫人側卧。
② 彎，删韻；閒，山韻。詞韻都屬七部平聲。
③ 與吳國倫《張天光大參園宴集》二、三聯："茅垝静繞栖雲室，野水潜通浴鶴池。鳥道落花催進酒，月來修竹擁題詩。"（見《七才子詩選》卷之六）僅6字異。室，入作上；池，支韻；詩，之韻。詞韻都屬三部。
④ 山，山韻；攀，删韻。詞都屬七部平聲。

母病舘中自悼①

尹安愚

凱風吹棘薪,② 藍田種稂莠。③ 養兒三十年,無以糊其口。④ 赧然筆代耕,折腰寧五斗?⑤ 以此違顏色,⑥ 歲常十八九。春去望冬歸,冬歸愁春首。母心亦何傷!母病轉加厚。⑦ 今年八事中,風燭卜可否。⑧ 僅得一歸寧,⑨ 八日侍左右。謂兒如傭工,何事留之久?強請相寬假,⑩ 含淚復北走。臨去不忍辭,悲風攜滿肘。呻吟莫感心,湯藥莫親手。孤舘雲樹低,夢魂山河陡。蠢茲林中鳥,朝夕依其母。居然爲人子,不得長相守。寸草報春暉,於我復何有?

---

① 舘:學館,即私塾。悼:哀。此詩原在首卷扉頁,應爲抄藏者隨手記錄,原非本書內容。爲保存原本面貌,予以保留。按其體例,後移至此。
② 凱風:南風。棘薪:可以當柴燒的酸棗樹。化用《詩·邶風·凱風》"凱風自南,吹彼棘薪"典,喻不能贍養、回報母親。
③ 稂莠:野草。反用晋干寶《搜神記》卷十一典,楊伯雍在藍田無終山種出玉來,得到美好姻緣。詩中母親養兒却種出了野草。
④ 其:指母親。
⑤ 反用陶淵明不爲五斗米折腰典。
⑥ 顏色:臉色,指意願。
⑦ 厚:重。
⑧ 風燭:風中的燭火,比喻殘年。
⑨ 歸寧:本指婚後婦女回娘家,這裏指作者回家看望母親。
⑩ 寬假:寬恕。

沼山冬夜讀書白雲畈，不知何處？或曰即今大冶沼山云。

馮京曾構臺讀書於此。又，元次山亦築書齋讀書於此。

馮京 當世

憶昔讀書日，① 琢磨又琢磨。挑燈十載苦，傲雪三冬多。石壁寒風削，泉塘月影過。川流觀逝者，勿令嘆蹉跎。②

南遷思君
張舜民 芸叟

朔風入汴梁，宮殿冷淒涼。久別東京路，長留三楚鄉。丹心同皎月，勁節比秋霜。五國城何在？歸思淚幾場？天頭注：徽、欽二宗殂於五國城。

附錄 南遷賦
又

南遷江夏兮，白雲、紅葉滿瀟湘。思我祖父兮，身沒沙場；思我父母兮，身死他方。白溝河邊，常顯忠魂；叔夜死白溝河。太白山上，時臨皓魄。③棟死太白山。客心同漢水，④ 客思向汴梁。我聞哭竹的孟宗，扇枕的黃香，想千古忠臣、孝子，同是一樣心腸。君不見山渺渺，水茫茫。千里離情千里長，那管他鄉與故鄉？

---

① 日：一作"苦"，與頷聯出句末字犯重，疑誤。
② 令嘆：一作"念又"，疑誤。磨、多、跎，平聲歌韵；過，去聲過韵。詞韵都屬九部。
③ 原文失韵。
④ 漢水流向東南。

送孫尚德之監察
張添祐

階庭有至樂，斗酒夜相逢。星月懸秋漢，香風入曙鐘。曲中驚別緒，醉裡添歡容。明月臨江水，青山幾萬重？①

含山樓秋色
沈如筠

秋高天萬丈，樓下氣蕭森。谷靜風聲徹，山空月色深。俗塵毫不入，人事渾無侵。一遣樊籠累，惟餘松桂心。

秋風亭——本作《題靈泉六景》。
明戶部尚書　曾泰

青壁垂阿古，空亭隱莽蒼。奔馳雲矗矗，廻合水洋洋。松柏沙垣秀，芙蕖月檻芳。諸山拱北斗，得醉即吾鄉。②

靈泉瑞芝堂——本作《洞賓亭》。側辛氏樓是也。
一本作張鍾靈《萬卷樓》。
沈如筠

有屋夾山水，何人歸居此？祇聞酒之香，那識魚也美。明月從東來，好風漸北起。何處更吹簫？似在長陽裡。③

---

① 與《全唐詩》卷58李嶠《餞駱四二首·之一》："平生何以樂？斗酒夜相逢。曲中驚別緒，醉裏失愁容。星月懸秋漢，風霜入曙鐘。明日臨溝水，青山幾萬重。"僅8字、二聯序異。

② 與明孫士儀《臺頭寺宴集》："青壁垂阿古，空亭隱莽蒼。奔馳雲矗矗，回合水洋洋。松柏沙垣秀，芙蕖月檻芳。諸山橫北門，得醉即吾鄉。"僅1字異。蒼，唐韻；洋、芳、鄉，陽韻。詞韻都屬二部平聲。

③ 此、裏，紙韻；美，旨韻；起，止韻。詞韻都屬三部上聲。

水》，陶情喚酒籌。① 湖光山色裡，隱隱有蒍軸。②

靈泉安壇長老自題元武進士。妻付氏，止生一女。
出家，知事未逮。塔名逍遥。
張瑛法名安壇。

禪林無俗物，妙相祇空花。③ 度世寧逃世，忘家當出家。總能通六藝，④ 無礙演三車。⑤ 迷覺原同性，皈心是釋迦。⑥

太清長老像太清姓李，諱元明。安壇法弟。
洪武初，年百歲。塔名延壽。
張誠

座上看童面，或疑是玉光。林中醒寤寐，物外擬行藏。書罷青牛去，⑦ 琴鳴赤鯉翔。古來得道者，棲息太清鄉。⑧

---

① 酒籌：又名"酒算""酒枚"，古時酒筵飲酒時用以記杯數或行令用的籌碼子。
② 蒍軸：指隱士生活，典出《詩·衛風·考槃》。樓，平聲侯韻；愁、籌，平聲尤韻；秀，去聲宥韵；幽，平聲幽韵；軸，入作平。詞韻都屬十二部。
③ 妙相：美麗的景象。
④ 六藝：《周禮·保氏》："養國子以道，乃教之六藝：一曰五禮，二曰六樂，三曰五射，四曰五馭，五曰六書，六曰九數。"孔子教學生的六藝指古代儒家要求學生掌握的六種基本才能：禮、樂、射、御、書、數。還有一種說法，六藝即六經，謂《易》《書》《詩》《禮》《樂》《春秋》。
⑤ 三車：謂牛車、鹿車、羊車。出自《法華經》。蓋菩薩乘（大乘）有普渡眾生之願，如牛車能乘載多人，緣覺乘（中乘）力極微，故譬之鹿車，聲聞乘（小乘）無渡人之心，只欲自渡，故譬之羊車。
⑥ 釋迦：或稱釋迦牟尼、釋迦如來、釋迦世尊、釋迦佛祖，民間簡稱如來佛，或佛祖。
⑦ 傳周敬王四年（公元前516年），周王室發生內亂，王子朝率兵攻下劉公之邑。周敬王受迫。當時晉國強盛，出兵救援周敬王。王子朝勢孤，與舊僚携周王室典籍逃亡楚國。老聃蒙受失職之責，受牽連而辭舊職。於是離宮歸隱，騎一青牛，欲出函谷關，西游秦國。函谷關守關官員關尹請求其著上、下兩篇，共五千言的《道德經》。此二句一本作"妙得丹青理，獨傳延壽方。"
⑧ 太清鄉：指天空。光、藏，唐韵；翔、鄉，陽韵。詞韻都屬二部平聲。

靈泉龍池

宋　張文淵舜民之子

龍池春水盛，遥望煙雲連。① 百畞風潭闊，一川幽鳥眠。金鱗時出没，緑堤更延綿。② 千古河源在，長虹掛碧天。③

靈泉初春

張鍾石麟

乳燕嬉晴雨，新蕪生古濱。閒居觀緑徑，野步絶紅塵。酒熟三家店，花開十里春。登高舒青眼，④ 別是一番神。⑤

南宮有感

元進士　張起岩澤中

秋蟲鬧壁底，暗暗不成眠。已廢詩書志，未完酒債錢。平生好飲者，一醉勝爲仙。但願歸農圃，山間學種田。⑥

樓中遣懷

元御史　張養浩賓王

日日登高樓，高樓可遣愁。層層山樹秀，叠叠峯嵐幽。得意彈《流

---

① 遥：一作還。烟雲：一作"雲烟"。
② 堤：一作草。延綿：一作"襟環"。
③ 連、綿，仙韵；眠、天，先韵。詞韵都屬七部平聲。
④ 青：不合平仄，一本作"望"。
⑤ 與明楊起元《登臺頭寺》："乳燕嬉晴宇，新蕪生古濱。禪居自少事，野望絶紅塵。酒熟三家市，花開十里春，臨臺凝望處，便是葛天人。"僅15字异。濱、塵、神（人），真韵；春，諄韵。詞韵都屬六部平聲。
⑥ 眠、田，先韵；錢、仙，仙韵。詞韵都屬七部平聲。

靈泉僧房題
沈如筠

年來惟好静，散步不關心。自顧無長策，高車返故林。①松風吹解帶，山月照彈琴。衡廬人境寂，漁歌入浦深。②

踏春日暮
沈如筠

谷口疎鐘動，漁樵伴已稀。悠然遠山暮，獨向白雲歸。菱蔓弱難定，楊花輕易飛。東皋春草色，惆悵掩柴扉。③

靈泉居第
洪武時賜南昌太守　張恒添祐之子。

遶屋雲如水，入門山滿堂。煙霏生石闌，空翠滴衣裳。天曉霧猶卧，松高鶴正翔。居然成野趣，那解是吾郷。④

靈泉桃園
明進士　沈賁沈鍾之子。

三月桃花放，妖嬈處處同。千枝齊映日，萬朵並迎風。西子宮粧美，楊妃醉臉紅。湖光春色滿，常伴靈泉中。

---

① 故林：禽鳥往日棲息之所，引指故鄉。
② 與王維《酬張少府》："晚年惟好静，萬事不關心。自顧無長策，空知返舊林。松風吹解帶，山月照彈琴。君問窮通理，漁歌入浦深。" 僅11字異。
③ 與王維《歸輞川作》："谷口疏鐘動，漁樵稍欲稀。悠然遠山暮，獨向白雲歸。菱蔓弱難定，楊花輕易飛。東皋春草色，惆悵掩柴扉。" 僅2字異。首句第三次同，前四句第二次同。參見五絶《湖山暮景》詩。
④ 與前張恒《張府石橋坊》："遠岸雲如水，入門山滿堂。煙霏生牖闌，空翠滴衣裳。石暝猿猶卧，松高鶴正翔。居然成野趣，那解錦衣鄉。" 僅6字異。

李園李花盛開_{李時亮之園。}

張添祐

春日和風暖，滿園李正開。徧林雲綴簌，漫樹雪成堆。清馥勝香菊，芳姿比臘梅。君家連姓譜，疑是老君栽。①

秋風亭小飲

沈如筠

何日不堪醉？青山滿石城。葵柳酣宿雨，燕雀噪新晴。總失風塵色，羞傳案牘名。童冠盡足樂，握手話生平。②

春露亭玩景③

張添祐

宦夫營世業，④我獨愛清泉。白水含春浦，⑤綠蔭被廣原。蓬心既已矣，⑥愚拙豈徒然？⑦滄浪濯纓日，風光在眼前。⑧

---

① 老君：即是老子，姓李，名耳，字聃，又字伯陽，春秋時楚國苦縣人。與宋范屏麓《李花》："麗日風和暖，漫山李正開。盈林銀綴簌，滿樹雪成堆。清馥勝秋菊，芳姿比臘梅。杖藜游俠子，攀折晚歸來。"前六句僅 7 字异。開、栽（來），詞韵五部咍韵；堆、梅，詞韵三部灰韵。平聲合韵。
② 城、晴、名，清韵；平，庚韵。詞韵都屬十一部平聲。
③ 景：一作泉。
④ 夫：一作夾，形近誤。
⑤ 春：一作清。
⑥ 蓬：一作逢，形近誤。
⑦ 徒：一作從，形近誤。
⑧ 泉、然，仙韵；原，元韵；前，先韵。詞韵都屬七部平聲。

勉力學
又

夜半寒窗下，蕭條三兩更。猿猴攀柳嘯，蟋蟀傍階鳴。展卷看難厭，燒燈睡不成。男兒當大用，未肯殞生平。①

春園聚友
又

客衆喜春花，我惟羨好友。韶光三月三，② 花事九月九。③ 好友會難逢，春花今豈偶？行間小字注：不負一聚。君看美少年，又是白頭叟。④

春郊有感
張添祐

滿地皆春草，桃紅映酒卮。一生渾似醉，萬古復何思？白首啣杯處，青山依舊時。最憐獨醒者，高坵亦壘之。⑤

靈泉別業⑥
張必貴

溪邊楊柳月，竹裡兩三家。抱郭青山遠，依門綠樹斜。閒看《高士》卷，⑦ 醉坐一庭花。此意堯夫解，清風尚未遐。⑧

---

① 更、鳴、平，庚韵；成，清韵。詞韵都屬十一部平聲。
② 韶光：美好的光陰，多指春天。
③ 花事：關於花的情況和事。
④ 友、九，有韵；偶、叟，厚韵。詞韵都屬十二部上聲。
⑤ 卮，支韵；思、時、之，之韵。詞韵都屬三部平聲。
⑥ 別業：與"舊業"或"第宅"相對而言，業主往往原有一處住宅，而後另營別墅，稱爲別業。稱別墅時，則是突出其園林氣氛以區別於一般住宅。
⑦ 《高士》卷：《晋書》等有《高士傳》，另皇甫謐等亦有同名作，多記載隱士事迹。
⑧ 堯夫：帝堯時代的人。

尋樂齋 一本作《閒日》。
又

永日稱閒居，經年未著書。卷簾調白鶴，凭檻數金魚。笑語諸孫樂，遨遊與衆殊。無須卜身世，天地一茅廬。①

登岸望赤壁
又

自入黃州路，山頭幾處紅。赤雲飛野鶴，丹壁照江楓。不見將軍壘，② 空懷學士風。③ 殷勤舒望眼，盡在月明中。

夏憩山莊 即李家莊。
又

爲愛風塵色，聊停處士家。水雲浮不定，村日淡初斜。門繞隋堤柳，④ 庭栽梁苑花。⑤ 悠然避暑氣，河朔應未加。

桃園示兒 張欽字祖望，曾讀書於此。乃潘、程二家園。
又

吾兒讀書處，山靜石爲門。宅舍無三畝，桑麻自一村。涼風翻案帙，午日饜盤飧。不見莘田叟，囂然此道尊。

---

① 居、書、魚、廬，魚韵；殊，虞韵。詞韵都屬四部平聲。
② 將軍壘：指破曹操軍的周瑜的營壘。建安十四年（209 年）孫權拜周瑜爲偏將軍，領南郡太守。
③ 學士風：指蘇東坡的風範。哲宗即位不久，蘇軾升翰林學士知制誥；後自求外調，以龍圖閣學士的身份出京任太守。故稱。
④ 隋堤柳：隋煬帝時沿通濟渠、邗溝河岸所植的柳樹，這裏指柳樹漂亮。
⑤ 梁苑：又名"梁園"，亦稱"兔園"或"菟園"，爲漢文帝次子梁孝王劉武所建。劉武雅好文賦、追求奢華，因其特殊的政治地位和平定"七國之亂"立下了大功而權傾一時。於是他廣築梁苑，向爲中州歷史名園之一。

蝶，① 梅愛竹鳳凰。若將梅比竹，梅竹正相當。②

秋夜懷肅簡張誠。
沈如筠

寂寂幽山裡，愁人半夜眠。殘燈棋散後，暗雨花飛前。已悟莊周夢，虛揮鍾子絃。思君增悼嘆，不覺月光寒。③

羣英夜衡文④
張鍾靈

今夕是何夕？群英戰筆時。⑤《鹿鳴》期早聽，⑥ 驥足恨淹遲。老桂分三種，輸君見一枝。久懷夫子璧，得價善沽之。⑦

送子赴京欽字祖望。
又

太史掄才日，⑧ 吾兒獻賦期。十年如有待，一顧莫言遲。滿擬千金價，無慚國士知。風雲成遇合，努力報明時。⑨

---

① 梅蝴蝶：梅花的形象比喻。
② 香，陽韵；藏、凰、當，唐韵。詞韵都屬二部平聲。
③ 眠、前、弦，先韵；寒，寒韵。詞韵都屬七部平聲。
④ 衡文：特指主持科舉考試。
⑤ 戰筆：指參加科舉考試。
⑥ 科舉制度中規定的一種宴會。起於唐代。明清沿此，於鄉試放榜次日，宴請新科舉人和內外簾官等，歌《詩經》中《鹿鳴》篇，史稱"鹿鳴宴"。
⑦ 《論語·子罕》："有美玉於斯，韞櫝而藏諸，求善賈（價）而沽諸？"時、之、之韵；遲，脂韵；枝，支韵。詞韵都屬三部平聲。
⑧ 掄才：選拔人才。
⑨ 日，入作去，期，時，平聲之韵，遲，平聲脂韵，知，平聲支韵。詞韵都屬三部。

靈泉夜雨
又

遠岫秋光净，四圍碧玉明。千山當鑑出，萬壑入杯平。浮世催山往，古泉淡俗名。探奇問素月，一嘯晚風清。①

靈泉山居
張添祐

高卧山家市，爲農百畝間。春煙生緑浦，秋色入寒山。落日孤村静，臨流幽鳥閑。杖藜人事絶，樽酒樂餘年。②

游九峯 公同李西涯游九峯作。③
又

幸有西來意，翛然淡宦情。誰云彼岸渡，不向此山盟。峰色圍霜静，煙光皎月明。松風吹古院，聲至乃無聲。④

梅伴竹
又

竹夾梅花好，梅花夾竹香。竹從梅裡得，梅向竹邊藏。竹愛梅蝴

---

① 明、平，庚韵；名、清，清韵。詞韵都屬十一部平聲。
② 間、山、閑，山韵；年，先韵。詞韵都屬七部平聲。
③ 李東陽（1447—1516）：字賓之，號西涯，謚文正。漢族，祖籍湖廣長沙府茶陵州（今湖南茶陵）人，寄籍京師（今北京市）。明代中後期茶陵詩派的核心人物，詩人、書法家、政治家。天順八年進士，授編修，累遷侍講學士，充東宮講官，弘治八年以禮部侍郎兼文淵閣大學士，直内閣，預機務。立朝五十年，柄國十八載，清節不渝。文章典雅流麗，工篆隸書。有《懷麓堂集》《懷麓堂詩話》《燕對録》。
④ 即老子《道德經》"大音希聲"，即最大最美的聲音乃是無聲之音，即達到極致的東西是不可捉摸的。情、聲，清韵；盟、明，庚韵。詞韵都屬十一部平聲。

奇，文爲廊岩辟。聖君多夢想，安得老松石？①

聽松閣 時四月八日佛生。
前人

特地尋梅熟，登堂遇佛生。② 林深花鳥寂，風靜水魚清。③ 一座維摩偈，連床玉局情。④ 歸來無俗夢，香雨片簾輕。⑤

飲將軍閣 即樊侯祠。
又

片地藏幽勝，臨軒水一池。鳥鳴留客意，花發酬賓詩。倚榻涼風到，鈎簾永日移。酒酣聞說劍，渾似鴻門時。⑥ 行間小字注：見樊侯事實。

靈泉山有感
又

碧澗魚龍躍，柴門松竹憐。雲山誰是主？風月合教貧。湖水連空色，鐘聲接綠蘋。閒曹違世用，壯志消烟塵。⑦

---

① 《全唐詩》第 114 卷沈如筠（句容人。橫陽主簿）《寄張征古》："寂歷遠山意，微冥半空碧。綠蘿無冬春，彩雲竟朝夕。張子海內奇，久爲岩中客。聖君當夢想，安得老松石？"僅 10 字异。意，去聲志韵；碧、辟，入作上；夕、石，入作平；奇，平聲支韵。詞韵都屬三部（客，十七部陌韵字，不合韵）。
② 遇：一作遍，形近誤。
③ 水：一作木，形近誤。
④ 局：一作書。
⑤ 生，庚韵；清、情、輕，清韵。詞韵都屬十一部平聲。
⑥ 池、移，支韵；詩、時，之韵。詞韵都屬三部平聲。
⑦ 憐，詞韵七部先韵；貧、蘋、塵，詞韵六部真韵。疑方音合韵。

和族兄登科
張玉嬋名月。

皇都瑞氣浮，雁塔對龍樓。霞彩照金屋，香風吹紫騮。赤虹堪自抱，明月向人投。所喜成名日，雙親未白頭。①

輓姐槎雲槎雲名昊。②
張玉霄名昺。

長夢何時覺？歲終不返期。寒窗朝鵲噪，野榻夜烏啼。綠鬢遺霜早，黃泉悔恨遲。春風吹暮草，掩淚但裁詩。③

前　題
張玉藻名昂。

憔悴與心傷，無言祇斷腸。淚從今日盡，別是此番長。滄海渾難夢，黃泉不可將。芳魂心杳杳，何日更同行？④

寄鶴山張添祐時沈公如筠年邁，添祐官南京，登冢宰，故沈公作詩以寄之。詩刻鶴樓臥碑，可攷。
沈如筠

寂歷遠山意，⑤微茫霓空碧。綠蘿無冬夏，彩煙照朝夕。張子海內

---

① 浮、騮，尤韵；樓、投、頭，侯韵。詞韵都屬十二部平聲。
② 據《晚晴簃詩匯》，張昊：字玉琴，號槎雲，錢塘人。舉人義壇女，諸生胡大濚室。有《趨庭咏琴樓合稿》。
③ 期、詩，之韵；啼，齊韵；遲，脂韵。詞韵都屬三部平聲。
④ 與《晚晴簃詩匯》《悼姊》："憔悴與心傷，無言只斷腸。泪從今夜盡，別是此番長。滄海渾難問，泉臺不可將。芳魂心杳杳，何日更同行？"僅3字異。傷、腸、長、將、陽韵；行，唐韵。詞韵都屬二部平聲。
⑤ 寂歷：凋零疏落。

新詩上酒樓。莫非王粲在,① 白眼望南州?②

聽鶯
秀閨　李季嫻 張宏之妻,鍾祥之母。

黄鸝聲不斷,裊裊和松枝。好鳥行供酒,秀峯正賦詩。何須彈《流水》?③ 行間小字注:曲名。不必奏《咸池》。④ 一派鳴天籟,惟留達者知。⑤

雨中鵑聲
張玉枝 張烈姑,字玉枝。嫁忠烈楊繼盛,⑥ 從夫死義。

也知聲是寄,孤夢訴屠禽。月叫三更破,花愁萬點深。歸魂曾帶血,遊子更關心。况是風吹雨,啼濕徑暮林。

---

① 王粲(177—217):字仲宣,山陽高平人,三國時曹魏名臣,也是著名文學家。與魯國孔融、北海徐幹、廣陵陳琳、陳留阮瑀、汝南應瑒、東平劉楨,合稱"建安七子"。王粲爲"七子之冠冕",文學成就最高。他以詩賦見長,《初征》《登樓賦》《槐賦》《七哀詩》等是其作品的精華,也是建安時代抒情小賦和詩的代表作。同時王粲還撰有中國歷史上第一部專門記載"英雄"傳記的史書《漢末英雄記》。明代人輯錄其作品,編就《王侍中文集》流傳後世。
② 舟、愁、州,尤韻;樓,侯韻。詞韻都屬十二部平聲。
③ 《流水》:是古琴的經典曲目。相傳爲伯牙所作,言其志在高山,仁者之樂也;志在流水,智者之樂也。最初《高山》《流水》本爲一曲,至唐代才分作兩曲,至宋代又分有若干段數。後世各種傳譜雖然段數不盡相同,但是樂曲意境大致相同。
④ 《咸池》:古樂曲名。相傳爲堯樂。一說爲黄帝之樂,堯增修沿用。在後代所謂的六代樂舞中,用於祭地神。
⑤ 枝、池、知,支韻;詩,之韻。詞韻都屬三部平聲。
⑥ 楊繼盛(1516—1555):明代著名諫臣。字仲芳,號椒山,直隸容城(今河北容城縣北河照村)人。嘉靖二十六年進士,官兵部員外郎。坐論馬市,貶狄道典史。事白,入爲户部員外,調兵部。疏劾嚴嵩而死,贈太常少卿,謚忠愍。後人以繼盛故宅,改廟以奉,尊爲城隍。著有《楊忠愍文集》。

見妓者

正德癸未舉人① 李璋李盛次子。

昨日東窗下，相逢一笑中。紫羅深護鬢，紅袖半遮容。玉帶無心管，繡幃未許同。可憐深夜裡，竟夢廣寒宮。②

雲山道人題時嘉靖丁未冬，③書刻靈泉寺石壁，可攷。

地幽人到少，來訪老僧家。野雲籠貝樹，曇景墜梵花。獻茶談禪語，翻經念《法華》。④陟彼崔嵬處，⑤山光入望賒。

春日懷歸

楊溥⑥石首縣人。洪武閣老，與吏部張添祐爲莫逆交。

一看春又晚，歸計是何年？落日低秦樹，青山隔渭川。鶯花迷故國，城闕起秋煙。獨上高臺望，浮雲自可憐。⑦

江閣聽雨

黎淳天順丁丑狀元。⑧

驟雨鳴江閣，飄搖類放船。難尋千里夢，不洗古今愁。漁火分煙浦，

---

① 正德無癸未，鄰近癸未爲嘉靖二年，即公元1523年。
② 中、同、宮，東韻；容，鐘韻。詞韻都屬一部平聲。
③ 嘉靖丁未：嘉靖二十六年，即公元1547年。注文原在詩後，按體例移此。
④ 《妙法蓮華經》，簡稱《法華經》。後秦鳩摩羅什譯，七卷二十八品，六萬九千餘字，收錄於《大正藏》第9冊，經號262。《法華經》是釋迦牟尼佛晚年在王舍城靈鷲山所説，爲大乘佛教初期經典之一。
⑤ 崔嵬：高大、高聳的樣子，這裏指代高大、高聳的山。
⑥ 作者姓名原在題前，按體例移此。
⑦ 年、煙、憐，先韻；川，仙韻。詞韻都屬七部平聲。
⑧ 天順丁丑：天順元年，即公元1457年。

過雲夢渡蟻橋吊宋公序宋子京。①

張潮百谷。

宋代有佳士，慈航一葉舟。川流日夜逝，古木雪霜稠。野路征人杳，夕陽山色幽。題詩懷往跡，指點過橋頭。②

除　夕

沈鍾

今歲今宵近，明年明日來。寒隨一夜去，春逐五更回。氣色空中換，容顏暗裡催。風光人不見，已入後園梅。③

客中除夕

張璧璧字別山，明閣老，嘗奉旨踏勘靈泉地界。祖居靈泉，後分遷石首縣。係伏一字退菴公之後人。

今夕是何夕？他鄉是故鄉。看人男女大，爲客歲月長。戎馬無休歇，關山正渺茫。一杯柏葉酒，未滴淚千行。④

---

① 宋祁（998—1061）：北宋文學家。字子京，安州安陸（今湖北安陸）人，後徙居開封雍丘（今河南杞縣）。天聖二年進士，官翰林學士、史館修撰。與歐陽修等合修《新唐書》，書成，進工部尚書，拜翰林學士承旨。卒諡景文，與兄宋庠並有文名，時稱"二宋"。詩詞語言工麗，因《玉樓春》詞中有"紅杏枝頭春意鬧"句，世稱"紅杏尚書"。
② 舟、稠，尤韵；幽，幽韵；頭，侯韵。詞韵都屬十二部平聲。
③ 唐史青《應詔賦得除夜》："今歲今宵盡，明年明日催。寒隨一夜去，春逐五更來。氣色空中改，容顏暗裏回。風光人不覺，已著後園梅。"僅7字异。來，詞五部咍韵；回、催、梅，詞三部灰韵。平聲合韵。
④ 北周袁凱同名詩作："今夕是何夕？他鄉說故鄉。看人兒女大，爲客年歲長。戎馬無休歇，關山正渺茫。一杯柏葉酒，未敵泪千行。"僅5字异。鄉、長、陽韵；茫、行，唐韵。詞韵都屬二部平聲。

圖、史，① 幽藏避斧、斤。微風陣陣入，搖曳點奇文。②

醉登白雲樓
又

白雲飄渺外，煙樹望中迷。酒醉心猶醒，情濃意亦癡。江聲聽浩蕩，山色看參差。應笑《黃州賦》，流連《赤壁詩》。③

燕京署中寄
又

官舍渾如寄，栽花但紀年。須將荷製服，不必藉爲船。西岳尋仙晚，東林結社偏。囊中無一物，兩袖清風還。④

靈泉有感
張雲翥

山色日佳麗，碧天遙憶愁。兩峯雲並起，萬壑水齊流。入户撫松柏，升堂望鶴樓。黃昏幾點淚，何日到滄州？⑤

---

① 種在窗旁，其形影與圖、史書籍交相輝映。
② 竹葉影在書上移動，像用毛筆在圈點文章。分、雲、文，文韵；斤，欣韵。詞韵都屬六部平聲。
③ 迷，齊韵；痴、差，支韵；詩，之韵。詞韵都屬三部平聲。
④ 年，先韵；船、偏，仙韵；還，删韵。詞韵都屬七部平聲。
⑤ 愁、流、州，尤韵；樓，侯韵。詞韵都屬十二部平聲。

雲心扶枝還。不妨載酒過，醉傍列星眠。①

過酒家飲竹間
又

竹裡茅茨屋，溪傍秋稻田。疎林延夕照，暗谷響春泉。農務時相望，韶華容更憐。松醪殊不薄，醉抱白雲眠。②

北園留客
又

山園春正好，客子莫言歸。興盡仍投轄，③樽空更典衣。風翻酒席亂，月動影觴飛。一醉無醒日，誰言狂籍非？④

楊繼本書房斑竹
又

舊有湘妃竹，⑤新從北野分。龍鱗猶帶雨，⑥鳳尾欲抽雲。⑦近植交

---

① 顛、眠，先韵；連、還，仙韵。詞韵都屬七部平聲。
② 田、憐、眠，先韵；泉，仙韵。詞韵都屬七部平聲。
③ 投轄：《漢書·陳遵傳》："遵耆酒，每大飲，賓客滿堂，輒關門，取客車轄投井中，雖有急，終不得去。"轄，車軸兩端起固定連接車輪作用的鍵，無則車輪會脫落。後以"投轄"指殷勤留客。
④ 狂籍：即阮籍（210—263），三國魏詩人。字嗣宗。陳留尉氏（今屬河南）人。是建安七子之一阮瑀的兒子。曾任步兵校尉，世稱阮步兵。崇奉老莊之學，政治上則采謹慎避禍的態度。與嵇康、劉伶等七人爲友，常集於竹林之下肆意酣暢，世稱"竹林七賢"。
⑤ 湘妃竹：又名斑竹、泪竹，是禾本科竹亞科剛竹屬植物桂竹的變種，產於湖南、河南、江西、浙江等地。竹竿布滿褐色的雲紋紫斑，傳說爲舜帝二妃哭舜帝所致。
⑥ 龍鱗：比喻竹斑。
⑦ 鳳尾：泛指竹。

靈泉五言律詩

張叔夜石坊_{被楚憨藩廢。}
又

功名由學達，忠孝自天成。一旅破金虜，孤軍入汴城。海枯氣不朽，石爛節猶存。今日思風采，南湖有幾人？①

張府石橋坊_{有甲第、石坊，今楚藩廢。}
張恒_{吏部張添祐之子，字北岳，太學生。洪武時賜南昌府太守。}

遠岸雲如水，入門山滿堂。煙霏生牖闥，空翠滴衣裳。② 石暝猿猶臥，松高鶴正翔。居然成野趣，那解錦衣鄉？③
是靈泉居地詩，非石坊詩。

琴樓_{含山樓下一層名才子樓者，是。}
又

學仙猶未得，頗亦好樓居。小築眠堪穩，坐臨望獨舒。地連南北澤，窗近斗牛虛。④ 更欲招黃鶴，遨遊任所如。

飲石蓮峯頭_{是楊家崗。山形如盤，故名石蓮。}
又

爲愛芙蓉石，披衣到絕巔。一山青如削，千翠自相連。樹杪映杯出，

---

① 成、城，詞十一部清韵；存，六部魂韵；人，六部真韵。方音平聲合韵。
② 空翠：指綠色的草木。
③ 錦衣鄉：即衣錦還鄉。
④ 虛："墟"的古字。

靈泉行間小字改：豐禾。山莊居
生員　張廷贊

水從峽口出，雲伴石頭圍。幾所茅廬屋，開門即見山。① 有不忘靈泉之志。

董公養老堂
沈如筠

百年閒散誕，② 無羈爲異客。終日裏逍遥，自在學神仙。

完賦吟
張尚德

禾黍青山外，桑麻綠水邊。官租輸已畢，斗酒樂殘年。

沈宅看梅
張鍾靈

自愛新梅好，行尋一逕斜。不教人掃石，恐損落來花。③

偕友人王禮渡樊口
樊時中

風生漁唱晚，月皎客悲秋。心緒無窮語，共乘一葉舟。

---

① 圍，刪韵；山，山韵。詞韵都屬七部平聲。
② 散誕：悠閒，逍遥自在。
③ 全詩同唐張籍《和韋開州盛山十二首·梅溪》。

靈泉寫景
沈如筠

春風來幽徑，古木生微香。虎跡帶雲動，亂峯送夕陽。

秋　園
李磑景望。

落葉鋪芳徑，飛花遶遶曲欄。一樽留好友，勿負此詩壇。

湖山暮景
張添祐

山谷疎鐘動，樵、漁伴已稀。悠然遠樹裡，一片白雲歸。①

靈泉初夏
張宏

欹花新蟬噪，② 開簾乳燕飛。偶來雲惹袖，閒步風飄衣。

移　居
生員　張學戀

靈泉初脫業，來住豐禾灣。圍屋栽松柏，依然龍鳳攀。
大有奮起之意。

---

① 略同王維《歸輞川作》前半首：谷口疏鐘動，漁、樵稍欲稀。悠然遠山暮，獨向白雲歸。稀、歸，平聲微韵；裏，上聲止韵。詞韵都屬三部。
② 欹：通"倚"。

時大學士李景隆在湖廣練兵，遇此，作詩贈之。

雨後聽琴
又

茂林雨後歇，客子把琴歌。曲罷微風入，泠然幽意多。

小　　園
又

爲園新種竹，不讓野人居。① 客至旋沽酒，士貧好著書。

賞紅白梅
又

片片香風動，樽前助客吟。石上揮殘雨，波間醉白雲。②

歸途日暮
又

目擊山川遠，心懷雨露長。③ 窮途日已暮，歸去馬蹄忙。④

湖山暮景
杜宗晦

山谷疎鐘動，⑤ 峯嵐水面斜。亂鳥啼歸樹，落日棲遠霞。

---

① 野人：村野之人，與城邑之人相對，即農夫。
② 吟，詞十三部侵韵；雲，六部文韵。方音平聲合韵。
③ 雨露：雨和露，比喻恩惠、恩澤。
④ 長，陽韵，忙，唐韵。詞都屬二部平聲。
⑤ 略同王維《歸輞川作》首句：谷口疏鐘動。

前題步韵
庠生　五雲張廷鳳

秋吟揮彩筆，夜讀剔銀燈。爲愛窗前月，光明照五更。

山　齋
庠生　張廷秀

彈琴羨石冷，洗硯愛泉清。此地忘幽僻，渾無時俗名。①

孟宗母墓
庠生　張大寶

花開蝴蝶徑，草滿鳳凰山。哭竹何年事？猶知青塚寒。②
墓在省城內鳳凰山。

玩　蓮
杜竑

日高花曬錦，荷舞魚穿梭。不盡徘徊意，青錢叠綠波。

過花山 山在沈家坡，因山多紫荊花，故名花山。
沈如筠

雲連山不斷，山接雲無窮。偶過石坡下，荆花滿地紅。

登　城
張添祐

城上威風冷，江中冰氣寒。戎衣何日去，歌舞入長安？

---

① 冷，上聲梗韵；清、名，平聲清韵。詞韵都屬十一部。
② 山，山韵；寒，寒韵。詞韵都屬七部平聲。

祝王時化母壽
庠生① 張泌

玉女開池苑，②芙蓉正看花。特來介眉壽，顏色勝丹砂。

春愁吟
張誠

滿眼骷髏骨，可憐人物消。百年三萬日，能值幾春宵？

題慈雲寺

慈雲寺地如盤形，內有玉露井、金蓮池、杜氏家廟。前人呼爲"金盤"是也。又云："芙蓉出水擁金蓮，不產佳人必中元。"惜張氏掘傷來脈，杜氏被抄，火寺，戮僧，而此址猶存。今張家橋之上丈餘荒堰一畝，其形如盤，中埋泥塑人，致墩如塚者是。

杜一山

玉露井中月，金蓮池上花。祇堪山僧有，不得到人家。

豐禾山書房
張廷模

秋高長夜永，誦讀自親燈。山鳥驚窗夢，鄰雞報五更。③

---

① 庠生：明清科舉制度中府、州、縣學生員的別稱。古代學校稱庠，故學生稱庠生。
② 玉女：仙女，這裏指王時化的母親。
③ 燈，登韻；更，庚韻。詞韻都屬十一部平聲。

秋夜餞別
又

雁陣過南樓，雞聲報曉籌。① 長亭斟別後，② 身世等蜉蝣。③

秋夜有懷
又

秋入莎雞響，④ 寒聲碧燕歸。不堪回首望，猶憶老萊衣。⑤

飲杜家巷_{是杜宗晦家北園小巷。}
又

西鄰客已醉，此景來何遲？一逕斜陽色，群芳雨過時。⑥

祝解元王時化母壽⑦
又

萱花開永晝，⑧ 桃實綴高枝。座取南山酒，高堂見玉巵。⑨

---

① 曉籌：拂曉的更籌。指拂曉時刻。
② 長亭：秦制三十里一傳，十里一亭，故又在驛站路上大約每十里設一亭，負責給驛傳信使提供館舍、給養等服務。後來也成為人們郊游駐足和分別相送之地。特別是經過文人的詩詞吟咏，十里長亭逐漸演變成為送別地的代名詞。
③ 樓，平聲侯韵；籌、蝣，平聲尤韵；後，去聲候韵。詞韵都屬十二部。
④ 莎雞：蟲名。又名絡緯。俗稱紡織娘、絡絲娘。中型螽斯，即蟈蟈。
⑤ 老萊衣：老萊子穿的五彩衣。相傳春秋時楚國隱士老萊子，七十歲時還身穿五彩衣，模仿小兒的動作和哭聲，以使父母歡喜。後因以表示孝順父母。
⑥ 遲，脂韵；時，之韵。詞韵都屬三部平聲。
⑦ 解元：科舉制度中鄉試第一名。唐制，舉進士者均由地方解送入京，後世相沿，乃有此名。
⑧ 萱花：寓指母親。
⑨ 玉巵：玉制的酒杯，寓意富足。巵是古代一種器皿，常用來盛酒。

秋 風 亭
又

有主花盈砌，① 無人草堂空。輕煙醉楊柳，疎雨洗梧桐。

與靈泉僧
又

水淺能留月，山高不礙雲。洞門無鎖鑰，是物皆堪羣。

幽 隱
又

掃徑迎仙客，擁書見古人。問君何姓氏？無乃葛天民？②

秋夜讀書
又

寒鴉棲古樹，寒雁過南樓。月影侵書案，不知今夕秋。③

---

① "盈砌"與"堂空"不對。
② 葛天：葛天氏，是中國上古傳説中一位賢能的首領。相傳在位時人民安定，被後人尊爲樂神。其部落駐地在今河南省寧陵縣，是葛國和葛姓的祖先。後世將他的統治視爲理想社會。長葛市便是以他的姓氏來命名的。
③ 樓，侯韵；秋，尤韵。詞韵俱十二部平聲。

暮　　歸
又

曉行先見月，晚步獨披風。有日駕車馬，條條白玉驄。①

尋　樂　齋
又

開門見山水，擁書忘早昏。惜花懶掃徑，愛日不關門。

聽　松　閣
又

木魚鳴古刹，鐵馬鬧虛檐。②洞有神仙迹，松聲月半娟。

春露亭遊人
又

日來花有影，風至鳥無聲。過客多才藻，徜徉山水情。

雨後登樓
又

水聲到地盡，山色入樓多。明月雙溪柳，香風十里荷。③

---

① 條條白玉驄：每匹都是雪白如玉的駿馬，寓意今後前程遠大。
② 鐵馬：我國寺院等懸於塔檐殿角的風鈴，它也是"鈴鐸"的一種。佛教《契經》中說：供"鈴鐸"於塔廟，世世得好音聲。
③ 一說此詩為明人黎淳的《龍山消夏圖》。

春遊靈泉
又

牽絲蛛網密，曬粉蝶衣輕。春色無遙邇，空山鳥雀聲。

有感古松
又

林深不見日，松老又生花。繞樹鶯聲囀，遷喬思故家。①

孟春赴館
又

一路松風送，山頭草色浮。泥融聽燕語，雷動看飛龍。②

讀書誓志
又

夜月警棲鳥，春雷起蟄龍。一朝春浪暖，應得風雲從。③

山莊聽農
又

新秧冒雨插，老桂帶雲扳。④滿耳農歌近，聲出數重山。

宿下陽潭
又

石上溪流緩，春深野望鮮。偶從江上客，夜伴沙鷗眠。

---

① 遷喬：語出《詩·小雅·伐木》："出自幽谷，遷於喬木。"同喬遷。
② 飛龍：明指雲，暗指自己期待風雲際會。
③ 應得風雲從：自信必定會有風雲際會的時候。
④ 扳桂：蟾宮扳桂，科舉時代比喻應試及第。

殘　冬
前人

寒風號古木，陰雨潤枯梅。待看陽春至，滄海一聲雷。

靈泉山夜
唐舍人　李暄

山静雲生石，水清月滿川。鄰鷄聲喔喔，寒雁影翩翩。

靈泉寺
唐　李沉

山山白鶴雨，樹樹緑鶯松。静夜清泉月，深山古寺鐘。

居　第
唐　李開年

庭菊經霜茂，墻梅鬥雪開。雖然居室小，却有佳賓來。

遊靈泉寺
明天順丁丑元年狀元　黎淳華容縣人。

緑水蒼煙近，白雲古寺封。出門三五步，處處有高峯。

靈泉山景
又

默坐松風静，閒行曲徑幽。峰巒扶地起，雲霧接天浮。①

---

① 幽，幽韵；浮，尤韵。詞韵都屬十二部平聲。

靈泉諸公詩集

《靈泉詩》叙①
熊廷弼

　　《靈泉詩》者，靈泉才子之書也，文人之雄也。才子、文人，適以徵山水之奇也。揆其詩詞、歌賦、文字、草書，可以泣風雨、驚鬼神。方將駕唐、宋而上之，寧第甲於江邑云爾哉？余館於夾山西村，有趙子仲者，持是書以示。余獲覽家乘，讀而壯之，奇而異之。因掩卷三思，不勝徘徊、觸擊，爲人浩歌，發長嘆焉。嗟乎，以八家之名筆而參唐、宋之聲調，其中偉男子、奇女子皆産於其間，可不謂盛歟？然後知千古奇人傑士，大關風會；名公巨卿，實鍾嶽瀆，正不獨美靈泉爲然也。而靈泉已有然者，餘得不讀而壯之，奇而異之哉？

　　熊廷弼芝崗氏書於西村舘中。

五言絕句

古　　松
唐相　李景望

春風搖鳳尾，秋雨濕龍鱗。歲久含蒼翠，問年今幾春？②

---

① 此叙底本在"靈泉諸公詩集"之前。
② 鱗，真韵；春，諄韵。詞韵都屬六部平聲。

靈泉山桌水齋即唐王李道宗之紫篁園舊址，初振錫李屋公手齋內嘗一卧雲泉齋前有浣水橋，上有凉亭沐臾郁少時讀書處也。

靈泉山听松閣、兩山批
間挺著松搖綠溪水遠前、
毋与秋聲事風声最幽
愈佳滨初者春癯第、
曾近此橋里人晚甘市、
与在硯者間之左

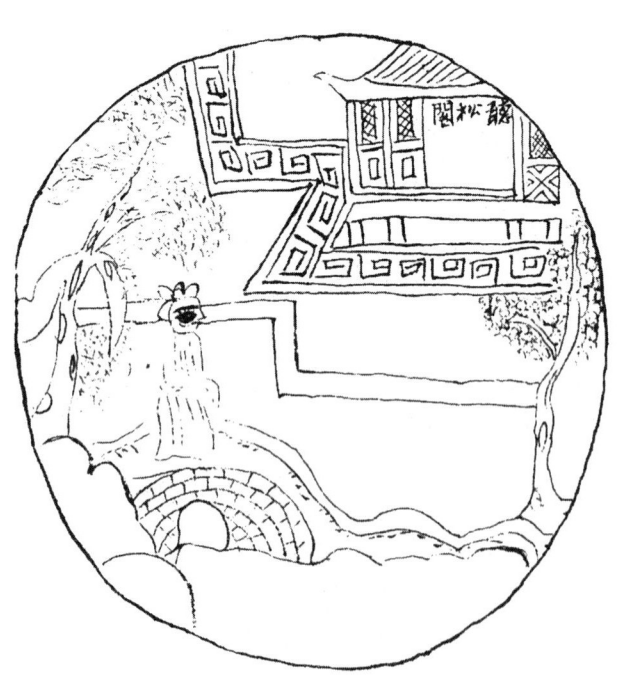

靈泉山舍山樓宋狀元張磙
之子舜民字芸叟于宋建
炎二年捐俸五丈柱大如第
凡女人孝主登眺于上以美衆
一巨蛇也不幸為楚藩府毀
今在楚郢王寢郁

灵泉山唐李沆建為卷
書樓於此因地產靈芝故
名瑞芝堂元處士李宗孟
讀書于此張誠散步挑打
內吟李巽又修连樓今
被楚藩所廢。

靈泉山秋風亭在
舍山樓之右竹學士
秋冬咏遊之所沈
公目槐亭廢、

靈泉山春露亭在舍山樓之左仍父人之春夏賞景之處。後孝康公所擴之毀

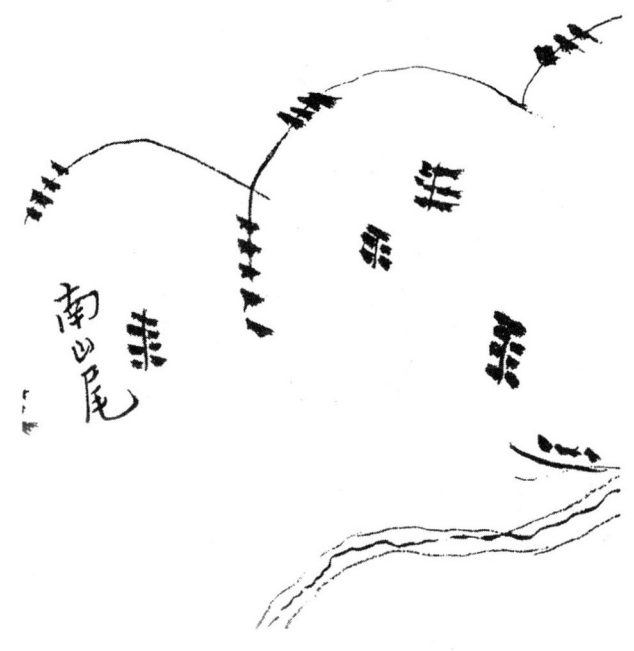

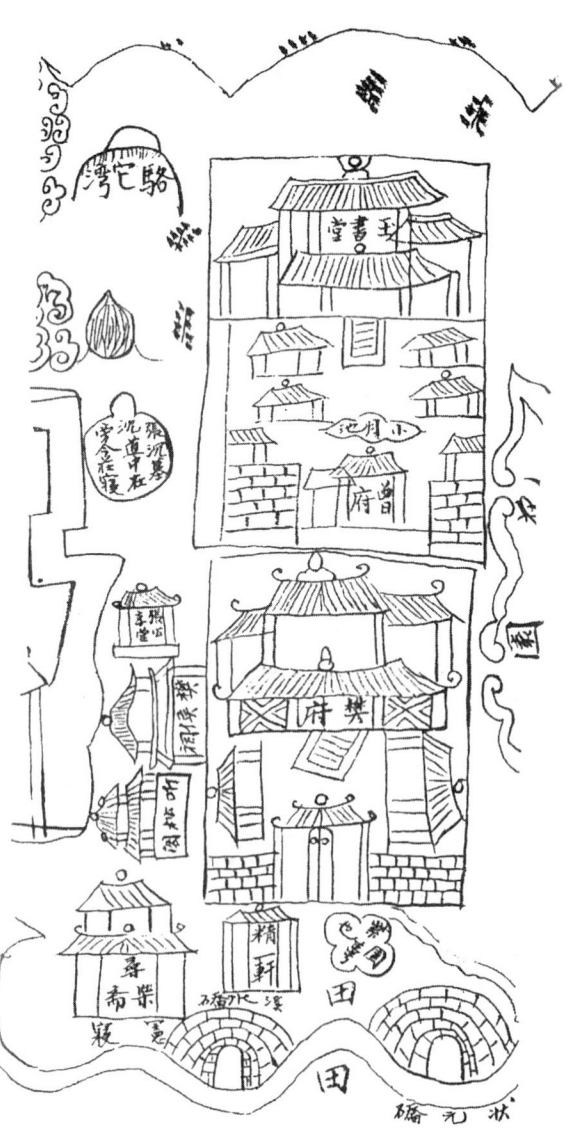

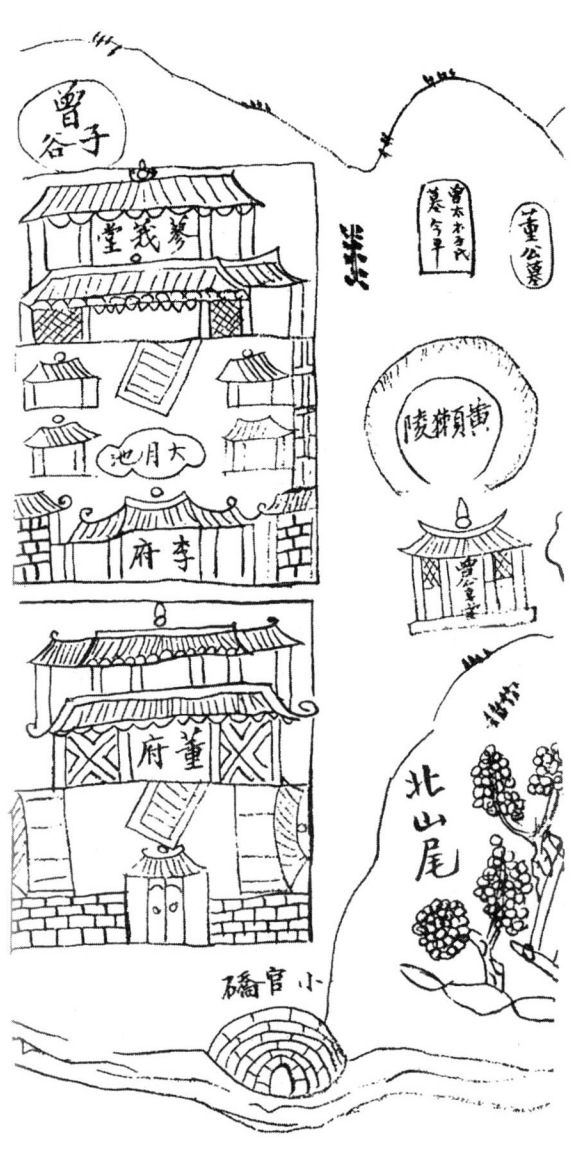

下卷　形勢、詩章、匾對

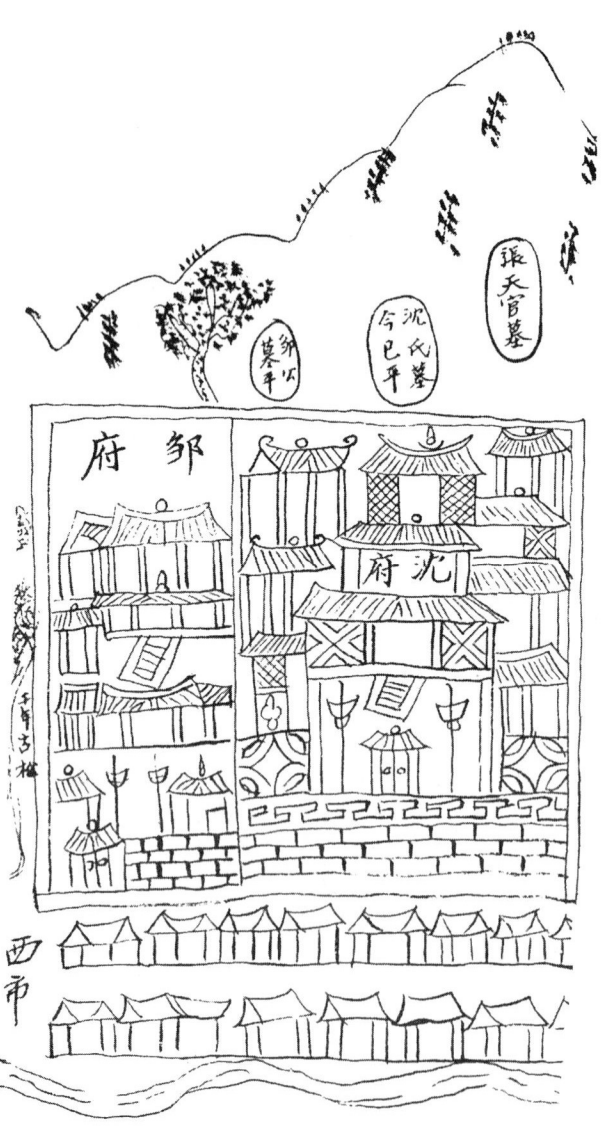

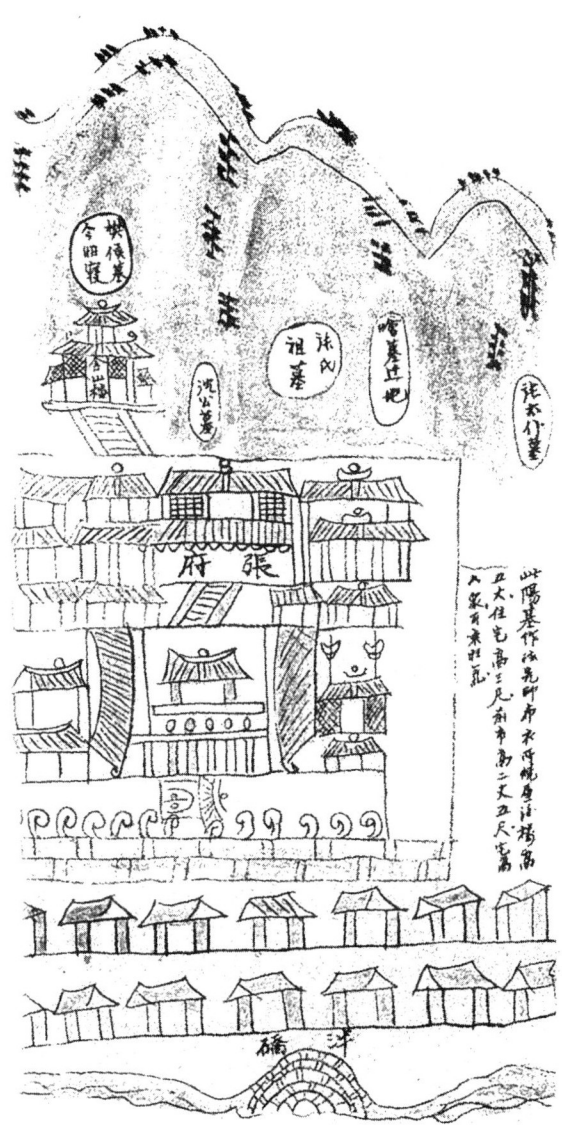

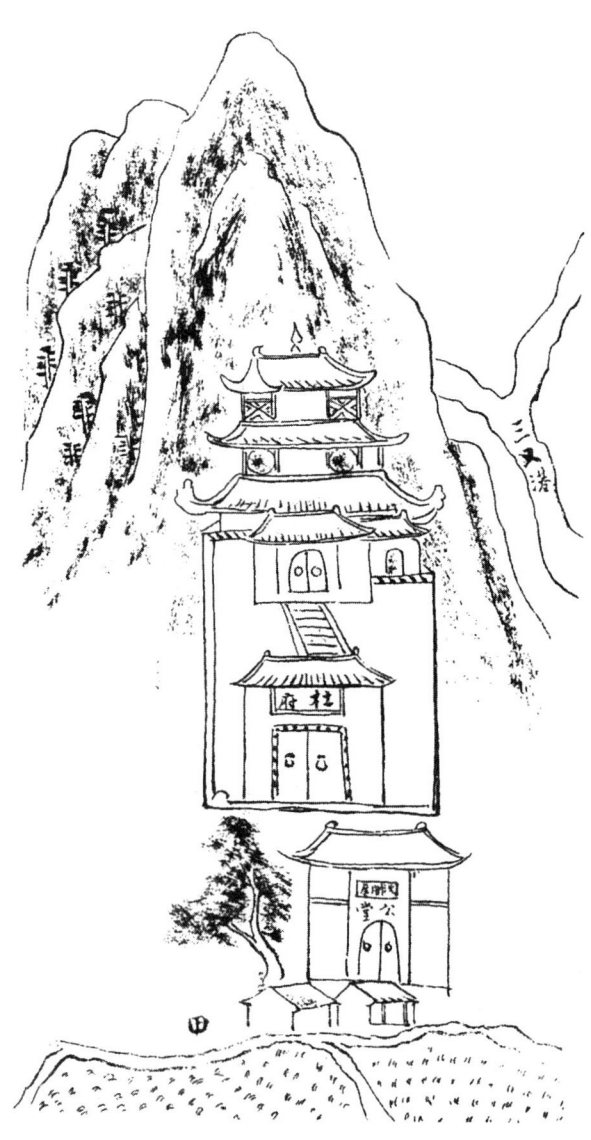

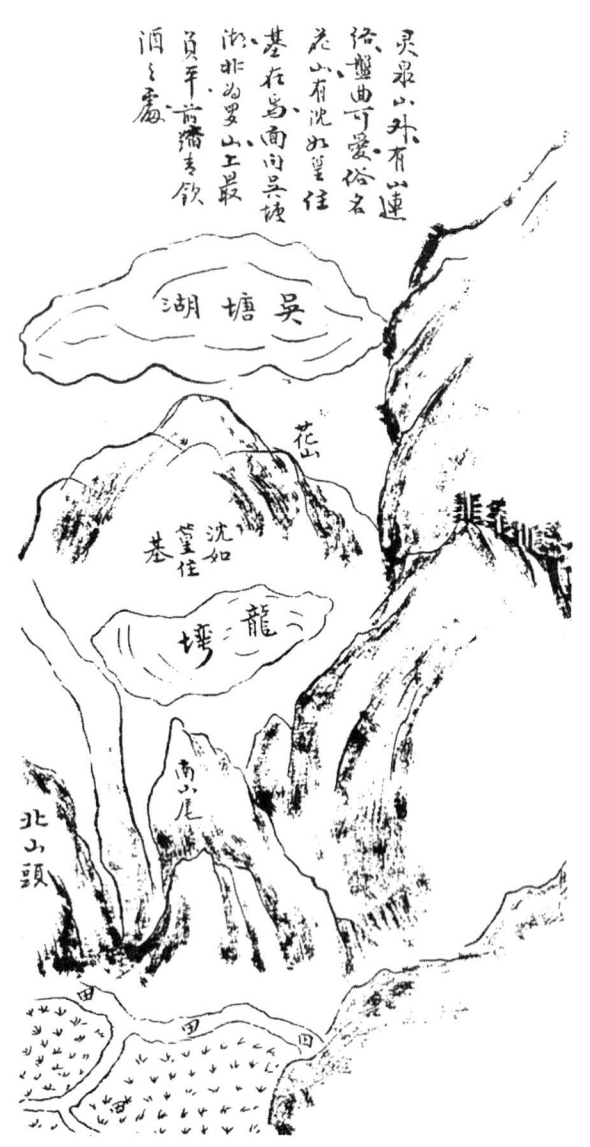

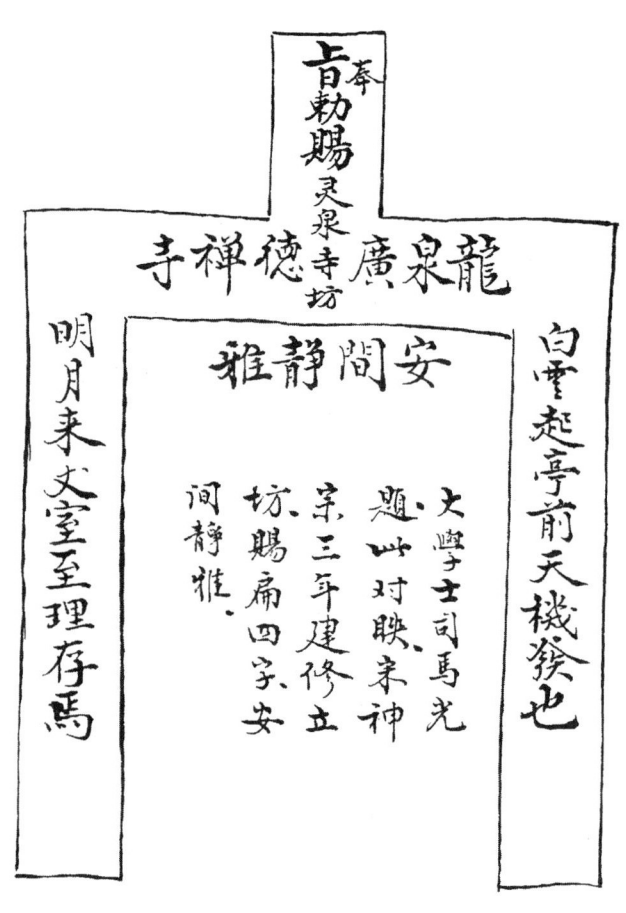

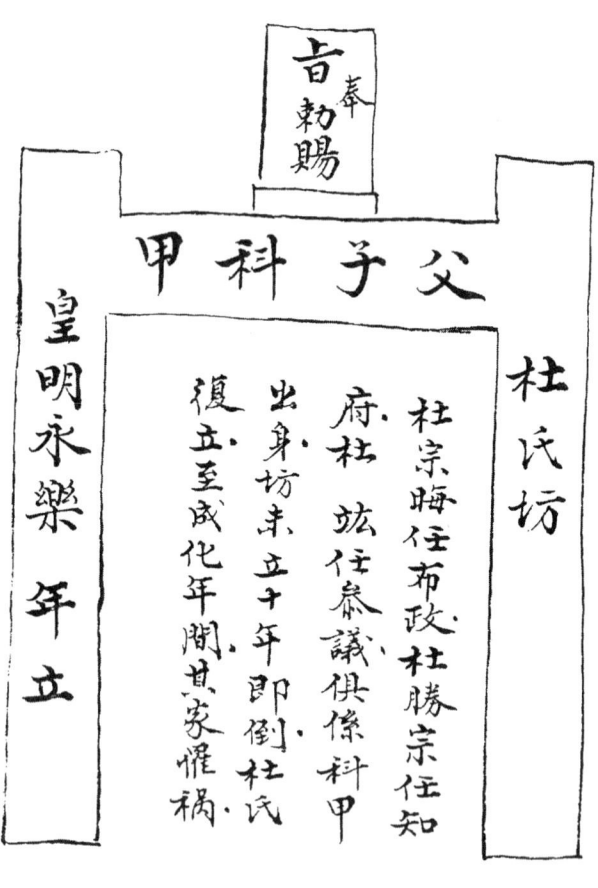

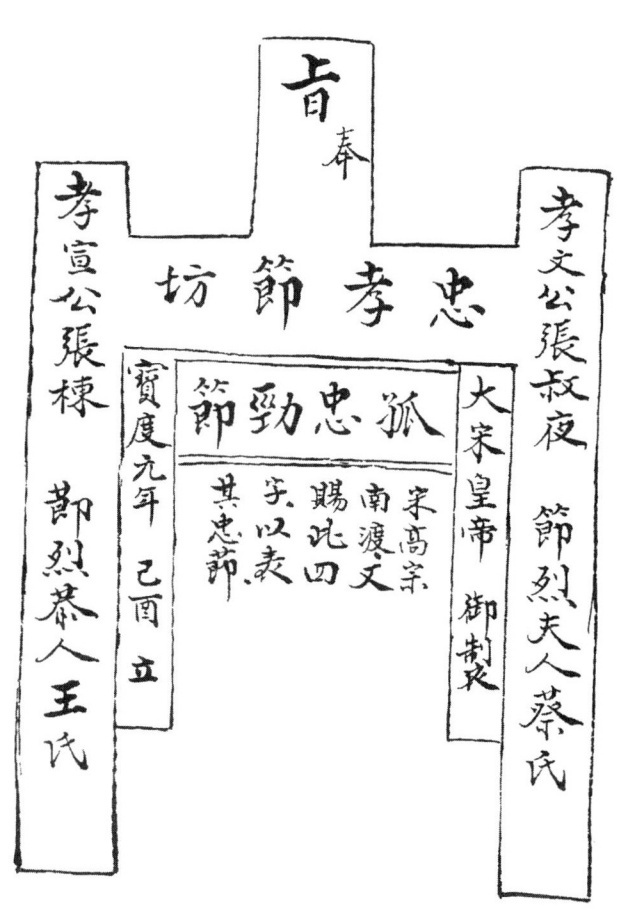

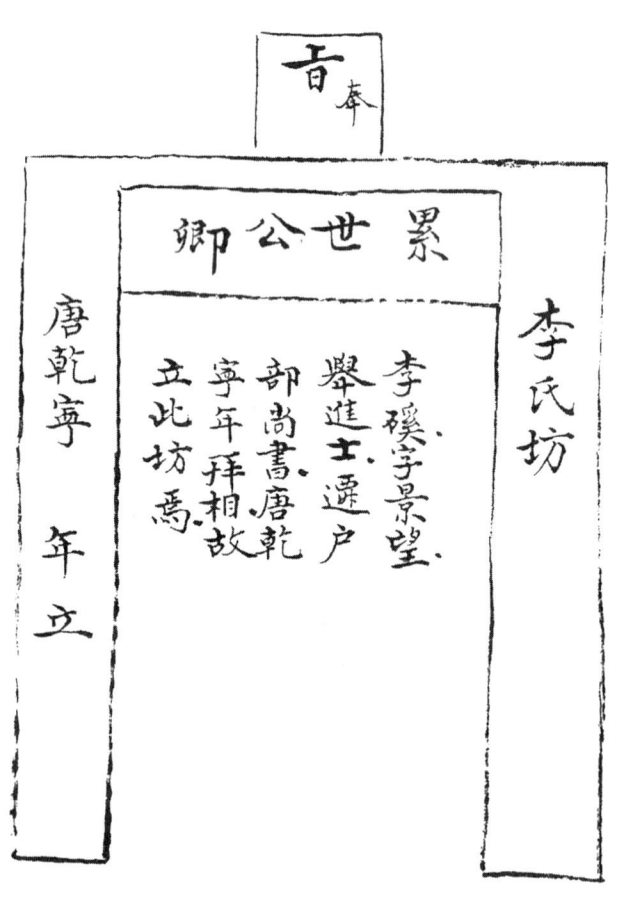

下卷　形勢、詩章、匾對

形　勢①

---

① 此標題爲整理者所加。

迎親回車文①

張誠

伏以：香煙結彩，瑞氣騰騰於玉案；笙簫成韵，餘音孃孃於金門。恭迎鸞輿，想仙子之遥臨；幸逢寶輅，蒙喜星之下降。風雲際會於此日，鼓樂迭陳於今宵。

《易》重"咸亨"，② 取女必獲"利貞"；《詩》首《關雎》，君子亦詠"好逑"。男女婚姻，爲萬世之根本；陰陽配合，實人倫所最重。兹有某姓男某名，擇配於某門之閨秀第幾媛。卜今良辰，親迎於家；選兹吉期，結縭於室。③ 良緣由夙締，配合實係於赤繩；佳偶自天成，婚姻前定於月老。④ 更蒙諸神擁護，耀光彩於門庭；喜星照臨，燦花燭於洞房。彌合二姓之歡，大彰三代之慶。

事當宣揚，理宜回奉。是以謹備清酌，潔治葷牢。凡有某府中歷代祖考、諸位先妣，玉趾親臨，鸞駕龍賁。有勞賜步，叨承休光。仰祈共飲香醪，個個仙顏添春色；同饗盛饌，在在眉壽宴蟠桃。

伏願：夫妻好合，如鼓瑟琴；兄弟既翕，和樂且耽。⑤ 同天地而不老，比松柏而長春。宜室宜家，⑥ 成百世門楣之光；生子生孫，叶千年麟趾之祥。⑦ 亟返仙駕，揚揚而去；早歸洞府，欣欣而。行間小字補：往。

回奉已畢，鼓樂入門。

---

① 回車："回奉"之誤，參見文中文尾。
② 咸：應爲"元"，疑避朱元璋諱改。
③ 結縭：古代嫁女的一種儀式。女子臨嫁，母親給她結上佩巾。語出《詩·豳風·東山》："親結其縭。"後即指結婚。
④ 赤繩：赤色繩子。傳説月下老人以此係男女之足，使成夫婦。
⑤ 夫妻好合，如鼓瑟琴；兄弟既翕，和樂且耽。由《詩·小雅·棠棣》："妻子好合，如鼓瑟琴；兄弟既翕，和樂且耽"改造。好合：相親相愛。翕：和順。耽：深情。
⑥ 宜室宜家：語出《詩經·桃夭》"之子于歸，宜其室家。"贊美新婦。
⑦ 麟趾：語出《詩經·麟之趾》"麟之趾，振振公子，于嗟麟兮。"贊美新郎。

難也。

然治之亦有三策：上流不暢，則澎湃而爲災，故水之由泗而入者，當漸以濬之也，一策也。下流不濬，斯淤漫而爲害，故水之由徐而入者，當漸以疏之也，二策也。引玉酉諸泉之水而使其流分，築高郵諸隄之石而使其流殺，三策也。三策行，則禹之故智不過於此矣。

此臣一得之獻，未知有當於聖衷否。①

修慈雲寺記
明永樂戊子舉人　徐文質

龍塘居慈雲寺之上，吐納諸流，引澮畎之水以趨大川者也。

歲五月，大雨如注，洪波浩淼，橋、堤俱壞。山僧謂余曰："此步、騎通渡，居士得毋有意乎？"又鄉耆謂余曰："君不知橋之所自乎？昔祝公悅山光、鳥性，落月、寒潭，而語僧云：'安得一瓢、一笠，遁跡曇刹，借佳山水以作芳鄰耶？'於是採形家言，修築郭水，② 以應圖卜。後果簪纓相繼，車服日隆，而其里得稱'鳴珂'，③ 即行人亦佔利涉之澤。至今日，碑猶存也。"

余謀於同里何、杜二君，以爲許可。因起土爲堤，架石橋以渡之。

而山僧月池者，素抱桑門空寂之性，④ 喜夫山環水曲、岸僻潭幽。其寺基宛若盤谷。户外之松聲、竹韵，雅與流水、響泉相應，囑余言以記之。

---

① 當於聖衷：和皇帝的心意相合的。
② 郭：通"障"，阻擋。
③ 鳴珂：指代顯貴者。其所乘馬以玉爲飾，行則作響，因名。
④ 桑門：同沙門，都是音譯。意爲勤息，就是指勤修佛道和息諸煩惱的意思；今人多指出家之個人，是錯誤的。

宜當事者難之矣。況國家漕運悉經於此，若人之咽喉然。故南行則利漕，①而東決則害漕。欲去其害而資其利，蓋難之難也。

夫河非汴不得合於淮，故漕之憂常在汴，猶之內關之疾也。假令汴可無憂矣，則虞其轉而危我之汶、泗。汶、泗定，又虞其盤而危我之清、濟。清、濟定，又虞其越而危我之豐、沛。豐、沛定，又虞其畔而不南，重爲運道之阨。

議者委之於天數，則曰："不塞便。"不塞，則運阻矣。有謂宜勝以人事，則曰："塞之便。"塞之，非持久矣。

或者曰："河有故道，宜及時興復。"不知奪河之必趨而回注於難明之故道，非所以察形也。往者孫奪之役可鑑也。

或者又曰："別開一河，以備運道。"不知設不必然之畫，以爲難竟之功，非所以終事也，往者寥泇之沒可鑑也。昔宋哲宗以司農范子淵開河無功，黜於陝州。②蘇軾草制曰："前以有用之財，興必不成之事；後驅無辜之民，置之必死之地。"時以爲至言。

漢賈誼治河上三策：③一曰徙冀州之民當水衝者，決河北入海。此功一成，河定、民安，千載無患，謂之上策。一曰多穿漕渠。旱則開東方下流溉冀州，水則開西方高門分河流。興利除害，支數百歲，謂之中策。一曰繕完故隄。增卑、培厚，勞費無已，數逢其害，謂之下策。

臣謂今之治河，亦有三難：洪濤悍猛，沙泥易雜，而一遇霖潦，則其潰也必暴，一難也。海水相隔，未能建瓴，而境山坳石，則其疏也必梗，二難也。倚辦縣官勞費以億萬計，而漂没無時，胥填無用之壑，三

---

① 漕：即漕運。
② 范子淵：北宋造船、治河專家，曾任金堤司管勾官、都水監丞。曾用鐵龍爪、浚川耙疏浚汴河河道。
③ 賈誼：賈讓之誤。賈讓，中國西漢時期籌劃治理黃河的代表人物。生卒年不詳。當時黃河頻繁決溢，災患嚴重。朝廷徵集治河方案，綏和二年（公元前7年），賈讓應詔上書，因提出治理黃河的上、中、下三策而著名。考下文多出於賈讓《治河三策》。

金純疏黃河之故迹，而漕運得蘇。① 至御史滕昭因軍家之强，② 爲建長運之策，而漕運始病。運之設，始於洪武。班軍用以執事，操軍用以出征，屯軍用以守城，運軍用以押糧。四軍皆輔佐太祖以有天下，攻城拔邑，人殊死力，功載盟府。洪武垛籍爲軍，各賜膳田，所以酬功而報汗馬之勞。死亡之慘，故待軍特優。用指揮押解民糧，始於永樂。知府趙原因湖堤之險而有修堤之功。

巡　　河

張添祐

臣察：河源發於星宿。③踰崑崙，折而趨積石。④乃會雍浮汴以達於淮。⑤奔騰萬里，衝突難支；無巨岡、大磧之攔，而有兩淮偪側之束。⑥

---

① 《漕運通志·卷一·漕渠表》：洪武二十四年（公元1391年），河決原武，漫過安山湖，而河乃淤。永樂九年（公元1411年），以濟寧州同知潘叔正言，命工部尚書宋禮浚復故道，又命刑部侍郎金純自汴城北金龍口開黃河故道，分流下達魚臺縣塌場口以益漕河。十年（1412年），尚書宋禮請從會通河通運。十三年（公元1415年），始罷海運。是年，平江伯陳瑄又開清江浦五十里，即宋喬維岳所開沙河，自楚州至淮陰凡六十里。導湖水以達清口。自是東南之舟浮于邗溝，濟于淮，溯于河、于汴、于沁、于泗、于沂、于汶，沿于會通，入于衛，溯于白，達于大通，至都城六十里。其間灌有諸塘，匯有諸湖，委有諸泉、諸溝、諸河，蓄泄有閘，防有壩、有堤，洪有援，淺有備，漕法大成，國用充足，而軍民忘勞。
② 滕昭：河南汝州人，成化二年（公元1466年）總督漕運。
③ 星宿：星宿海的簡稱，位於黃河源頭地區，東與扎陵湖相鄰，西與黃河源流瑪曲相接。
④ 積石：積石山的簡稱。黃河流出扎陵湖，到達瑪多城後，河水繞過一列赤紅山脈，名叫積石山，藏名叫阿尼馬卿山，意爲黃河之祖。
⑤ （黃河）達於淮：公元1128年（南宋建炎二年），爲阻止金兵南下，宋東京留守杜充在今河南滑縣西南人爲決河，使黃河東流經豫東北、魯西南地區，匯入泗水，奪泗入淮。從此黃河離開了春秋戰國以降流經今浚、滑一帶的故道，不再進入河北平原，在此後的700多年中，以東南流入淮爲常。
⑥ 兩淮：淮北、淮南。

國初定鼎，民用小舟各自爲運，協積江南。其時各處皆有屯積，道路遠近均停，民咸樂輸而不苦於運，此我太祖高皇帝使民便運之良法。自文皇永樂。癸未改都順天，海舟罷直清之運，常盈列淮浦之倉，① 何其便也！轉運用土著之民，督運用押解之軍，何其簡也！

　　唐、宋漕運之夫皆長運而我則短運，唐、宋漕運之粟皆竟運而我朝則截運，此國家漕運之大畧也。又考唐、宋苦於久輓，改長運爲番休，番休者，即短運之説。又改爲漸運，漸運者，即截運之説。

　　宋世恒用海運，舟多漂没。後改爲河運。國初一有海運，至永樂始罷。今皇上宣德年後，張添祐復起爲相。又欲河、海兼運，亦是便於遠、近之法。不知專事海則粟有漂溺，第糧無損剥而免加耗，舟無停次而免遷延，是海運不爲無益也。專事河則道無風波，第洪閘之停、蓄不時則苦搬運，黄河之通塞靡定則病推移，是河運不爲無害也。爲今日計，莫於<small>行間小字改：如。</small>兩江、蘇、松之宜於海者用海運，山東、湖廣之宜於河者用河運。半天下以屬之海，半天下以屬之河，而漕運之法莫善於此矣。雖然，海運可也，而倭夷之變，出没無常；河運可也，而衣帶之水，掬土可塞。相較而論，海運之險不如河運之夷，海運之危不如河運之安。

　　伏冀聖明採擇焉。

　　平江伯因淮、沂之險而疏嶠岳之道，尚書宋禮開會通之舊河，侍郎

---

① 常盈：倉名。

開泛舟之役、① 始皇飛芻輓粟以給軍士，② 此漕行間小字增：運。所自來也。

漢之粟仰給於山東，其間若鄭當時著引渭穿渠之績，③ 諸葛亮造木牛流馬之規，④ 是民爲給而官爲運也。唐之粟仰給於江西，其間若劉宴來鄧侯之讖，⑤ 堅賜廣運之號，⑥ 是民自爲運也。宋之粟總分爲四路：其間若許元不負仲淹之舉，⑦ 張士遜無忘王旦之功，⑧ 是民爲分運而官督其事也。

---

① 泛舟之役：《左傳》僖公十三年（公元前647年）："冬，晉薦饑，使乞糴於秦……秦於是乎輸粟（幾萬斛）於晉，自雍及絳相繼，命之曰泛舟之役。"
② 始皇飛芻輓粟：《漢書》卷六四上《主父偃傳》：秦時蒙恬率兵駐屯北邊，"使天下飛芻輓粟，起於黃腄、琅琊負海之郡，轉輸北河。"
③ 鄭當時：字莊，陳人。漢景帝時爲太子舍人。武帝即位，累遷魯中尉、濟南太守、江都相。至右内史，以議田蚡、竇嬰事貶秩爲詹事，遷大司農。上言引渭穿渠，既提高了漕運能力，節約了時間，又促進了農業生産，有突出的歷史貢獻。
④ 木牛流馬：爲三國時期蜀漢丞相諸葛亮發明的運輸工具，分爲木牛與流馬。史載建興九年至十二年（231—234年）諸葛亮在北伐時所使用，其載重量爲"一歲糧"，大約四百斤以上，每日行程爲"特行者數十里，群行二十里"，爲蜀國十萬大軍提供糧食。不過，確實的方式、樣貌現在亦不明，對其亦有不同的解釋。
⑤ 劉宴來鄧侯之讖：劉宴，"劉晏"之誤；讖，當爲"譽"之誤。史傳劉晏打通漕運，被唐代宗譽爲當代鄧侯。
⑥ 堅賜廣運之號：堅，指韋堅。廣運潭是唐玄宗天寶年間韋堅在今西安市東郊新修的漕運港口。這個港口對長安經濟的發展起着舉足輕重的作用。清徐松《唐兩京城坊考》卷一《西京·三苑》引宋崔敦禮《廣運潭銘》云："唐天寶紀元之九年，陝郡太守韋堅有請治漢、隋運渠，起關門抵長安，以運山東之賦，有詔從之。乃絕灞、滻，並渭而東，至永豐倉復與渭合；又鑿潭於望春樓下以聚舟。越二年潭成，天子臨幸嘉焉，賜名廣運。"
⑦ 許元不負仲淹之舉：《續資治通鑒》仁宗慶曆三年（遼重熙十二年）五月……江、淮歲漕不給，京師乏軍儲，大臣以爲憂。樞密副使范仲淹，言國子博士宣城許元可獨倚辦，辛未，擢元江、淮、兩浙、荆湖制置發運判官。元曰："以六路七十二州之粟，不能足京師者，吾不信也。"至則命瀕江州縣留三月糧，餘悉發之，遠近以次相補，引千餘艘轉漕而西。未幾，京師足食。
⑧ 張士遜爲江西轉運使，辭旦求教，旦曰："朝廷權利至矣。"士遜迭更是職，思旦之言，未嘗求利，識者曰："此運使識大體。"

冠坐，① 抖擻精神，無使昏、惰。日日習，行間小字增：之。臨期不自覺辛苦矣。此段工夫。

今之調養者多是厚食濃味，酣飲、② 謔浪，或竟偃卧。如此是掩氣、昏神，長傲而召疾也，豈抙精神之謂哉？③ 受病處。務須淡飲食，薄滋味，則氣自清；寡思慮，屏嗜慾，則精自明；定心志，④ 少眠睡，則神自澄。君子未有不如此，而能致力於學問也。⑤ 云病處。

每日或倦甚思休，少焉即起，⑥ 勿使昏睡，勿使久坐。

進場前兩日，不得翻閲書、史，雜亂心目。每日只看文字數篇以自娛。⑦ 若心勞力耗，⑧ 莫如勿看。務在怡神、適趣，忽充然滾滾，若有所得。勿使氣短、⑨ 意滿，益加含蓄、醖釀。若江河之决，行間小字改：浸。泓衍泛濫。驟然决之，一瀉千里矣。

每開坐時，⑩ 衆方囂然，我獨淵然。⑪ 中心融融，自有其樂。⑫ 蓋出於塵垢之外，⑬ 而與造物者遊。功效處。

漕運疏

張添祐

考漕運之説，唐虞三代，《詩》《書》乏文，不可考矣。自春秋僖公

---

① 冠：一作"端"。
② 酣飲：一作"劇酣"。
③ 抙："擂"的古字。後一本有"養"。
④ 志：一作"氣"。
⑤ 也：一作"者"。
⑥ 焉：一作"偃"。
⑦ 只：後一有"可"。數：一作"一"。
⑧ 力：一作"氣"。
⑨ 短：一作"輕"。
⑩ 開：一作"日閑"。
⑪ 然：一作"默"。
⑫ 其：一作"真"。
⑬ 於：一作"乎"。

國文明之秀，儲鄂州雄武之風。自春秋以來，方城、漢水，夙擅名於天下者，此也。① 江夏一郡，會江、漢以同流，控全楚之大勢，固得其勝概矣。但力足以霸，而地不足以王。雖俗稱魚、米，而澤近污萊。② 夏稅一賦，漢、唐帝王不加於三楚之鄉者，爲其田潦而水盛也。豐收則民厭糟糠，③ 旱、潦則民網蝦、螺。④ 此夏稅爲從來缺額，不登於貢賦之書者，⑤ 不獨我朝爲然矣。"

上曰："已之。"遂罷楚稅。

示徐曰仁應試論⑥
王陽明

入場之日，切勿以得失橫在胸中，令人氣餒志分。非徒無益，而又害之。

場中作文，先須大開心目，見得題意。大概了了，即放膽下筆。縱其所之，⑦ 行間小字增：詞。氣亦自條暢。⑧ 今人入場，有志氣局促、不舒展者，是得失之念，爲之病也。夫心無二用，一念在得，一念在失，一念在文字，是三用矣，所事寧有成哉？⑨ 此段弊病。

將進場十日前，便須練習、調養。蓋尋常不須起早得慣，⑩ 忽然當之，其日必精神恍惚，作文豈有佳思？須每日鷄初鳴即起，盥櫛，整衣

---

① 此：馮本無，多餘。
② 澤：馮本作"宅"，証"澤"爲方音誤。污：馮本作"蕪"，音近誤。污萊，指荒地。
③ 厭：馮本作"宴"，同音誤。
④ 民：馮本作"户"，誤。
⑤ 書：馮本作"簿"。
⑥ 此文見《王陽明全集》卷二十四。
⑦ 其所之：三字有作"昧出處"。
⑧ 自：此字一本無。
⑨ 哉：此字一作"耶"。
⑩ 須：一作"曾"。

也。如是則商山皓髮，① 襲步武以瞻光；稷下名流，② 拔蓮茹以見用。③ 其所以暢文明之化，而增俎豆之輝者，豈有窮哉？

楚　　稅④

馮京

宋英宗問楚稅，馮京答曰："楚有衡岳，列七十二峯以成垣。⑤ 南望瀟湘，⑥ 而水不盡於辰、沅；北眺雲夢，而山不盡於荆、襄。魏然啟南

---

① 商山皓髮：是秦朝的四位博士：東園公唐秉、夏黃公崔廣、綺里季吳實、甪里先生周術。他們是秦始皇時七十名博士官中的四位，後來他們隱居於商山，曾經向漢高祖劉邦諷諫不可廢去太子劉盈（即後來的漢惠帝）。後人又用"商山四皓"來泛指有名望的隱士。

② 稷下名流：古代齊國設立的齊都臨淄稷下學宮，是我國最早的官辦大學堂，是戰國時期政治諮詢、學術文化的交流中心和諸子百家爭鳴的重要場所，也是戰國之間聞名列國的文化教育中心和多學科的社會科學院。稷下學宮的出現，稷下百家爭鳴的展開，不僅形成了先秦百家爭鳴的高峰，促進了學術思想的繁榮，而且對我國古代思想、文化、教育的發展產生了重大而深遠的影響。稷下學宮創建於齊桓公田午時期，至齊王建時衰弱，歷時140餘年，繁盛時達"數百千人"。當時各國著名的文學游說之士多曾先後或長期在此著書講學，互相切磋駁難，掀起了當時思想界的一大波瀾，形成了空前繁榮、百家爭鳴的局面。其規模之大，人員之衆，陣容之強，歷史之久，史所罕見。

③ 拔蓮茹：即拔茅連茹。茅：白茅，一種多年生的草；茹：植物根部互相牽連的樣子。比喻互相推薦，用一個人就連帶引進許多人。

④ 此文與《馮氏大成宗譜·答宋英宗問楚稅撮要》："【（京）答曰：'】楚有衡岳，列七十二峰以爲垣，南望瀟（汀）【湘】，而水不盡於辰、沅；北眺雲夢，而山不盡於荆襄。巍然啓南國文明之秀，儲鄂州雄武之風。自春秋以來，方城、漢水，凤擅名於天下者也。江夏一郡，會漢水以同流，控全楚之大勢，固得其勝概矣。但力足以霸，而地不足以王。雖俗稱魚、米，而宅近（蕪）【污】萊。夏稅一賦，漢、唐帝王不加於三楚之鄉者，爲其田澇而水盛也。豐收則民（宴）【厭】糟糠，旱、潦則（户）【民】網蝦、螺。此（楚）【夏稅】爲從來缺額，不登於貢賦之簿者，不獨我朝爲然矣。'上曰：'已之。'遂罷楚【夏】稅。"（下稱馮本）全同。

⑤ 成，馮本作"爲"。

⑥ 湘：馮本作"汀"，誤。

科目而求奇瑰,① 專事帖括而延鴻儒,② 是鳳可羅而鯨可釣也。

爲今日計,如草野有明經、行修,表然時望,則特加禮貌,以厚其寵,如以張載爲文華殿校書可也。③ 或有抱負文藝、養高林壑,則歲舉一人,以昇於朝,如征處士尹鏩爲崇政殿説書可也。或有力學好古、賦性恬淡,則屢加存問,以褒其節,如賜林逋粟帛,謚以"和静",④ 可

---

① 科目:科舉名目,即各類科舉。
② 帖括:唐代明經科,主要采用帖經法,專注重記憶。具體的考試方法:帖經者,以所習經掩其兩端,中間開唯一行,裁紙爲帖,凡帖三字,隨時增損,可否不一,或得四、得五、得六者爲通。也就是把所要考的那些書裏隨便抽一句,用紙貼住句子裏的某些部分,要應試者答出這句話是什麽。應試者爲了應付這種考試,便於記憶,就創造出帖括之法,即把難記偏僻的經文概括成詩賦歌訣的形式。
③ 張載:又稱張子。北宋哲學家,理學創始人之一,程顥、程頤的表叔,理學支脈——關學創始人,封先賢,奉祀孔廟西廡第38位。與周敦頤、邵雍、程頤、程顥合稱"北宋五子"。字子厚,漢族,祖籍大梁(今開封),徙家鳳翔郿縣(今寶鷄眉縣)橫渠鎮,人稱橫渠先生。宋仁宗嘉祐二年(1057年)進士,授祁州司法參軍,調丹州雲岩令。遷著作佐郎,簽書渭州軍事判官。熙寧二年(公元1069年),除崇文院校書。次年移疾。十年春,復召還館,同知太常禮院。同年冬告歸,十二月乙亥卒於道,年五十八。嘉定十三年(公元1220年),賜謚明公。
④ 林逋(967—1028):字君復,漢族,浙江大里黃賢村人(一説杭州錢塘)。幼時刻苦好學,通曉經史百家。書載性孤高自好,喜恬淡,不趨榮利。長大後,曾漫游江淮間,後隱居杭州西湖,結廬孤山。終身不仕,未娶妻,與梅花、仙鶴作伴,稱爲"梅妻鶴子"。宋真宗聞其名,賜粟帛,詔遣吏歲時勞問。卒,其侄林彰(朝散大夫)、林彬(盈州令)同至杭州,治喪盡禮。宋仁宗賜謚"和靖先生"。"和静":"和靖"之誤。

傳習異說。① 是皆遠溯聖統，遐承忠純。張懋之行誼，② 蔡清之經術，③ 張元禎之操養。④ 總之，嗜先天之溪流，紹河、洛之師道。而即與文武諸公侍宮墻而分灌、獻，⑤ 必不爲仲尼父之所吐也。若夫禹行舜趨而中未必然，⑥ 雕龍吐鳳而中未必有。或旁搜六藝，表章百家而竟失指歸，其視聖道，不啻弁髦之耳。⑦

我朝道化作人，薪樵樹澤。軾怒蛙，⑧ 市駿骨，⑨ 非不彬彬。第純任

---

① 《白沙集》：陳獻章著。
② 張懋（1440—1515）：祖籍河南祥符（今開封），世居京師，遂爲北京人。明勳臣。靖難功臣張玉後裔，父英國公張輔，追封定興王。他九歲襲父公爵。嗣公凡66年，握兵柄者40年，尊寵爲勳臣冠。後加太子太傅，進太師兼太子太師。正德十年卒。贈寧陽王。
③ 蔡清（1453—1508）：字介夫，別號虛齋，明晉江人。31歲中進士，累官至南京文選郎中、江西提學副使，著名的理學家。
④ 張元禎（1437—1506），初名元征，字廷祥，別號東白。明南昌人。五歲能詩，寧靖王召見，賜名元征。巡撫韓雍爲改今名。天順四年（公元1460）進士，授編修。弘治初，召修《憲宗實錄》，進左贊善。昇南京侍講學士，終養。後又召修《大明會典》。進翰林學士，侍經筵。武宗即位，進吏部右侍郎，未及上任而卒。天啓初，追謚文恪。元貞詩文，樸實無華。有《東白集》二十四卷、《四庫總目》行於世。
⑤ 侍宮墻而分灌、獻：指從祀。宮墻：爲從祀者塑像處。灌、獻：指祭祀時敬酒和供奉祭品。
⑥ 禹行舜趨：舉止循規蹈矩。
⑦ 弁髦：弁，黑色布帽；髦，童子眉際垂髮。古代男子行冠禮，先加緇布冠，次加皮弁，後加爵弁，三加後，即棄緇布冠不用，並剃去垂髦，理髮爲髻。因以喻棄置無用之物。
⑧ 軾怒蛙：軾："軾"之誤。相傳越國被吳國打敗以後，越王勾踐一心想報仇。有一次在車上看見一只蛙鼓着肚子伏在路上，他就伏在車前橫木上表示敬意。車夫問他爲什麽。他說，蛙這樣有勇氣，能不向它致敬嗎？見《韓非子·內儲說上》。
⑨ 市駿骨：《戰國策·燕策一》記載，燕昭王"卑身厚幣以招賢者"，郭隗就給他講了一個用五百金買了付千里馬的骨架，使得一年之內得到多匹千里馬的故事。也作"千金買駿骨"。燕昭王按其所說，拜其爲師，很快吸引來了衆多賢才。

我朝理學名臣，探元理於珠囊，① 薦黃流於玉瓚，② 蓋蒸蒸盛也。如薛瑄之志道自任，浩然不屈；③ 胡居仁之衛道爲心，④ 距邪必嚴；陳獻章之弗忘弗助，⑤ 便是鳶飛魚躍；王守仁之知食知行，⑥ 即是乃知乃行。總之，爲賢聖建旗鼓。故執圭、繫組非榮也，蓽門、圭竇非陋也；屢聘不起非固也，累立奇勳非通也。

　　況《讀書錄》發明太極通書之奧，⑦ 而《居業錄》⑧《白沙集》與夫

---

① 元理：即玄理，玄妙的理論。避康熙玄燁諱改。珠囊：金、木、水、火、土五星。
② 薦黃流於玉瓚：用精美的禮器和美酒，莊嚴肅穆地舉行祭祀。典出《詩·大雅·旱麓》："瑟彼玉瓚，黃流在中。"
③ 薛瑄（1359—1464）：字德温，號敬軒，明河律平原村（今平原村屬山西萬榮縣）人。明永樂辛丑（成祖永樂十九年，公元 1421 年）進士，曾任廣東道監察御史，山東提學僉事，大理寺左少卿，大理寺卿，禮部右侍郎兼翰林院學士。天順元年（公元 1457 年），69 歲時告老還鄉，在河汾設教，至天順八年（公元 1464 年）卒。殁後贈禮部尚書。著有《讀書錄》《讀書續錄》，二書於明萬曆時由候鶴齡分類合編爲《讀書全錄類編》，並著《薛文清公文集》等。
④ 胡居仁（1434—1484）：明代學者，字叔心，號敬齋，餘干縣梅港鄉人。爲明代知名理學家之一。胡居仁性行純篤，不爲利祿。著有《易象鈔》《居業錄》《居業錄續編》等。
⑤ 陳獻章（1428—1500）：字公甫，號石齋，別號碧玉老人、玉臺居士、江門漁父、南海樵夫、黄雲老人等，因曾在白沙村居住，人稱白沙先生。廣東省江門市新會區人。明代思想家、教育家、書法家、詩人。廣東唯一一位從祀孔廟的明代碩儒。主張學貴知疑、獨立思考，提倡較爲自由開放的學風，逐漸形成一個有自己特點的學派，史稱江門學派。著作後被匯編爲《白沙子全集》。
⑥ 王守仁（1472—1528）：中國明代最著名的哲學家、教育家、軍事家、文學家。字伯安，浙江餘姚人。自號陽明子，世稱陽明先生。陸王心學之集大成者，非但精通儒家、佛家、道家，而且能夠統軍征戰，是中國歷史上罕見的全能大儒。
⑦ 《讀書錄》：薛瑄著。
⑧ 《居業錄》：胡居仁著。

之德秀也;① 非起衰濟弱之昌黎,② 則學貫天人之康節也。③ 仕莽之揚雄入而後麾,④ 仕夷之許衡議而復斥。⑤ 非類不歆,得門或寡,蓋難矣哉!

---

① 德秀:真德秀(1178—1235),字景元,後更爲景希、希元,號西山。福建浦城(今浦城縣晋陽鎮)人。本姓慎,因避孝宗諱改姓真。真德秀是南宋後期與魏了翁齊名的一位著名理學家,也是繼朱熹之後的理學正宗傳人,他同魏了翁二人在確立理學正統地位的過程中發揮了重大作用。

② 昌黎:韓愈(768—824),字退之,號昌黎,故世稱韓昌黎,謚號文公,故世稱韓文公,唐朝河南河陽(今河南孟州)人,另有祖籍鄧州一説。是唐宋八大家之一。自謂郡望昌黎,世稱韓昌黎。晚年任吏部侍郎,又稱韓吏部。與柳宗元同爲"古文運動"倡道者,故與其並稱爲"韓柳",且有"文章巨公"和"百代文宗"之名,提出了"文以載道"和"文道結合"的主張,反對六朝以來駢偶之風。著有《韓昌黎集》四十卷,《外集》十卷,《師説》等等。有"文起八代之衰"的美稱。

③ 康節:邵康節(1011—1077),名雍,字堯夫,謚康節。宋朝時代的著名卜士。生於范陽(今河北涿州大邵村)。是中國占卜界的主要代表人物。《梅花易數》是他發明的占卜方法。可是這本書版本很多,估計已經是傳偽了。先天易學是他的主要代表作。可是在他的著作中關於先天易學叙述的並不詳細。朱熹的《周易本義》對於先天易學作了詳細的介紹。

④ 揚雄(前53—18):字子雲,漢族,西漢蜀郡成都(今四川成都郫縣友愛鎮)人。西漢學者、辭賦家、語言學家。王莽稱帝後,揚雄校書於天禄閣。後受他人牽累,即將被捕,於是墜閣自殺,未死。後召爲大夫。《三字經》把他列爲"五子"之一:"五子者,有荀、揚,文中子,及老、莊。"

⑤ 許衡(1209—1281):字仲平,學者稱魯齋先生,河内(今河南沁陽縣)人。生於金朝,幼受章句之學。蒙古滅金後,應試中選,占籍爲儒。公元1254年後,許衡在忽必烈朝中任京兆提學、太子太保、國子祭酒,並與劉秉忠、張文謙等定朝儀、立制度。因阿合馬擅權,彈劾未成,遂辭職。公元1271年,忽必烈改國號爲元,復任許衡爲集賢殿大學士兼國子祭酒,領太史院事,修授時歷。在兼管太學間,著《中庸直解》《大學直解》等書以爲課本,並聘醫、算等師,以教授漢蒙弟子,在北方傳播理學和醫算等六藝。在元初,許衡提倡儒學,行"漢法",間接地保護了當時較爲先進的中原文化,促進了民族融合。死後謚文正,封魏國公。

耶？至獻考故出安陸，① 恪守藩王禮，當北面事武宗。追王之典出自《周禮》無議矣，而乃濟之九廟，並列羣宗。是生守臣節，没居君上。即九原可起，而獻考在天之靈能帖然安否耶？

臣謂：建文，則當存五年之紀錄。後萬曆始復建文年號。景泰，則當與九廟之大享。景泰終未稱宗。至於獻考，則當倣啟聖遺訓，別立一廟以享世祀。嘉靖四年春三月，建獻皇帝廟。則禮以義起，亦以權行，乃今日所當急論者。

附：《明紀輯略·甲申年論正》上建文君曰"惠宗讓皇帝"，景帝曰"代宗景皇帝"，復懿文太子"興宗孝康皇帝"。②

論從祀

<small>弘治時生員　張大海</small>

夫簿取而錄功，即一節之士，比比俎豆矣；吹毛而求疵，即千載之間，寥寥下聲矣。故一時從祀諸賢，非正誼明道之仲舒，③ 則窮經篤學

---

① 獻考：興獻王朱祐杬，朱厚熜之父。武宗於公元1521年3月病死後，由於武宗没有留下子嗣，又是單傳，因此皇太后和內閣首輔楊廷和決定，由最近支的皇室、武宗的堂弟朱厚熜繼承皇位，第二年改年號爲嘉靖。嘉靖即位後，在如何尊崇其父母的問題上與禮部及衆多朝臣又發生衝突，史稱"大禮議"，經過兩年多的爭辯，最後以君權的高壓結束。嘉靖將父親追尊爲睿宗，並將神主入太廟，躋在武宗朱厚照之上。

② 懿文太子：朱標（1355—1392），明太祖長子。因朱標先於太祖去世，未即皇位，諡稱懿文太子。其子明惠帝即位後追尊爲"興宗孝康皇帝"，靖難之後恢復懿文太子舊稱。南明安宗登基後，最終恢復了興宗的帝號，上尊諡曰"興宗和天敬道憲懿勤敏淳文度武明仁慈孝康皇帝"。

③ 仲舒：董仲舒（前179—前104），西漢哲學家，今文經學大師，廣川（今河北棗强）人。專治《春秋公羊傳》。曾任博士、江都相和膠西王相，漢武帝舉賢良文學之士，他對策建議"諸不在六藝之科、孔子之術者，皆絕其道，勿使並進"。爲武帝所采納，使儒學成爲中國社會的正統思想，影響長達2000多年。其學以儒家宗法思想爲中心，雜以陰陽五行說，把神權、君權、父權、夫權貫串在一起，形成帝制神學體系。從而他提出了天人感應、三綱五常等重要儒家理論。

我太祖即位，即立太廟，而分之爲九，左則虛昭之三位，右則虛穆之三位。至憲宗，而九廟備矣。① 乃世宗尊太祖於太廟，昇成祖於世室，而食報無窮焉。

然諸王於太祖，有爲伯、爲兄、爲姪，而槪稱皇、稱伯祖，則徽號不順，祭三廟而五其説，備六廟而五其稱，則位次無倫。然其小節者也。建文君，太祖嫡孫也。而靖難一興，遽削紀錄，以五載正朔，貫於洪武年號，則謬矣。也先入寇，② 大同失利，土木之變，亦曰殆哉。是時閹宦叱咤，上下迷惑，苟非景皇郕王。<small>行外小字注：英宗弟。</small>③ 預登大寶，匡襄家難，恐天下事難言之矣。選將、練兵，使宗社不致南遷者，伊誰之力也？憲宗名見深，英宗子。國號成化。景皇姪。於十年復郕王帝號，追上尊諡曰"恭仁康定景皇帝"。不稱宗。追上尊諡，而未得稱宗，不克與太廟之享，非缺典

---

① 至憲宗而九廟備：洪武、建文、永樂、洪熙、宣德、正統、景泰、天順、成化，共九位。自周禮始，天子立七廟，始祖居中，左昭右穆各三。至明朝朱元璋改爲九廟。
② 也先（1407—1454）：又譯額森、厄僧等。明代瓦剌貴族首領。正統四年（公元 1439 年）脱歡死，也先嗣位，稱太師淮王。正統十四年（公元 1449 年）大舉侵明，在土木之變中俘虜明英宗，並脅裹英宗包圍北京城，後被于謙擊却，議和，送還英宗。此後，他殺脱脱不花，自立爲大元田盛（天盛）大可汗，建號添元，設左右丞相及行省，又采取一系列統治措施。景泰五年（公元 1454 年）爲部下阿剌知院等所殺。
③ 景皇：明代宗朱祁鈺（1428—1457），漢族，明朝第七位皇帝。明宣宗朱瞻基皇二子，明英宗朱祁鎮弟。初封郕王，明英宗被蒙古瓦剌軍俘去之後繼位。重用于謙等人組織北京城保衛戰，打退了瓦剌的入侵。後整頓吏治，使吏治爲之一新。英宗被放回後對其冷落。在位 8 年，病中因英宗復辟後被廢黜、軟禁而氣死，終年 30 歲。憲宗時尊其諡號爲"恭仁康定景皇帝"。葬於北京市郊的金山口明朝諸藩王的墓地。南明時加諡"符天建道恭仁康定隆文布武顯德崇孝景皇帝"，廟號代宗。

何須牛角之懸？螢火時親，若睹龍顏之近。① 周禮匪專在魯，虞韶已幸聞齊。② 芝檢香浮，③ 瑞氣繞蓬萊之島；蘭函影散，文光透薇省之墟。

臣等掃蔀_{行間小字注：裴古切，蒲上聲。蔀，草名，障蔽光明也。}斗之迷，目睹河漢；啓覆瓿之鄙，_{天頭小字注：瓿，普偶切，音剖。瓦罂也。《揚雄傳》：覆醬瓿。}耳習笙簧。鳴蛙井底窺天，壁蟲空中見日。敢不口頌心維，躬行力踐。窺牖中之白日，以精而明；感太乙之青藜，實昌而博。

廟祀論

翰林院國寶卿④　張文光

王者握符凝命，首建廟制，豈徒祼將、⑤ 鬱鬯、⑥ 庭燎已耶？⑦ 豈徒工祝、⑧ 位號、牲帛已耶？⑨ 是故九廟以合享者，示不忘本也。其有時不得不祧者，⑩ 以親盡也。特廟以世享者，示崇德也。其有時不得不更者，以理推也。

---

① 鷄窗漫展，何須牛角之懸？螢火時親，若睹龍顏之近：蒲松齡《擬上賜廷臣〈古文淵鑒〉群臣謝表》有：鷄窗漫展，不須牛角之懸；螢火時親，恍睹龍顏之近。鷄窗：《藝文類聚》卷九一引南朝宋劉義慶《幽明錄》："晋兗州刺史沛國宋處宗嘗買得一長鳴鷄，愛養甚至，恒籠着窗間。鷄遂作人語，與處宗談論，極有言智，終日不輟。處宗因此言巧大進。"後以"鷄窗"指書齋。
② 虞韶已幸聞齊：子在齊聞韶，三月不知肉味，曰："不圖爲樂之至於斯也。"韶，虞舜時樂名。
③ 芝檢：《漢書·儀》曰："天子信璽六，皆以武都紫泥封青囊，白素裹兩端，無縫尺一板，中署'皇帝紫泥'，紫芝爲泥也。"
④ 國寶卿：掌管皇帝御璽的官員。《後漢書》稱"符璽郎"。隋代尚服局的尚服，轄司璽，掌琮璽符節。唐承隋制，惟改司璽稱司寶，掌印。五代北宋仍有司寶、司衣等名目。遼亦置，金及明初依唐制。明代爲司禮監太監掌印，明永樂後，女官六尚之職均移於宦官，惟司寶等仍存。明代有稱"尚寶司卿"。
⑤ 祼將：謂助王行祼祭之禮。
⑥ 鬱鬯：香酒。用鬯酒調和鬱金之汁而成，古代用於祭祀或待賓。
⑦ 庭燎：宮廷中照亮的火炬。立在地上的大燭，由葦薪制成。
⑧ 工祝：古時在祭祀時專司祝告的人。
⑨ 牲帛：犧牲玉帛，就是祭品。爲祭祀而宰殺的牲畜叫"犧牲"。
⑩ 祧：把隔了幾代的祖宗的神主遷入遠祖的廟。

中卷　記、序、論、疏、文　183

在兹乎？① 借泉府以理財，② 抑周公之志？③ 吾衰其甚矣。④ 滿庭茂草，國子之壇荒凉；⑤ 一樹奇花，廣文之壇寂寞。⑥

　　風習實由人懷，大運復自天開。恭遇陛下：希聲應物，文章宣六代雲漢；⑦ 則天居尊，經緯耀三辰珠璧。⑧ 薇省積汗青之籙，⑨ 匡廬賁金玉之章。白鹿、⑩ 紫陽，沐道腴而增彩；碧山、青洛，占文斾以生春。衍疇畫卦，⑪ 燦瓊瑤而輝琬琰；耀日披雲，光河洛而映斗牛。鷄窗漫展，

① 仲尼之没，文不在兹乎：典出《論語·八佾》"子畏於匡。曰：文王既没，文不在兹乎？"慨嘆聖人消失和文化衰微。
② 泉府：指儲備錢財的府庫。"泉"通"錢"。
③ 周公：姓姬名旦，周文王的兒子，周武王的弟弟，成王的叔父，魯國國君的始祖，傳説是西周典章制度的制定者。
④ 吾衰其甚矣：典出《論語·述而》子曰："甚矣，吾衰也！久矣，吾不復夢見周公。"
⑤ 國子：指國子監，中國古代隋朝以後的中央官學，爲中國古代教育體系中的最高學府，又稱國子學或國子寺。
⑥ 廣文之壇：指廣文館，唐玄宗時在國子監增開，設博士、助教等職，領國子學生中修進士業者，當時被看作清苦閑散的教職。明清兩代之儒學教官，處境與廣文館博士相似，因亦用作别稱。
⑦ 六代：泛指以前朝代。
⑧ 三辰：日、月、星。
⑨ 薇省：即紫薇省。汗青之筴：可以成爲歷史記載的卷册。汗青，指史册。籙：簿籍。
⑩ 白鹿：白鹿洞在江西星子縣北廬山五老峰下。唐貞元中李渤與兄涉隱居讀書於此，畜一白鹿，因名。五代南唐昇元中，在此建學館。宋咸平五年，置書院，後唐。南宋朱熹知南唐軍，重建修復，爲講學之所，宋代四大書院之一。
⑪ 衍疇：相傳箕子曾經在箕城衍洪範九疇，即箕子在那裏構思出洪範九疇的偉大思想，故西華有箕子讀書臺、祠及衍疇書院等遺址。箕子：商代貴族，紂王庶兄（一説諸父）。官太師，封於箕（今山西東北）。知識淵博，有政治才幹，對紂王殘暴淫逸不滿，曾嘆紂用象箸，以爲奢侈。後紂修建離宫别館，又作"酒池"、"肉林"爲長夜之歡，沉於酒色，淫逸日甚。比干以死力諫，被紂剖腹驗心。他懼而佯狂（一説因進諫），被紂囚禁於西華。武王克殷後獲釋，曾向他諮以國事。畫卦：伏羲畫卦。

相忘；事業悠長，歎稀星而不寐。伏願道脈遠承洙、泗，① 作人不愧虞、周。② 一代圭、璋出學校琢磨之内，萬方鵬、鶚在人君網羅之中。臣等無任瞻天、仰聖云云。

謝頌九經書

<small>弘治戊午舉人、己未進士　沈賁</small>

南奎燦緯，③ <small>行外小字補：人。</small>文昭賁采之華；北極分輝，國運仰離明之象。④ 政燠如春，道明不寐。

竊惟秦政不經，聖訓作咸陽之燼；漢高不事，前言遺天禄之儲。⑤ 藜閣夜校讎，⑥ 光動吉人之昭；石渠朝講論，崇侈天子之臨。槐市盛陰，⑦ 衒鬻已幾於混雜；花□奪錦，言談日入於支離。迨禁網密於蕢宮，而字説須於博士。廢《春秋》爲朝報，⑧ 豈仲尼之没，<small>行外小字補：文。</small>不

---

① 洙、泗：泗水和洙水的並稱。孔子教弟子於泗、洙之間，因以指代。
② 虞、周：虞舜、周公。
③ 奎：星宿名，二十八宿之一。
④ 離明之象：《易》中《離》卦之象。古時以爲象徵考試得人。
⑤ 天禄：漢代閣名，後與石渠、蘭臺通稱古代皇帝藏書處所。
⑥ 藜閣：傳説有一天，劉向在天禄閣校書至深夜，當燭盡燈滅之後，仍不肯就寢，就在暗室中背誦經書。忽有一位黄衣老人，手柱青藜杖叩門進來，接着將手中青藜杖頂端一吹，藜杖竟然燃燒起來，發出光芒，照亮了暗室。劉向見狀，對老人肅然起敬，因施禮相迎，並詢問老人尊姓大名。老人答道："我乃太乙之精，聞知卯金氏之子好學，特來視察。現贈你《洪範五行》之文。"老人説完，果從懷中取出一捲簡牘，傳授給劉向。此後，劉向果然成爲一代著名學者宗師，在中國文化史上建立起不朽偉業。
⑦ 槐市：漢武帝設立太學後，學生規模不斷擴大，至成帝時，人數已達數千之衆。衆多太學生聚集一地，擴大了對書籍的需求，於是，在太學旁形成了包括買賣書籍在内的綜合性貿易集市槐市。位於長安城東南，因其地多槐樹而得名。集市每半月一次，文士在此交流學術思想，互通有無，對當時的官方教育起了積極的作用。更始元年（公元 23 年），太學在戰亂中解散，槐市隨之消失。
⑧ 廢《春秋》爲朝報：王安石認爲《春秋》多殘缺，而解經者每遇疑難之處，即指爲闕文，故稱。斷爛，殘缺不全。朝報，政府的公告。

恭惟陛下學深堂奧，① 道切羹牆。② 坐黃屋以訓恭，擁緑圖而進道。③ 振纓大成殿，④ 幸瞻舜日文明；戞玉明倫堂，⑤ 快睹堯雲燦爛。御輦聲傳，佳氣鬱浮於仙杖；金爐煙裊，芳馨繚繞於龍裳。睹翠蓋之騰輝，共仰龍光映日；覽碧旒之耀彩，俄驚鳳駕連雲。衣冠色動，躍在藻之淵魚；珩珮成聲，汗鑄金之風馬。⑥ 綠草生香於過輦，江鷗借影於朝陽。

臣等悔切面牆，⑦ 終成盲路。縫、掖趨鷺坡之迥，⑧ 恍隨游、夏以升堂；⑨ 軒、墀依山河之度，如見曾、顔之侍坐。⑩ 身、心虚白，坐皓月以

---

① 堂奧：即登堂窺奧，原意是來到了堂屋，可以看到屋子裏比較隱秘的地方了。堂，是指高大的房屋，後來指房屋的正廳。奧，原意是房屋裏的西南角，用來代指房屋中比較偏僻隱秘的地方。用來形容學習階段，是説已經入門了，可以向更深層次的地方努力了。
② 羹牆：又作"見羹見牆"。《後漢書·李固傳》："昔堯殂之後，舜仰慕三年。坐則見堯於牆，食則睹堯於羹。"後以"羹牆"爲追念前輩或仰慕聖賢的意思。
③ 坐黃屋以訓恭，擁緑圖而進道：此句見《全宋文·卷五三一》宋祁《教坊致語》。
④ 大成殿：曲阜孔廟的正殿，也是孔廟的核心。唐代時稱文宣王殿，共有五間。宋天禧五年（公元 102 年）大修時，移今址並擴爲七間。宋崇寧三年（公元 1104 年）徽宗趙佶取《孟子》："孔子之謂集大成"語義，下詔更名爲"大成殿"。
⑤ 明倫堂：古文廟、書院、太學、學宫的正殿，是讀書、講學、弘道、研究之所。"明倫"二字出自《孟子·滕文公上》，"夏曰校，殷曰序，周曰庠；學則三代共之，皆所以明人倫也，人倫明於上，小民親於下。"
⑥ 衣冠色動，躍在藻之淵魚；珩珮成聲，汗鑄金之風馬：由杜甫《朝享太廟賦》"園陵動色，躍在藻之泉魚；弓劍皆鳴，汗鑄金之風馬"改造。在藻之淵魚：《小雅·魚藻》有"魚在在藻"，是一首贊美君賢民樂的詩歌。汗鑄金之風馬：即"汗金鑄之風馬"。擬人手法，金鑄的風馬要發出同樣的聲音必定會流汗。
⑦ 面牆：《書·周官》："不學牆面，莅事惟煩。"孔傳："人而不學，其猶正牆面而立，臨政事必煩。"孔穎達疏："人而不學，如面向牆無所覩見，以此臨事，則惟煩亂不能治理。"後因以"面牆"比喻不學而識見淺薄。
⑧ 縫、掖：大袖單衣，古儒者所服。亦指儒者。
⑨ 游、夏：子游（言偃）與子夏（卜商）的並稱。兩人均爲孔子學生，長於文學。見《論語·先進》。
⑩ 曾、顔：孔子弟子顔回和曾參的並稱。侍坐：《論語·先進》子路、曾晳、冉有、公孫華四人侍坐。

幸太學表

<small>景泰癸酉舉人　張敏</small>

　　臨雍展禮，① 式昭重道之風；啟幄談經，茂緝右文之治。雲彪虎炳於碧波，天表龍光於泮水。人文益麗，聖道增輝。

　　竊惟太學乃賢士所關，而孔子自生民未有。② 洋洋乎金聲玉振，皓皓乎江漢秋陽。大明六籍，開萬古之羣蒙；遠紹百王，壽斯文之一脈。

　　粵自秦焚漢篆，周失冊書。中原制肇三雍，北齊修禮二仲。況復鴻都虎觀，尤多蟬噪蛙鳴。武德講經，遂以沙門亂雅；先祐再拜，猶令芹藻增光。鐘聲度蒼珮於虛簷，影消槐樹；池水映青邅於黃座，冷共梅花。隴中之煙既焰，沛上之戰方酣。家築宮墻，人持錐鑿。金絲藏孔壁，誰識寶於連牛？荊棘滿尼山，莫辨光於亂馬。

　　幸息兵投戈，一變弱冠舊習；迨乞言養老，載披前席虛懷。③ 膠庠大召名儒，④ 易抱蔬園之忱，道統親加宸贊，⑤ 非馳庭草之華。則安可使元化儒風，復興聖世，而盛德大業，遂蘊天性？

---

① 臨雍：親臨辟雍。辟雍，本爲西周天子所設大學，歷代皆有，亦常爲祭祀之所。
② 生民未有：典出《孟子·公孫衞》："出乎其類，拔乎其萃，自生民以來，未有夫子也。"
③ 前席：典出《史記·商君列傳》："衞鞅復見孝公。公與語，不自知膝之前於席也。"後來表示想要更加接近對方而向前移動座位，大多表示聽者對於對方的說話聽得入迷之意。這裏指統治者任用賢才。
④ 膠庠：學校。周時膠爲大學，庠爲小學。見《禮記·王制》："周人養國老於東膠，養庶老於虞庠。"
⑤ 道統：儒家傳道的脈絡和系統。源於孟子認爲孔子的學說是上接堯、舜、湯、周文王，並自命是繼承孔子的正統。唐代的儒家學者韓愈奠基。由宋朱熹提出。

呀！尺短寸長，自古歎之。管仲師馬得路，隰朋師蟻得水，① 則堯言禹趨，未必草野之尃能也？② 受金磨安劉之績，③ 食馬出陷淖之尾，④ 則段摘毛舉，未必如延攬之多效也？故豪傑之士，亦在乎馭之而已。

東漢以名節得天下，卒以名節失天下。不得志之士維持名節，議論朝廷得失，俱罹不測；而鄉曲布衣之俠，背公黨私，激成禍階。此一流人物，才能盡有可觀，無論爵、賞不及，而誅僇加焉，豈名節之咎也哉？由上之人以清議爲罪而殺此名節之人也。迄晋，又不知羅搜逸才，使其五夷亂華，⑤ 流禍百餘年，諸夏遂爲左袵，⑥ 可異也哉！沈如筠評。

孟萬年爲一代文人宗匠，著作、鴻篇盛行海内，而此作尤屬朝廷公鑑、草野公評。不特爲東漢黨錮諸君雪憤，⑦ 並堪爲千秋下才人、名士擯斥當塗者同聲一笑。區區遊俠，特其寄耳。張添祐評。

---

① 管仲師馬得路，隰朋師蟻得水：《韓非子‧說林上》：管仲、隰朋從於桓公而伐孤竹，春往冬反，迷惑失道。管仲曰："老馬之智可用也。"乃放老馬而隨之，遂得道。行山中無水，隰朋曰："蟻冬居山之陽，夏居山之陰，蟻壤一寸而仞有水。"乃掘之，遂得水。

② 尃：普遍。

③ 受金磨安劉之績：清錢謙益《有學集補遺外集‧自跋留侯論後》：……子房當……龍準遲暮，雉姁晨鳴，金玦菀枯，炎祚抚梡。報韓之心已了，報劉之緒未憖。於是扣囊底之智，鈎致四老人以肇安劉之績。

④ 食馬出陷淖之尾：馬陷泥中，推抬和抽打不如用食物引誘它自己努力有效。

⑤ 五夷亂華：即五胡亂華，是中國西晋時期北邊衆多游牧民族趁西晋八王之亂期間衰弱之際陸續建立非漢族國家而造成與南方漢人政權對峙的時期。

⑥ 左袵：在古代，上衣多爲交領斜襟，中原人崇尚右，習慣上衣襟右掩，稱爲"右袵"；而北方民族崇尚左，衣襟左掩。

⑦ 黨錮：指中國古代東漢桓帝、靈帝時，士大夫、貴族等對宦官亂政的現象不滿，與宦官發生黨爭的事件。事件因宦官以"黨人"罪名禁錮士人終身而得名。前後共發生過兩次。黨錮之禍以宦官誅殺士大夫一黨幾盡而結束，當時的言論以及日後的史學家多同情士大夫一黨，並認爲黨錮之禍傷漢朝根本，爲黃巾之亂和漢朝的最終滅亡埋下伏筆。

尤之五兵、①李斯之字書，②至今祖述焉。況豪傑之士，其力足以自致衣食，其偃仰、瞪盼，羞與閭左下士爲伍，而束縛於區區之禮法？③尙人君者宏薪樆而羅寒畯，誰肯麾旗唱棹，焚株叫囂，一旦鹵莽自棄者？④劇孟，洛大俠也。吳、楚之反，雁行頓刀者半天下，而不得劇孟，亞父喜之。⑤朱克融，⑥河北名豪也。劉聰薦之朝，⑦而唐相不用，既而幽州亂首，卒失河朔。此兩人者，品不涉六藝之林，名不掛孝廉、賢良之科，而左投左重，右投右重。今天下可謂無人乎？即有之，能恬淡修姱如漆園蒙吏乎？⑧能槁項黃馘 行間小字注：頭也。與草木同腐朽乎？惟其椎魯少文，無媒以自進，而銅墨小吏，得批捱紿籍之。於是，拊髀頓足，瞑目難語。小者豪鄉里，大者澷山海，而天下脊脊多事。夫苟悦所稱遊言、遊行、遊俠，而遊俠爲甚。食肉曳縞，設財役貧，則廝輿爲之用；駢肩結轂，背公黨私，則鳴盜爲之羣；喑啞叱咤，武斷鄉曲，則閭黨爲之傾。假令國家令縣、道有司，博求所部豪猾不得志者，隨才器使羅於士伍中，使之肆其豪舉於職事，而耗其雄心於利禄，則人人皆朝廷目耳。行間小字改、增：耳目也。何姸之能爲？行間小字改：爲。

---

① 蚩尤之五兵：《世本·作篇》説："蚩尤作五兵：戈、矛、戟、酋矛、夷矛。"
② 李斯之字書：史傳秦時爲統一文字，由李斯在周宣王太史籀《史籀篇》的基礎上撰《倉頡篇》，趙高撰《爰歷篇》，胡母敬撰《博學篇》，稱三倉，大概是韵語字形字典。爲後出同類書取代，後佚。
③ 一本"而"作"詎"，後有"哉"。
④ 麾旗唱棹，焚株叫囂，一旦鹵莽自棄：指造反。唱棹：棹唱，即唱漁歌。
⑤ 劇孟：《史記·游俠列傳·劇孟傳》：洛陽有劇孟……以任俠顯諸侯。吳、楚反時，條侯爲太尉，乘傳車，將至河南，得劇孟，喜曰："吳、楚舉大事而不求劇孟，吾知其無能爲已矣。"……好博，多少年之戲。然劇孟母死，自遠方送喪蓋千乘。及劇孟死，家無十金之財。
⑥ 朱克融（？—826）：幽州（今北京）人，出身名門。少年時即在幽州擔任小校，事奉盧龍節度使劉總，後劉總欲歸長安，恐將校爲變，便將有野心的將領一起帶到長安，朱克融也在其中。後其私自歸鎮。後因亂任盧龍節度使，不聽朝命。公元826年5月，幽州軍亂，爲將士所殺。
⑦ 劉聰：劉總之誤。
⑧ 漆園蒙吏：《史記·老子韓非列傳》："莊子者，蒙人也，名周，嘗爲漆園吏。"

廣孝也。

臣不勝戰兢待命之至！

道衍和尚姚廣孝者，先削髮相城妙智菴。以洪武十五年，詔選高僧入侍諸王，命道衍往燕王府，住持慶壽寺。初，相城靈應觀道士有席應真，讀書學道法，兼通兵機。道衍師之，盡得其術。深自藏晦，人無知者。已而，往燕王府。靖亂兵起，皆其贊成。後拜太子少師，輔導東宫。復其姓名，然竟不蓄髮，賜宫人亦不受，常居寺院。卒，追封榮國公，諡恭靖，配饗大宗永樂廟內。①

蒐逸才論

晉賢士　孟嘉字萬年。

天下之情：有所挾焉而思展，則無務以名羈之；有所跋焉而思奮，則無務以法窮之；有所抑鬱焉而思平，則無務以氣折之；有所不足焉而思用所長，則無務以求全阻之。故舉囚、舉虜、舉盜之事，使貪、使詐、使愚之言，班班可覩也。

三代而上，② 四民有業，③ 三物有訓。④ 朝不混市，野不踰國。⑤ 故九德三俊，默成象，語成文；左執規，右蹈矩。

第世非不醇，而機智豪勇者，用其一偏。故鯀之城、⑥ 桀之瓦、⑦ 蚩

---

① 大："太"的古字。
② 三代：中國歷史上的夏、商、周三個朝代的合稱。
③ 四民：古代中國對平民職業的基本分工，指士、農、工、商。
④ 三物：猶三事。指六德、六行、六藝。《周禮·地官·大司徒》："以鄉三物教萬民，而賓興之。一曰六德：知、仁、聖、義、忠、和。二曰六行：孝、友、睦、姻、任、恤。三曰六藝：禮、樂、射、御、書、數。"
⑤ 朝不混市，野不踰國：宋代大儒呂祖謙言。
⑥ 鯀：相傳為禹的父親，以堵的方式治水失敗被處死，創建了城邑。
⑦ 桀：夏朝末代君主，相傳是個暴君，後被商湯推翻。有稱瓦是他的發明。

山之孝子,① 或立幟於晦菴之功臣,② 或旁搜六藝,或網羅百家,而竟失其指歸之要。

至宋季,而釋氏之説紛紛於世。聖人曰"心性",釋氏亦曰"心性"。聖人曰"知覺",釋氏亦曰"圓覺"。聖人曰"静虚",釋氏亦曰"静虚"。智未通也,而欲捫宇宙於毫端;學未充也,而遽鄙文學於理障。己私未净,而謬曰"天地萬物盡在掌中";己行未修,而妄曰"聖賢地位不出足下"。此從來釋氏之荒唐,大都如是。

我朝姚廣孝,<small>行間小字注:道衍和尚。</small>竊空門法界之標題,襲沙門大士之崇獎。不官、不民,而躬居極品;不親、不君,而身爲國師。獨取隻字,自標法門,其名爲狂;駕言墮黜,自稱得道,其名爲譎。身擁皋比,③ 口傳木鐸,④ 其名爲僭;見巧若狙,⑤ 赴機若鶻,其名爲賊。語王公大人,則傾蓋劇談,目若上乘;語市井小人,則踦跌終日,視爲鈍根。且其爲説,以身世爲業緣,以凡塵爲苦海。其與輪廻天地、幻妄山河之説,同一悖謬焉耳。至其自命也,則云"不减、不滅"而已。夫廣孝,釋氏之流也,其言行固無足罪,而獨惜以褒封及之、徽號尊之、廟祀享之,豈盛世之事哉?

伏祈陛下:寢其褒封,削其徽號,罷其祀享。非以薄廣孝也,以安

---

① 象山:陸九淵(1139—1193)號,字子静,書齋名"存",世人稱存齋先生,因其曾在貴溪龍虎山建茅舍聚徒講學,因其山形如象,自號象山翁,世稱象山先生、陸象山。漢族,江西省金溪陸坊青田村人。在"金溪三陸"中最負盛名,是著名的理學家和教育家,與當時著名的理學家朱熹齊名,史稱"朱陸"。是宋明兩代主觀唯心主義——"心學"的開山祖。明代王陽明發展其學説,成爲中國哲學史上著名的"陸王學派",對近代中國理學産生深遠影響。被後人稱爲"陸子"。
② 晦菴:朱熹號。
③ 身擁皋比:鋪設有虎皮的座位。古代將帥軍帳、儒師講堂、文人書齋中每用之。後因稱爲"坐擁皋比"。
④ 木鐸:以木爲舌的大鈴,銅質。古代宣布政教法令時,巡行振鳴以引起衆人注意。這裏指法令。
⑤ 狙:猴。

"政寬則民慢，慢則糾之以猛；政猛則民殘，殘則濟之以寬。"① 此萬世至言也。

我皇上革權臣操切之弊，斥閹宦蟠踞之奸，謫海宇貪婪之吏；而且停蘇杭之織造，革饒信之磁器。則威與秋霜烈，而德與和風翔已。第議者謂："宜養之以寬大，而不宜專事以威嚴。"此根本之論也。蓋貪墨可繩，而拘於文法則掩賢能之才；奸雄可殲，而傷及無辜則干天地之和。驛路可清，而宦遊者雜處則商賈必生其觖望；冗食可汰，而傭生者枵腹則帨巾必起於奸萌。寧獨元氣索哉？語曰：水至清則無魚，人至察則無徒。② 今何不貴飲醇臥理之治，而必如救火揚沸者之爲愉快也哉？

釋氏論

張添祐

今天下有昧道而背者，有似道而非者。昧之說，特以背吾道之粗；而似之說，乃以竊吾道之精。背之見，特以淆庸衆之見；而似之心，乃以亂賢智之心。

其始，厭聖賢爲尋常，借異說爲門户；其既也，叛吾道而入其中；其究也，不惟與吾道角立爲教，而且抗其術於吾儒之上。其禍可勝道哉？

孔子以後，無所謂佛，無所謂釋。漢、唐以來，始有佛說，始有佛門。譬之絲出於繭而愈引愈紛，水決於川而浸流浸遠，有不可以端緒而提坊。甚者，或以見聞不假爲妙悟，或以形聲不忘爲元機，或藉口於象

---

① 《左傳·昭公二十年》原文爲：仲尼曰："善哉！政寬則民慢，慢則糾之以猛；猛則民殘，殘則施之以寬。"

② 水至清則無魚，人至察則無徒：見班固《漢書》卷六十五東方朔傳第三十五。

租享士，① 李陵何由與士卒分甘乎？② 振之，則莫若澄本源。

八政修，而天下可無事矣。

寬嚴並用
張添祐

人之爲政者有曰："商人尚法而民始疑，周人尚誓而民始叛。吾將祖清净之術，與天下相忘於政，是可以幾治矣。"③ 又曰："徙木可以帝秦，④ 胡服可以強趙。⑤ 吾欲用刑名之法，與天下相惕於威，是可以幾治矣。"而不知皆非也。

《傳》云：火烈而畏之，水狎而溺之。⑥ 此其説主嚴，而申、韓家專務深文，故有竭澤而漁、束濕其薪之譏焉。《詩》云："豈弟君子，民之父母。"⑦ 此其説主寬，而黄老家專務呴噢，⑧ 故有寬髀不治、臃腫不治之誚焉。

寬嚴並用，安得？謂周失之弱，秦失之強。蓋周以忠厚長世，非黄老者比；秦以慘刻短祚，則用申、韓之明效大驗也。善乎！孔子論政曰：

---

① 李牧（？—前229），嬴姓，李氏，名牧。漢族，戰國時期趙國柏仁人（今邢臺隆堯），戰國時期的趙國將領，戰國四大名將之一。李牧生平事迹大致可劃分爲兩個階段，先是在趙國北部邊境，抗擊匈奴；後以抵禦秦國爲主。抗擊匈奴的鬥爭中，李牧即表現了其杰出的軍事才能，爲了有利於戰備，李牧首先爭取到趙王同意，自己有權根據需要設置官吏，而且本地的田賦稅收也全部歸帥府，用作軍事開支。

② 李陵與士卒分甘：司馬遷《報任安書》：李陵素與士大夫絶甘分少。

③ 幾治：接近達到好的治理狀態，下同。

④ 徙木：指商鞅用徙木獲獎來樹立法令的信譽。

⑤ 胡服：穿胡服。用趙武靈王胡服騎射典。

⑥ 《傳》云：火烈而畏之，水狎而溺之：見《左傳·昭公二十年》：鄭子産有疾。謂子大叔曰："我死，子必爲政。唯有德者能以寬服民，其次莫如猛。夫火烈，民望而畏之，故鮮死焉。水懦弱，民狎而玩之，則多死焉，故寬難。"

⑦ 見《詩經·大雅·泂酌》。

⑧ 呴噢：呴：吐出。《莊子·大字師》："……相呴以濕，相濡以沫……"引申爲滋養、化育義。噢：噢咻。撫慰病者的聲音。

夫一瓢不可以衆與，十羊猶難以九牧。① 故定遠都護殆四十年，② 郭進西山亦三十載。③ 今士無專帥，帥無專官，雖廉頗安能用趙卒，④ 李廣安能得力士乎？⑤ 振之，則莫若重責成。

夫戶之運以樞，車之行以軸。故薄伐底績，本張仲之孝友；⑥ 上將減驂，懼楊綰之風裁。⑦ 今乃受事行間，則營求其窟；功成閫外，⑧ 必憑藉其主。將既不能獨廉，士又安能行間小字補：宿。飽？即李牧何由以市

---

① 十羊猶難以九牧：可簡爲"十羊九牧"，意思是官一多，使令不一，無所適從。出自《隋書·楊尚希傳》："當今郡縣，倍多於古。或地無百裏，數縣並置；或戶不滿千，二郡分領……所謂民少官多，十羊九牧。"
② 定遠都護殆四十年：班超（32—102），字仲昇，漢族，漢扶風平陵（今陝西咸陽東北）人。是東漢著名的軍事家和外交家。他曾出使西域長達 31 年，任西域都護，封定遠侯。
③ 郭進（922—979），北宋名將，深州博野人。歷仕後漢、後周。宋初征澤、潞，曾長期充西山巡檢。
④ 廉頗（前 327—前 243），漢族，山西太原人。戰國末期趙國的名將，與白起、王翦、李牧並稱"戰國四大名將"。主要活動在趙惠文王（前 298—前 266）、趙孝成王（前 266—前 245）、趙悼襄王（前 245—前 236）時期。
⑤ 李廣（？—前 119）：隴西成紀人（今甘肅靜寧人），西漢著名軍事家。做過騎郎將、驍騎都尉、未央衛尉、郡太守。鎮守邊郡使匈奴不敢犯多年，被稱爲"飛將軍"。
⑥ 張仲：相傳周宣王時以孝友著稱。
⑦ 楊綰，字公權，華州華陰人。祖上楊溫玉，在武后時是個顯貴的官員，因爲博學聞名於世。楊綰以進士入仕，提拔爲右拾遺，後官至宰相。素以德行著聞，質性貞廉，車服儉樸，居廟堂未數月，人心自化。中書令郭子儀在邠州行營，聞綰拜相，座内音樂減散五分之四。京兆尹黎幹以承恩，每出入驂馭百餘，亦即三日減損車騎，唯留十騎而已。
⑧ 閫外：閫，門檻；郭門。指朝廷之外，或者邊關。

高克率鄭，《春秋》譏其喪師。① 今乃推轂或以譽處，② 受鉞多以賄遷。③ 賢者習爲輕裘、緩帶之風，不肖毫無尉繚、④ 穰苴之才，⑤ 安望勤王而敵愾也？振之，則行間小字補：莫。若擇將帥。

　　夫爲虺不摧，必且爲蛇；⑥ 細穴弗塞，必且爲河。故川經妄訴，全軍皆廢；武雄肆虐，百卒皆誅。今乃跐贅難行，指病難使，而尚挾餉則增，譁帥不答，三軍得無窺其釁，三鎮得無效其尤乎？振之，則莫若肅紀綱。

　　夫用兵，多算勝少算，少算勝不算。今紈褲、食肉，⑦ 既難與謀，而士大夫復不以兵爲事。間有挾才談兵者，又以文法繩之，則周何以征討任卿士，漢何以文臣拜將軍？振之，則莫若廣方畧。

---

① 高克率鄭，《春秋》譏其喪師：《公羊傳·閔公二年》：鄭人惡高克，使帥師於河上，久而弗召，師潰而歸。高克奔陳。
② 推轂：推車前進。後因以稱人民將帥之禮。
③ 受鉞：古代大將出征，接受天子所授的符節與斧鉞，故稱。
④ 尉繚：生卒年不詳，魏國大梁（今河南開封）人。姓失傳，名繚。秦王政十年（公元前 237 年）入秦游說，被任爲國尉，因稱尉繚。著名的軍事理論家，著有《尉繚子》兵書，他爲秦王嬴政統一六國立下汗馬功勞，主張"并兼廣大，以一其制度"。
⑤ 穰苴：司馬穰苴（生卒年代不明），嬀姓，田氏，爲田完後裔，又稱田穰苴。春秋時代齊國的將軍、大夫、軍事家、軍事理論家。根據《戰國策》及相關史籍，司馬穰苴應該生活在齊湣王時代。齊湣王五年（前 296 年）有齊伐燕之戰，見《戰國策·齊策六、趙策二》。
⑥ 爲虺不摧，必且爲蛇：虺：小蛇；摧：消滅。小蛇不打死，就會長成難對付的大蛇。比喻應防微杜漸。
⑦ 食肉：本指參與誓師分祭肉者，後指食物奢侈的富貴者，典出《左傳·莊公十年·曹劌論戰》。

求爲固然，① 兵尉以朘削爲常例。② 彼不爲我死，焉能與之俱生？彼不爲我亡，安能與之俱存？振之，則莫若先撫綏。

令行則市人可戰，法定則女子可陣。③ 今大將不伸威於偏裨，偏裨不伸威於卒伍。比試則亂行，而鞭撲、貫耳者鮮矣；④ 臨敵不用命，而戮社、⑤ 釁鼓者鮮矣。⑥ 既不能奮於敵，豈能報於國乎？振之，則莫若厲威嚴。⑦

古者，毳子喪師則元帥執咎，⑧ 衛、霍立勳則從軍剖符。⑨ 乃今有先登陷陣者或薄録其功，而高坐觀望者若反優其叙，⑩ 則儇㑆鮮不蒙卒，⑪ 豪傑鮮不解體矣。振之，則莫若均賞罰。

夫兵法，無必勝之兵，有必勝之將。故子玉將楚，文公爲之側席；⑫

---

① 誅求：索取額外報酬。
② 朘削：克扣。
③ 法定則女子可陣：用孫武試以吳王宫中婦女訓練的典故，見《史記·孫子吴起列傳》。
④ 貫耳：古代刑罰之一。以箭穿耳。
⑤ 戮社：謂殺戮於社神木主之前。語出《書·甘誓》："弗用命，戮於社。"
⑥ 釁：上古時的一種祭禮。上古凡重要器物（如鐘、鼓等）制成後，一定要殺牛、羊、猪等，把它們的血涂在新器物上表示祭，稱作釁。
⑦ 厲威嚴：强化威嚴。
⑧ 毳子喪師則元帥執咎：《東周列國志》第五十四回：晉景公即位三年，聞楚王親自伐鄭，謀欲救之。乃拜荀林父爲中軍元帥，先穀副之……字毳子……三人不秉將令，引軍濟河……韓厥特造中軍，來見荀林父，曰："元帥不聞毳子之濟河乎？如遇楚師，必敗。子總中軍，而毳子喪師，咎專在子。將若之何？"
⑨ 衛、霍立勳則從軍剖符：衛青、霍去病立大功後，跟隨他們的部屬也多封侯者。
⑩ 優其叙：考核排在前面。
⑪ 儇：聰明而狡猾。
⑫ 子玉將楚，文公爲之側席：《説苑》卷八尊賢：子玉將楚，（晉）文公爲之側席。

陳兵制方畧論

宋　張耆

國家經武之制，最宏遠矣。其大如：設京衛以固根本之謀，置三營以練熊羆之士。邊塞宿以重兵，則薇垣之形壯；①衛所間於州、縣，則碁布之勢張。日域月增，□□亦作實邊□也。奉酬獻琛，豈非憚威靈之常振，慴鋒銛之難犯哉？

至於今，而微弱乃一二見也，請畧數之：尺籍徒存，勾稽鮮效。貼徒、借工之相仍，逃亡、流徙之莫詰。則其弱在耗。麗醮乏組練之畧，儲胥無擔石之積；或衣見肘而戈無刀，或半石弓而欸匹馬。則其弱在憊。六甲九軍之法，教者不必知；坐作進退之節，習者不必辨；無論買閑而納月錢，即荷戈操練，亦僅兒戲耳。則其弱在偷。蟻擁爲羣，未戰而敗；鶴列成行，見敵而驚；無論老家不能援甲，即素稱挑選，一遇大敵，鮮不色動者。則其弱在惰。責以投石、超距並無一人，至於作奸犯科又不勝其敝；本敗衂也而殺士卒以掩罪，本無獲也而戮平民以要功；軍食稍緩脫巾而呼，軍政稍急攘臂而起。則其弱在驕。

今欲反其弱而振之，其道有八：

人主有投醪、②挾纊之恩，③必有搴旂、④死綏之士。⑤今將帥以誅

---

① 薇垣：唐開元元年改稱中書省爲紫微省。簡稱微垣。元代稱行中書省爲薇垣。明洪武九年改元代行中書省爲承宣布政司，亦沿稱爲薇省。這裏指朝廷。
② 投醪：《呂氏春秋・順民》："越王苦會稽之耻……下養百姓以來其心，有甘脆，不足分，弗敢食，有酒，流之江，與民同之。"後因以"投醪"指與軍民同甘苦。
③ 挾纊：披着棉衣，也比喻受人撫慰而感到溫暖。《左傳・宣公十二年》："申公巫臣曰：'師人多寒。'王巡三軍，拊而勉之，三軍之士皆如挾纊。"
④ 搴旂："旂"同"旗"。拔取敵方旗幟。
⑤ 死綏：謂軍隊敗退，將領應當治罪。《三國志・魏志・武帝紀》："《司馬法》'將軍死綏'……是古之將者，軍破於外，而家受罪於内也。"

少半，吾子食鹽二升少半"，① 計口而授鹽焉。齊邑官山府海，② 國用饒足，此莫大之利也。後世踵其法而行之，或利於上而不利於下，或利於官而不利於民。甚者或用民煮，或用官煎；或以召商，或以充餉。爲法不一矣。

國初，淮鹽課七十萬引，霍韜猶言其少，③ 後漸增至一百四十萬有奇，以舊制實邊儲，以增課入鐺而解内帑。行間小字補：後。復加以工部鹽三十五萬引，亦以餘鹽付之民。食用有限而鹽始滯，而價始損，而商始虧，而邊計始絀矣。

今題定邊餉五十萬兩，内帑百萬兩，著爲定額。淮鹽五分，南鹽六分，江鹽七分，湖鹽八分，永爲定例。鹽場俱官煮，燈、丁人等，除正鹽外，夾帶出場及私煮貨賣者，即以私鹽法論。守禦官司及鹽運司、巡檢司巡獲私鹽，即發有司歸勘。④ 凡起運官，每引二百斤爲一袋，袋耗五斤，須經過批驗。其輕重，盡鹽盤而驗之。但有夾帶餘鹽者，法亦如之。即越過驗所而引上而便關防者，亦以其罪治之。凡禦官司於概管地面並緊關去處，巡禁私鹽。若有透露者，關津、把截及所委人員，罪所必加焉。至於蚩蚩窮民肩挑揹負者，所賣不過百斤，不與窩藏、盜販者同罪矣。此鹽法大畧也。

---

① 大：與小相對，成年。見《管子·第七十二·海王》："桓公曰：'何謂官山海？'管子對曰：'……終月，大男食鹽五升少半，大女食鹽三升少半，吾其子食鹽二升少半……'"吾子：幼子。
② 官山府海：山海由官府管理。
③ 霍韜（1487—1540），字渭先，號兀崖，廣東承宣布政使司廣州府南海縣石頭鄉（現屬廣東省廣州市南海縣瀾石鎮）人。進士出身、明朝中期重臣，大禮議中支持明世宗立生父爲皇考。官至明朝禮部尚書。
④ 守禦官司及鹽運司、巡檢司巡獲私鹽，即發有司歸勘：此句見《大明律·户律》。

肘腋、禍起於蕭墻，而必開誠布公、集思廣益，以俟前星、少海謂太子也。①而自定。

夫人主愛社稷，未有不愛太子者也。人臣憂社稷，未有不憂太子者也。然而此心之迷、悟自有其機。迷則正言爲迂，危言爲激；悟則涣然而釋、瞿然而悔。迷則小或就寬，大或就戮；悟則前席而請，造膝而語。機之所係，顧不重哉？

漢成帝過阿陽之家，見歌舞者趙飛燕，悅之。"召入宫，大幸。有女弟復召入"，②姿性尤濃粹。有宣帝披香博士淖方成，在帝後唾曰："此禍水也，滅火必矣！"③

鹽法論
何焆④

古者鹽法之役，所以利天下之民也。日不食鹽則脣淡，月不食鹽則力衰。民之利鹽也，甚於飲食。先王知其然，設之官而通之民，天下無不食鹽之民矣；權於官而不制於官，天下無不食鹽之家矣。然而憂其難爲繼也，故又爲之空其數焉。

管子之時，⑤計口算賦。"終月，大男食鹽五升少半，大女食鹽三升

---

① 前星、少海：都指太子。《漢書·五行志》："心，大星，天王也；其前星太子，後星庶子。"宋葉廷珪《海録碎事》："天子比大海，太子比少海。"
② 阿陽：陽阿之誤。趙飛燕原爲宮人之子，陽阿公主家的舞女。見《漢書·外戚傳》："……成帝嘗微行出。過陽阿主，作樂，上見飛燕而説之，召入宫，大幸。有女弟復召入……"
③ 淖方成：宣帝時披香博士。見舊題漢伶玄《趙飛燕外傳》："宣帝時，披香博士淖方成，白髮教授宫中……在帝後唾曰：'此禍水也，滅火必矣！'"
④ 何焆：明人。
⑤ 管子：即管仲（約前723或前716—前645年）名夷吾，謚曰"敬仲"，潁上（今屬安徽）人。春秋時期齊國著名政治家、軍事家，周穆王的後代。被稱爲"春秋第一相"，輔佐齊桓公成爲春秋時期的第一霸主。管仲的言論見於《國語·齊語》，另有《管子》一書傳世。

藥;逢迎之夫,彼巧如簧,而吾獨進逆耳之言,不誠難乎哉?

況審托之重,事關宗社;教諭之大,心矢冰淵。① 而諫諍一節,猶有難焉者乎?立子以嫡,無嫡以長,欲執公論,或謂沽名而樹黨;國不堪貳,耦俱無猜,② 欲申大義,或謂賣直而市恩。③ 禍水滅火,④ 非不欲直言極諫也,恐情溺於床笫,⑤ 而必反復開陳以明其意;狐城鼠社,⑥ 非不欲借劍尚方也,⑦ 恐耳屬於垣牆,⑧ 而必旁引曲証以導其情;東海之隙,黃臺之孽,⑨ 承乾之釁,⑩ 非不欲痛哭流涕於人主之前也,恐知疏於

---

① 冰、淵:如臨深淵,如履薄冰的簡縮。
② 耦俱無猜:耦:兩者;猜:猜忌。兩方面都不至於猜忌。語出《左傳·僖公九年》:"公家之利,知無不爲,忠也。送往事居,耦俱無猜,貞也。"
③ 賣直而市恩:賣弄正直而換取恩寵。
④ 禍水滅火:見文後注。
⑤ 床笫:床和鋪在床中間橫木上的承重的竹席,泛指床鋪。
⑥ 狐城鼠社:即城狐社鼠。社,土地廟。城牆上的狐狸,社廟裏的老鼠。比喻依仗權勢作惡,一時難以驅除的小人。
⑦ 尚方劍:指中國古代皇帝收藏在"尚方"的劍,在漢代稱"尚方斬馬劍",至明代稱尚方劍,即皇帝御用的寶劍,也用來賜給負有特殊使命的大臣。持有尚方寶劍的大臣,具有先斬後奏等代表皇權的權力。在戲劇、小說中以及民間一般俗稱其爲"尚方寶劍"。比喻上級特許的權力。
⑧ 耳屬於垣牆:屬是連接,有關聯。耳是耳朵,垣是用土坯壘的矮牆,耳朵與牆是連接着的,即隔牆有耳。語出《詩經·小雅》"君子無易由言,耳屬於垣"。
⑨ 黃臺之孽:黃臺:指《黃臺瓜辭》:"種瓜黃臺下,瓜熟子離離。一摘使瓜好,再摘令瓜稀,三摘猶自可,摘絕抱蔓歸。"爲唐李賢所作。唐高宗時期,朝政由皇后武則天代爲處理,武後的野心很大,手段十分殘忍。她廢太子李忠立李弘做太子,後把太子弘毒死,立李賢爲太子。李賢希望以此感悟高宗及武則天不能再廢太子。
⑩ 承乾:爲唐太宗長子,長孫皇后所生,字高明。因生於承乾殿,故以此爲名。太宗即位,立爲太子,時年八歲,聰明可愛。但是年長後,由於有腿疾,稍不良於行,他因此產生自卑感,此後爲冲淡此感,開始將興趣移轉到聲色犬馬上,還有同性戀傾向,以至於行爲產生偏差,對父親陽奉陰違、對師長勸勉不耐,甚至曾派遣殺手刺殺自己的老師。貞觀十六年被控武力叛變,意圖殺害唐太宗。貞觀十七年,李承乾皇儲之位被廢,被判充軍到黔州,參與政變的趙節、杜荷、侯君集皆處死。貞觀十九年鬱鬱而終,唐太宗爲此罷朝,葬以國公禮。

崑崙，清可鑒鬚眉，迨至於龍門，決大陸，障兩涇不辨牛馬。防微，是澄源之道也。古語，行間小字補：云。盈防其溢，高慮其危。如奉杯水以趨，一經踏趾而憂其或跌也。又云：賊或在内，虎或在旁。若寄千金於蹻蹠之前，① 而戒其不慮也。

今國家之勢譬若止水之坊，② 時爲修葺，不過一豎子之力；及其懈也，一蟻之穴，奔潰四決，以千夫塞之不勝矣。燕藩之防，③ 得無類是。行間小字注：至末説明。

此吏部切諫建文皇帝防燕，通篇俱用隱喻，其如建文不悟何？

輔諫儲貳論
張添祐

古之人臣，上憂七廟，下憂百靈，天頭注：天地、山川、人物，謂之百靈。日出肝膽，④ 以與主孚。⑤ 進忘危疑，退忘顧戀，日傾葵藿，⑥ 以與主格。⑦ 金石可鑴，豚魚可信，⑧ 刀鋸、鼎鑊可蹈；⑨ 日披百折不回之性、九死不二之心，⑩ 以與主契。⑪ 其素所樹立然也。

顧堂簷地隔，宮府情懸。而倖嬖之臣，其甘如飴，而吾獨進苦口之

---

① 蹻蹠：亦作"蹻跖"。古代大盜莊蹻與盜跖的並稱。
② 坊：通"防"。
③ 燕藩：燕王朱棣。
④ 出肝膽：比喻進呈肺腑之言。
⑤ 孚：建設信任關係。
⑥ 葵藿：指葵。葵性嚮日，古人多用以比喻下對上赤心趨向。
⑦ 格：感通，互相影響。
⑧ 豚魚可信：《易經》專門設了中孚卦來講解信用。中孚卦的卦辭中説："中孚豚魚，吉。利涉大川。利貞。""中孚"就是忠信。人以忠信對待鬼神，用豚魚祭祀亦吉。豚和魚都是祭祀時用的東西，祭祀時最講忠信，只要誠信，不管祭祀品檔次高低和數量多少，神不會怪罪。
⑨ 刀鋸、鼎鑊：指古代刑具，也泛指各種酷刑。刀鋸，古刑具，也指割刑和刖刑；鼎鑊，古炊具，也指烹刑。
⑩ 披：披露，貢獻。
⑪ 契：契合，默契配合。

雉興商，① 而王偃以生鷃滅宋是也。② 故魚貫在陳而已戒於龍漦、燕啄之禍，③ 玉食在御而已鑒於糟丘、肉林之侈，土木未興而已慮於璇宮瑤室之荒，革車未試而已惕於枕野填項之慘，在人君謹之於微耳。

昔者紀渻子養雞，十日而虛憍，十日而盛氣，又十日則木雞，而衆反走矣。④ 防微，是虛憍之去也。畏途者十殺一人，則父兄子弟相戒。夫袵席之上、觴豆之間，其爲畏途者多矣。防微，是父兄之戒也。東陵之瓜布於陰谷，稍傷其膚則苦不堪食。防微，是傷膚之說也。積泉出於

---

① 雉雊：雉鳴叫，這裏指變异之兆。語本《書·高宗肜日·序》："高宗祭成湯，有飛雉升鼎耳而雊。"孔傳："耳不聰之异。"孔穎達疏："雉乃野鳥，不應入室，今乃入宗廟之内，升鼎耳而鳴。孔以雉鳴在鼎耳，故以爲耳不聰之异也。"《漢書·五行志》劉歆以爲鼎三足，三公象也，而以耳行，野鳥居鼎耳，是小人將居公位，敗宗廟之祀也。"

② 王偃以生鷃滅宋：宋康王乃宋辟公辟兵之子，剔成之弟，其母夢徐偃王來托生，因名曰偃。於周顯王四十一年，逐其兄剔成而自立。立十一年，國人探雀巢，得鴳卵，中有小鷃，以爲异事，獻於君偃。偃召太史占之。太史布卦奏曰："小而生大，此反弱爲强，崛起霸王之象。"史記稱"東伐齊，取五城。南敗楚，拓地三百餘里，西敗魏軍，取二城，滅滕（山東省滕州市），有其地。"，號稱"五千乘之勁宋"。到了前286年，宋國發生内亂，齊舉兵滅宋。宋王偃出亡，死在魏國的温邑（今河南省温縣）。

③ 龍漦、燕啄之禍：古代傳説中神龍所吐唾沫。語本《國語·鄭語》：夏之衰，有二神龍止於王庭。夏后卜殺之與去之與止之，莫吉。卜請其漦而藏之，吉。及周厲王之末，發而觀之，漦流於庭，化爲玄黿。後宮童妾遇之而孕，生褒姒。周幽王寵褒姒，欲殺申后所生太子而立褒姒子伯服，引起申戎之亂，西周因此而亡。《史記·周本紀》："共和之後，王室多故。厲弧興謠，龍漦作蠧。頽帶荏禍，實傾周祚。"後因喻女子禍國。唐駱賓王《爲徐敬業討武曌檄》："燕啄皇孫，知漢祚之將盡；龍漦帝后，識夏庭之遽衰。"

④ 紀渻子養雞，十日而虛憍，十日而盛氣，又十日則木雞，而衆反走矣：見《莊子·達生篇》：紀渻子爲王養鬥雞。十日而問："雞已乎？"曰："未也，方虛憍而恃氣。"十日又問，曰："未也，猶應嚮景。"十日又問，曰："未也，猶疾視而盛氣。"十日又問，曰："幾矣，雞雖有鳴者，已無變矣，望之似木雞矣，其德全矣。異雞無敢應者，反走矣。""憍"同"驕"。虛憍，没有真本領却驕傲輕敵。應響景，容易因外界聲、色變化而分心。疾視而盛氣，外界變化易受影響而且驕傲。無變、似木雞、德全：不受外界的影響，專注。

从来祸有所基，如旨酒亡夏，① 而象箸覆殷是也；② 衅有所构，如介鸡乱鲁，③ 而争桑挑吴是也；④ 怨有所阶，如郑以食鼋弑，⑤ 而楚以求佩亡是也；哀有所兆，如卫以好鹤丧，⑥ 而周以裂缯东是也；⑦ 废兴有所倚，如楚以三户亡秦，⑧ 狄以女戎胜晋是也；⑨ 灾祥有所应，如武丁以雊

---

① 旨酒亡夏：《戰國策·魏策上》記載：昔者，帝女令儀狄作酒而美，進於禹。禹飲而甘之。曰："後世必有以酒亡其國者。"遂疏儀狄而絕旨酒。後太康因酒失邦乃至夏桀因酒亡夏，不幸爲大禹言中。
② 象箸覆殷：象箸，就是用象牙製作的筷子。《韓非子·喻老》：紂爲象箸而箕子怖。以爲："象箸必不加於土，必將犀玉之杯。象箸玉杯不羹菽藿，則必旄象豹胎。旄象豹胎必不衣短褐而食於茅屋之下，則錦衣九重，廣室高臺。吾畏其卒，故怖其始。"居五年，紂爲肉圃，設炮烙，登糟丘，臨酒池，紂遂以亡。
③ 介雞亂魯：公元前 770 年，春秋戰國時期的魯季平子與郈昭伯因給鬥雞披甲胄和裝金距而鬧矛盾，導至魯國歷史上最大的動亂，魯昭公客死异鄉。
④ 爭桑挑吳：據《史記·楚世家》記載：一棵桑樹的歸屬，引發了吳、楚的邊境戰爭。
⑤ 鄭以食鼋弑：《左傳·宣公四年》：鄭靈公因爲食鼋小事與大夫公子宋鬥氣，最後被殺。公子家不能及時制止，仁而不武，最終背上弑君惡名。
⑥ 衛以好鶴喪：《左傳·閔公二年》：冬十二月，狄人伐衛。衛懿公好鶴，鶴有乘軒者，將戰，國人受甲者皆曰："使鶴，鶴實有祿位，余焉能戰！"公……及狄人戰於熒澤。衛師敗績，遂滅衛。
⑦ 東：東遷。
⑧ 楚以三户亡秦：《史記·項羽本紀》："夫秦滅六國，楚最無罪。自懷王入秦不反，楚人憐之至今，故楚南公曰：'楚雖三户，亡秦必楚'也。"
⑨ 狄以女戎勝晉：《國語·晉一》：獻公卜伐驪戎，史蘇占之，曰："勝而不吉。"……遂伐驪戎，克之，獲驪姬以歸……史蘇謂大夫曰："有男戎必有女戎。若晋以男戎勝戎，而戎亦必以女戎勝晋。"

思過;①一事不理而曰"飲醇之治",奸宄不戢而曰"蒲鞭之化"。②是可獎乎?獎之,則闟茸_{天頭小字注:闟茸,猥賤也。}者藉口,而明試之功隳矣。

見奇標異,固不足貴也,然有憫窮而擅赦者不爲矯,賑饑而善發者不爲專。抱孫悟愛,而亦資薤水之奇;_{行間小字注:任棠事。}③父母見稱,④_{行間小字增:而。}共著神明之號,是可概廢乎?廢之,則豪傑者解體,而治平之效罕矣。斯二者是是非非,不可不察也。

防微疏
張添祐

天下之物莫不始於微而成於著,臣以爲保治之道,竊亦宜然。不觀夫物乎?太陽未升於中天,曦微耳,而觀象者_{行間小字補:知其。}必登暘谷而沉滄海;⑤鴻鵠未孚於卵,⑥痞塊耳,而辨物者知其必橫六翮而翔八旻。當今諱。⑦物類昭然可睹矣。

---

① 思過:韓延壽入守左馮翊……行縣至高陵,民有昆弟相與訟田自言,延壽大傷之,曰:"幸得備位,爲郡表率,不能宣明教化,至令民有骨肉爭訟,既傷風化,重使賢長吏、嗇夫、三老、孝弟受其耻,咎在馮翊,當先退。"是日,移病不聽事,因入卧傳舍,閉閤思過。一縣莫知所爲,令丞、嗇夫、三老亦皆自係待罪。於是訟者宗族傳相責讓,此兩昆弟深自悔,皆自髡肉袒謝,願以田相移,終死不敢復爭。

② 蒲鞭之化:比喻對下屬的過錯持寬容的態度。典出《後漢書・劉寬傳》:"吏人有過,但以蒲鞭罰之,示辱而已,終不加苦。"

③ 任棠:東漢隱者名。因其曾開導太守龐參清明理政而聞名。《後漢書・龐參傳》:"參爲漢陽太守。郡人任棠者,有奇節,隱居教授。參到,先候之。棠不與言,但以薤一大本,水一盂,置户屏前,自抱孫兒伏於户下,主簿白以爲倨。參思其微意,良久曰:'棠是欲曉太守也。水者,欲吾清也。拔大本薤者,欲吾擊强宗也。抱兒當户,欲吾開門恤孤也。'"

④ 父母:古代美稱地方官爲父母官,簡稱父母。

⑤ 暘谷:古書上、傳說中指日出的地方,亦作"湯谷"。古人傳說太陽早晨從東方的"暘谷"出發,晚上落入西方的"隅谷"。

⑥ 孚:孵化。

⑦ 六翮:謂鳥類雙翅中的正羽。用以指鳥的兩翼。旻:天,天空。旻,當今諱:清道光皇帝名旻寧。

漢時戶口歲增，則徵必首於潁川；① 治郡不羣，則讓必加於北海。② 視民如子者，勿以爲斷斷之吏而弗褒；③ 去後見思者，勿以無赫赫之功而不賞。不以苛急先平恕，不以辨給上悃愊，④ 不以便利貴持重，不以雷同賤特立。凡呈功、簡能，必其誠利於民者進之，而非是勿錄，則吏治庶蒸蒸乎近古。不然，喜報巫之異，則謹身奉先者退矣；美缿筩_{天頭小字注：缿，音項。如瓶，長頸。可受報書入，不可出。古以瓦，今以竹。漢廣守潁川，爲缿筩，受民報書。}之智，則推誠於下者屈矣；尚手奏之能，則厚重少文者屏矣；獎鞁裝之嚴，則先教化、後誅罰者却矣。豈所以計安元元而易海內哉？⑤

雖然，循吏固足尚也，然文牘盈閣托之乎臥治，⑥ 質訟充盈托之乎

---

① 漢時戶口歲增，則徵必首於潁川：陳寔（104—187）即陳太丘，東漢官員、學者。字仲弓，潁川許（今河南許昌長葛市古橋鄉陳故村）人。與其子紀、諶並著高名，時號"三君"，又與同邑鍾皓、荀淑、韓韶等以清高有德行聞名於世，合稱爲"潁川四長"。
② 治郡不羣，則讓必加於北海：孔融（153—208），字文舉，魯國（治今山東曲阜）人，東漢文學家，"建安七子"之首。家學淵源，是孔子的二十世孫，太山都尉孔宙之子。少有异才，勤奮好學，與平原陶丘洪、陳留邊讓並稱俊秀。獻帝即位後任北軍中侯、虎賁中郎將、北海相，時稱孔北海。在郡六年，修城邑，立學校，舉賢才，表儒術。
③ 斷斷之吏：尚書曰："如有一介臣，斷斷猗。"孔安國注云："斷斷猗然專一之臣也。"
④ 辨：通"辯"，雄辯。悃愊：至誠。《漢書·劉向傳》："論議正直，秉心有常，發憤悃愊，信有憂國之心。"顏師古注："悃愊，至誠也。"
⑤ 安元元而易海內：使人民和國家安寧。安：使安。易：使平和。
⑥ 臥治：政事清簡，無爲而治。典見西漢時汲黯爲東海太守，"多病，臥閨閣內不出，歲餘，東海大治。"後召爲淮陽太守，不受。武帝曰："吾徒得君之重，臥而治之。"見《史記·汲鄭列傳》。

露之降；五刑、五用以飾怨而不爲私惡，肅然如雷霆之威；五禮五樂、八法八則之具以飾治而不爲私制，秩然如四時之序也。由是上無陂政，① 下無骫行外小字注：音委。② 法，朝無戾官，國無頑民。此之謂"官止神行，③ 帝無爲而天下治"。

循吏論
張添祐

古之君子，有寧爲保障，不爲繭絲；寧爲鸞、鳳，不爲鷹、鸇者：誠憫夫俗吏之深刻，④ 而思以救之也。故裕俗者不異政，⑤ 安民者無近功。⑥ 乃今之吏，有大謬不然者！俯察下情，豈其無之？不有足不履草野，而目不覩蔀屋者乎？⑦ 行間小字增：豈其無之？不有耳不聞綸綍而身不被污穢者乎？⑧ 若其所急，是奔走以奇迹自表。⑨ 宣布詔令者，簿書、期會以爲給，⑩ 峻法、惠文以爲能，彈章、薦剡以爲名。速化之情多，而寧一之風渺。⑪ 嗚呼，斯於民奚賴哉？⑫ 夫亦論心責實焉，可也。

---

① 陂：偏斜，不正。
② 骫：骪的异體字。骨端彎曲。引申爲枉曲。
③ 官止神行：指對某一事物有透徹的瞭解，不靠感官而能知道分寸。出處《莊子·養生主》："方今之時，臣以神遇而不以目視，官知止而神欲行。"
④ 深刻：苛刻、殘暴。
⑤ 裕俗者不異政：使風俗寬厚的官員沒有怪異的政令。
⑥ 安民者無近功：使人民安定的官員不貪圖短期的功績。
⑦ 蔀屋：草席蓋頂之屋。蔀，搭棚用的席。
⑧ 綸綍：帝王的重要詔令。
⑨ 以奇迹自表：表白自己創造了奇迹。
⑩ 簿書、期會：行政文書和定期報表。
⑪ 寧一：亦作"寧壹"。安定統一。
⑫ 斯於民奚賴哉：對於人民，這樣的人怎能依靠呢？

溪、①新安之間，②日紛紛矣。況着紙者，糠粕之餘事；可傳者，吐咳之餘涎。其弊與刻舟求劍、按圖索驥者等。則劉歆、荆舒之《周禮》，遂爲稽古所口實。

嗚呼，此豈經之咎耶？故談經者神會於糠粃之外，默契乎聖賢之心，此無言之經，秦火之不能焚，而孔壁之所不能扃耶。萬世而後有知其解者，尚且旦暮遇之也哉！

王　道　論
張添祐

嘗謂王道如天，天不私於物而能宰物，③王不私於物而能禦物。思夫宇宙之大、萬民之衆，雖隸首不能窮其算，④齊諧不能誌其怪。⑤以王道燭之，⑥則繁者不能蔽其明。人情之隱，險於山川；世事之變，奇於滄海。以王道行之，則幽者不能掩其聰。

今夫天，寒暑流行，而無衣者惡寒，無蓋者惡暑，⑦然天不爲無衣而去寒，爲無蓋而去暑也；日月重明，⑧而曝物者喜日，宵征者喜月，然天不爲曝物而使日不冥，⑨爲夜行而使月不晦也。此天道也。

王道者法天而不私，故五服、五章以飾喜而不爲私好，⑩蕩然如雨

---

① 金溪：陸九淵，江西省金溪陸坊青田村人。在"金溪三陸"中最負盛名。
② 新安：程顥、程頤及集大成者朱熹，祖籍均在新安江畔的徽州，因徽州的前稱爲新安郡，故這一理學學派以"新安"定名。
③ 私：認爲、作爲私有。
④ 隸首：傳說爲古之善算者，黃帝之臣。
⑤ 齊諧：古時記載奇聞逸事的人或書。見《莊子·逍遥游》："齊諧者，誌怪者也。"
⑥ 燭：照亮，分析。
⑦ 蓋：傘。
⑧ 重：雙重，都是。
⑨ 冥：暗，被遮掩，即太陽落山。
⑩ 五服、五章：五種章服。章服，绣有日月、星辰等圖案的古代禮服。每圖爲一章，天子十二章，群臣按品級以九、七、五、三章遞降。

語》、《孝經》、《爾雅》，十有三焉。① 田和、丁寬之《易》也，伏生、張生之《書》也，② 申生、轅固之《詩》也，③ 江公、胡母生之《春秋》也，④ 高堂、后蒼、大戴、小戴之《禮》也。⑤ 彬彬乎，皆六經之羽翼矣。説者曰：九師興而《易》道微，⑥ 三《傳》作而《春秋》散。⑦ 齊、韓、毛、鄭，⑧《詩》之末也；大戴、小戴，《禮》之衰也。又曰：秦人焚《書》而《書》存，漢人窮經而經絶，則何以説也？故無論雄之擬《易》、擬《論語》，⑨ 叔孫之《禮》《樂》，⑩ 曹氏父子之《詩》，蔡雄之不囗《爾雅》，王莽之《周易行間小字改：書。》，安石之《春秋》。則六經爲諸儒所割裂，而經因以亡。即有一饋十起於蟲書、⑪ 蠹簡之中，一辨三難於牛毛、繭絲之際，⑫ 將無風而波，不兵而争。家立幟，人搖舌，即金

---

① 十三經還有《孟子》，原《樂》秩失。
② 伏生：一作伏勝，生卒年月不詳，西漢經學者。字子賤，濟南（郡治今山東章丘南）人。曾爲秦博士。秦時焚書，於壁中藏《尚書》，漢初，僅存二十九篇，以教齊魯之間。文帝時求能治《尚書》者，以年九十餘老不能行，乃使晁錯往受之。西漢今文《尚書》學者，皆出其門。一般認爲作《尚書大傳》。張生是他的學生，也爲《書》的傳承作出了貢獻。
③ 申生、轅固之《詩》：漢文帝、景帝時的《詩》博士。
④ 江公：漢代《春秋》學者。胡母生，字子都，齊國人，漢文帝、景帝時的《春秋》博士。
⑤ 高堂、后蒼、大戴、小戴：都是漢代的《禮》學著名學者。
⑥ 九師興而《易》道微：指後漢"九家易"。
⑦ 三《傳》：即歷史上認爲同爲《春秋》作傳的《左傳》《公羊傳》和《穀梁傳》。
⑧ 齊、韓、毛、鄭：著名《詩》學派。
⑨ 雄之擬《易》、擬《論語》：漢揚雄擬《易》作《太玄》，擬《論語》作《法言》。
⑩ 叔孫之《禮》《樂》：漢祖以干戈定亂，紛紜未已。而叔孫通、陸賈之徒以《詩》《書》《禮》《樂》，彌縫其闕。
⑪ 一饋十起：（因爲接待客人）吃一頓飯要起來十次。形容事務非常繁忙。饋，以食物送人，這裏指吃飯。
⑫ 牛毛、繭絲：比喻繁多而細密。

此劃一不踰之規、而變通宜民之術也。

六 經 論①
張添祐

皇世《三墳》，帝代《五典》，重以《八索》，申以《九丘》。自孔子刪述，而大義咸備。②蓋不啻日月之歷天，江河之行地也。當時若商瞿受《易》、③子夏受《詩》、④左丘明受《春秋》，⑤家傳口誦，行間小字改：授。猶一氣也。

其後諸儒臚列，無慮百家。往往學一先生之言，而六經已爲陳迹，將解頤散角，直贅疣已耳，直覆瓿已耳。⑥

夫經之始有六，迄於今而附以《公》、《穀》、三《禮》，又附以《論

---

① 六經：古指《易》《詩》《書》《禮》《樂》《春秋》。
② 孔子刪述：一般認爲，六經經孔子刪減、解釋。此段與《文心雕龍·三·宗經》："皇世《三墳》，帝代《五典》，重以《八索》，申以《九丘》……自夫子刪述，而大寶咸耀。"僅3字异。
③ 商瞿（前522—？）：春秋末年魯國人，姓商名瞿，字子木，比孔子小29歲。商瞿喜好《易經》，孔子就傳授《易經》給他。
④ 子夏受《詩》：子夏（前507—？）姓卜，名商，字子夏，後亦稱"卜子夏"、"卜先生"，春秋末晉國溫人（另有魏人、衛人二說，近人錢穆考定，溫爲魏所滅，衛爲魏之誤，故生二說），孔子的著名弟子，"孔門十哲"之一。《後漢書·徐防傳》記載說："《詩》、《書》、《禮》、《樂》，定自孔子，發明章句，始於子夏。"而且，根據前人記載，流傳至今的《詩大序》爲子夏所作。此外，據李學勤等先生研究，近年公布的上海博物館藏戰國楚竹書《詩論》也很可能出自子夏。
⑤ 左丘明受《春秋》：左丘明（前502—前422），姓丘，名明（一說複姓左丘，名明），春秋末期魯國人。爲炎帝後裔，左丘明博覽天文、地理、文學、歷史等大量古籍，學識淵博。任魯國左史官，在任時盡職盡責，德才兼備，爲時人所崇拜。左丘亦編修國史，日夜操勞，歷時30餘年，一部縱貫200餘年、18萬餘字的《春秋左氏傳》定稿。其歷史、文學、科技、軍事價值不可估量，爲歷代史學家和文人所推崇。
⑥ 覆瓿：蓋醬罐，比喻沒有大價值。

交口也。乃漢役民，止用三日。唐則歲役三十日，租、調俱免矣。宋設差役、僱役，則迭相爲用矣。

我朝洪武四年垛民，七年垛軍，諒户口丁、田之多寡，定徭役、差役之輕重，法非不善也。乃行之未數十年而輒生弊，富者、強者可以免役，貧者、弱者不能免役。臣細訪民間，田連千頃者竟致終身之逸，而貧無立錐者反無旦夕之安。是吏以役爲市也。強者當役，則以百室之瘠爲一家之肥；弱者當役，則以一載之供傾數世之費。是民以役爲病也。

臣思役法之善，無踰於宋世。差役、僱役兩端，而論者紛紛。有謂僱役便者則曰：孱弱之夫不勝畚插，① 紈褲之子不任馳驅，今一切役之，則民稱病。有謂差役便者則曰：財斂於官，力輸於民，是兩便之道也。不知貧民以力役財而財不酬力，吏胥漁獵其間而力不邮貧，則民亦稱病。以僱役爲是，猶之王安石之説也；以差役爲是，猶之司馬光之説也。乃或者又謂：沃土之民可以僱役，則吳、越便；瘠土之民可以差役，則秦、晉便。又是一道也。② 不知立一法而百弊生，興一利而百害發，吳越專用僱役，貧者其何以堪？秦晉專用差役，富者其何以堪？皆一偏之見，非至當之論也。

由臣論之：仍請確遵太祖定例，諒户口丁、田之多寡，定徭役、差役之輕重。田、米多者，則任役亦多；田、米少者，則任役亦少。其有財者聽其出財僱募，無財者使其出力經營。富者不可逃差，逃者有罰；貧者不得避役，避者有責。富不得賣富，賣富則罰俸；③ 吏不得差貧，④ 差貧則笞、革。舉凡小事、小勞，着地方官令寄任無田之丁，名爲煙户，止用三日；至於大軍、大役，則遣公忠廉能之吏，按時喚夫。使富者出錢，貧者出力。以時而斂，以時而給，則貧富兩無所病，強弱兩無所争；

---

① 畚插：亦作"畚臿"、"畚鍤"。畚，盛土器；鍤，起土器。泛指挖運泥土的用具。亦借指土建之事。
② 道：説。
③ 賣富：指對於富人，得錢便予以免除差役。
④ 差貧：對於窮人，任意征派勞役。

陛下遣才幹廉員，即時發粟，賑貸飢民；次請倣古常平社倉之法而行之。① 斯萬世之利在是矣。

上差役疏
張添祐

臣觀成周役民之法：比、里、族、黨役於鄉，② 府、吏、胥、徒役於官，③ 伍、兩、卒、旅役於兵，④ 蒐、苗、獮、狩役於田。⑤ 第年不收而歲兇札則免，貴有爵而尊有德則免。是以歌子來，⑥ 詠鼛鼓，⑦ 至今猶

---

① 古常平社倉之法：西周時期，中國人就開始了糧食儲備。主要功能：一是穩定糧價；二是防備凶年歉收；三是應對國家大事，例如軍事或工程建設。春秋戰國時期的李悝和范蠡都制定過具體的措施。到了西漢武帝年代，正式形成了"常平倉"制度。常平倉制度簡單說就是，國家在各地設立倉庫，豐收之年糧價較低，國家便以比市場價格高的價錢收購糧食，存入倉庫；歉收之年糧價較高，國家便低價賣出糧食，平抑糧價。因此，常平倉制度的根本在於廣大農民和全社會的利益，避免"谷賤傷農"和"谷貴傷民"。除了正常的農業豐歉外，常平倉制度還能保證重大自然災害發生時，國家開倉放糧，無償救濟災民。南宋時期，朱熹看到常平倉過於商業化的弊端，又設立了社倉。仿古義倉之意，請常平倉米六百石始其事。其所著事目，大約編排保甲，稽戶口，設鄉官。四月上旬，申府委員役與鄉官，共支貸。十名爲保，如有逃亡，同保均賠。十月上旬，申府差官同收貸者，出息什二，小歉弛半息，甚則盡蠲之。行之十四年，歸原粟於官，而用所贏爲貸資，每石止收耗米三升，不復取息。此社倉之法，實與常平相表裏。

② 比、里、族、黨：古代的居民組織。五家爲比，五比爲里，五里爲族，五族爲黨。

③ 府、吏、胥、徒：在正式文書中則作"吏員"或"吏"，主要指的是中心和地方官府中，在官員指揮下，負責處理具體政務和經辦（整合、保管、查檢、具體處理）各類官府文書的低級辦事人員。

④ 伍、兩、卒、旅：據《周禮》載：我國古代軍隊裏"五人爲伍，五伍爲兩，五兩爲卒，五卒爲旅"。

⑤ 蒐、苗、獮、狩：春搜、夏苗、秋獮、冬狩，原以講習武事。

⑥ 歌子來：謂民心歸附，如子女趨事父母，不召自來，竭誠效忠。典出《詩·大雅·靈台》。

⑦ 詠鼛鼓：指《詩經·大雅·綿》以"鼛鼓弗勝"來誇張地襯托修築宮室宗廟的勞動場面。

撫、按其小者也。岩廊之上持握鈞權，① 而法網未除，督責愈急。即有一二敕旨，不曰"畫餅"，則曰"故事"。嗟嗟小民，烏得九閽而見天日哉？

人行間小字補：皆。謂墨吏已去，② 郵傳已清，軍額已減而賦役已均，臣以：威行於小吏而不行於大吏，墨吏未盡去也；當路之官節、旄未至，③ 而有司且斂膏脂以待矣，郵傳未盡清也；缺者之丁即那移牽補，④ 存者之丁則色變股戰，⑤ 軍典之額果減乎？日日量田，祇以開吏胥之姦；朝朝丈地，適以墮兼并之計。豪右果禁，⑥ 而賦役果均乎？邇來吳越、全楚水旱頻仍，而小民不欲聞之有司，有司不欲聞之監司，監司不欲聞之朝廷，致令雁雀拾椹而唊，折骸易子而食。⑦ 異日百萬之糧安從出耶？自元末以來，勦賊破敵，干戈未息。蒼生塗炭，赤子流離，陛下所及知也；即行間小字補：休。養數十年，瘡痍尚未復，生齒仍未繁，陛下所及見也。況大兵之後，繼以凶年，不有區畫，民必流亡。設也潢池一警，⑧ 東南必有荷戈而起者，則救荒之政，所宜早圖也。

臣嘗計之，太倉有十年之積，太僕、光祿幾十萬之贏。節宮中一事之費，可存數十家之產；慎左右一時之賜，可活數十萬之命。請內府供應，一切裁制，躬節儉以先天下。即一二奉行不謹之吏，且解組歸田矣。⑨

---

① 岩廊：高峻的廊廡，指朝廷。鈞權：重權。
② 墨吏：貪官污吏。由於墨是黑色的，所以人們就用來比喻那些貪官污吏的心腸也必然是黑色，亦即是墨色的。
③ 當路：主管一方。節、旄：鎮守一方的長官用作信物所擁有的符節。旄：古代用牦牛尾裝飾的旗子。
④ 那：通"挪"。
⑤ 色變股戰：形容擔心害怕。
⑥ 豪右：豪門大族。漢以右為上，故稱。
⑦ 雁雀拾椹而唊，折骸易子而食：極言食物難得、饑荒慘烈。
⑧ 潢池：積水塘，這裏是極言不足道。
⑨ 解組歸田：辭掉官職，歸老田園。解：脫去；組：古代綁印的綬；解組：解下印綬辭官。

救荒全民疏

張添祐

　　三代以上，有荒歲而無荒民；① 三代以下，有荒民而無荒政。② 故荒政必講於未荒之先，而不講於既荒之後也。國家賜賑恤之恩，蠲逋負之令，③ 德澤非不汪濊，④ 人民非不慶幸，然而富家大室不能安枕而寢，窮鄉小邑尤有接足而僵者，無他，皆有司奉行失旨之過也。夫有司，右鷹鸇而左鸞鳳。⑤ 一遇凶年，有死而已。稅安在哉？鬻妻孥不已，⑥ 而分派於親戚；分派不已，而借貸於富室。

　　吁嗟！貧民室若埽矣，此府、縣之虐民也。然府、縣其小焉者也。撫、按寄一方之命，⑦ 而惡聞災荒。以撫字爲拙，⑧ 以催科爲工，⑨ 則府、縣小吏烏得不惴惴焉日鞭其民以希薦贖乎？此撫、按之虐民也。然

---

① 荒民：遭受饑荒的民衆。
② 荒政：古代在遇到荒年時所采取的救濟措施。《周禮・地官・大司徒》："以荒政十有二聚萬民（防止百姓離散）：一曰散利（發放救濟物資），二曰薄徵，三曰緩刑，四曰弛力（放寬力役），五曰舍禁（取消山澤的禁令），六曰去幾（停收關市之稅），七曰眚禮（省去吉禮的禮數），八曰殺哀（省去凶禮的禮數），九曰蕃樂（收藏樂器，停止演奏），十曰多婚，十有一曰索鬼神（向鬼神祈禱），十有二曰除盗賊。"南宋董煟，總結歷代荒政，著《救荒活民書》。
③ 蠲：除去，免除。逋負：拖欠。
④ 汪濊：深廣。《漢書・司馬相如傳下》："威武紛雲，湛恩汪濊。"顏師古注："汪濊，深廣也。"
⑤ 右鷹鸇而左鸞鳳：重視嚴格而輕視寬鬆。古代以右爲尊，以左爲卑。這句話中的左和右都是動詞。鷹鸇，猛禽。鸞鳳，祥鳥。
⑥ 鬻：賣。孥：兒女。
⑦ 撫、按：巡撫使、按察使。最初都是朝廷的臨時派員，主要職能是臨時代表中央處理一些地方上比較棘手的事物，相當於"中央特派員"。後來成爲地方首長，如巡撫，後來即是一省的行政主管。按察使爲各省提刑按察使司的長官，主管一省的司法。
⑧ 撫字：撫育愛護。
⑨ 催科：催收租稅。

役，不有大相刺謬歟？①

考夫本、折二課，賦之正也。不溷於役；歲賦三日，②役之正也，不溷於賦。正者存，溷者去，清明而下易見，民便而吏難欺，此簡易經常之道也。於賦之正而稍增稻藁之輸，以做《禹貢》納總之意；③行間小字增：不。於役之正而更加二日之執，以準唐人十日之半。行間小字注：共五日也。增非多取，變非駭聞。以此充徭驛，募民兵，是所謂變通、損益之權也。

說者謂：不給，則何如？余曰：徭，官役也。官簡，則徭隨之。借符僭輿者不得行於驛，④則驛清矣；邑有戍衛者不復置兵，有兵者則寓於農而使之耕且守，則兵省矣。是所謂就浮去浮之治也，策之本也。周之襄撫江南，征役有度，百費有度，民遂不擾。歲輸石五斗之外，他行間小字補：役。不及。石者，正也。五斗者，增而非所取，奇也。今天下有冗官而無省官，有加驛而無損益，行間小字改：驛。有益兵而無減兵。至於有司告匱，則惟知加賦而已，惟知增役而已。

噫，民何其不幸哉！

---

① 刺謬：違背，悖謬。
② 賦：當爲"役"之誤。
③ 《禹貢》：《禹貢》是《尚書》（一作《書經》，簡稱《書》）中的一篇。是戰國時魏國的人士托名大禹的著作，因而就以《禹貢》名篇。全書1193字，以自然地理實體（山脈、河流等）爲標志，將全國劃分爲9個區（即"九州"），並對每區（州）的疆域、山脈、河流、植被、土壤、物產、貢賦、少數民族、交通等自然和人文地理現象，作了簡要的描述。
④ 借符僭輿：借用符節僭乘驛車。

蠲浮濫之征則閭閻安，① 袪煩密之網則囹圄清。禁末利而重本業，則服疇者多；② 退貪墨而進廉平，則侵漁者息。③ 屈空談而崇實政，則吏職修；剪浮文而攷成績，則治效著。如此而天下不治者，未之有也。

今天下有腓大股小之憂，④ 無運臂使指之便；有乘馬、浮舟之勞，無朝饔、夕飧之逸；⑤ 有揭竿、持戟之警，無櫜弓、偃鼓之安；有攘食、奪羹之苦，無三登、九稔之樂。⑥ 如此而天下猶治者，未之有也。

筠目擊時艱，有不勝痛悼者焉。天災疊見而不知懼，則修弭之難；人心惶恐而不知警，則修省之難；國用空虛而不知節，則修政之難；賢才荒遁而不知賓，則修禮之難；奸權在內而不知黜，則修補之難；戎馬在郊而不知懲，則修救之難。山河有改 行間小字增：土改。歲之憂，祖宗金湯，事在轉眼；人物有瞻烏瞻烏之情，⑦ 國家版章，禍不旋踵。士君子不幸遭逢末流，上無可爲，下無可處，而僅托空言以見志，是誠不得已也夫！

賦役之苦論

杜宗晦

民生於叔世，⑧ 何其不幸哉！行間小字評：陡峭之筆。夫不幸奈何？田出賦而徭，而驛，而兵，則田有役矣；身出役而耕，而餉，而稅，則家有賦矣。科、派旁午，⑨ 征、輸錯出。吏緣是而爲奸，其於《周官》賦

---

① 閭閻：里巷。中國古代以二十五家爲閭。閻指里巷的門。
② 服疇：同服田，謂從事農活。
③ 侵漁：侵奪漁利，特指官吏利用公務之便侵奪平民牟利。
④ 腓大股小：小腿粗而大腿細，即尾大不掉。
⑤ 朝饔、夕飧：古人日食兩餐，這裏指正常按時吃飯。
⑥ 三登、九稔：多年豐收。三、九指多年，登、稔指豐收。
⑦ 瞻烏瞻烏：瞻烏即瞻烏，用《詩·小雅·正月》典，鳥集富人屋，喻人心所向。
⑧ 叔：衰，末。《左傳·昭公六年》："三辟之興，皆叔世也。"
⑨ 旁午：交錯，紛繁。

不可養。今以利賈虜，是養虎玩寇，必爲異日之害。鄒彥魁曰：知者明於已往，識其未然。後英宗北狩，爲虜所獲，張公之言驗矣。臣謂陛下之宜防患者，此也。

比者聞都人士藉藉言陛下多積貨於宮中，果爾，則過計甚矣。夫陛下既理四海以爲家，而又私左藏，① 何示人以不廣也？且陛下之民既受竭澤，② 悲懸磬矣；③ 陛下之臣又恐轉運，憂繭絲矣。行間小字增：安有一家之中淒然困乏，而父母可居積以致富者？今夫水之行地，浩浩渾渾，灌於百川，澤於九州，皆是物也。及其壅塞不通，必潰而爲災耳。夫財亦猶是也。《周官》之書以"聚貨"名府，故欲其如流水也。臣謂陛下之宜公財者，此也。

憂世論
沈如筠

聖人之治行間小字增：天。下，德以養其民，法以治其奸，故春露與秋霜並行，敦大與明作交懋。④ 二者，享國長久之道也。今則德與法兩無當也。奸偽萌於刀筆，武健起於豪俠，欺罔鼓於嘯聚，⑤ 而法不足以治奸矣。蔀屋有霜宿之民，窮巷有蓬累之士，⑥ 邊疆有啼號之戍，而德不足以養民矣。

惟懷仁、抱義之君，執中、秉衡之臣，澤普而不偏，威振而不猛。

---

① 私左藏：將左藏作爲私有。左藏：古代國庫之一，以其在左方，故稱左藏。晉有左右藏令，屬少府。北齊、隋屬太府寺。唐代左藏掌錢帛、雜彩、天下賦調。宋初諸州貢賦均輸左藏。南宋又設左藏南庫。元代禁中左藏掌收支常課和買紗羅布絹等物。
② 竭澤：竭澤而漁，形容搜刮徹底。
③ 懸磬：像磬懸空中，形容空無所有，極其貧窮。
④ 敦大：敦厚寬大。懋：茂的古字，盛。
⑤ 鼓：鼓動。嘯聚：以嘯聲聚集，特指沒有正規指揮條件的造反。
⑥ 蓬累：飛蓬飄轉飛行。比喻人之行蹤無定。

糴，谷貴減價以糶，① 此下策也。昌之說行，當無有官有餘而民不足者矣。我國家太倉之積、日出常耗、邊圉之餉，歲給不支，其故必有由。

臣竊揣之：琳宮、② 梵宇過於輝煌，③ 耗之者一；玉殿、④ 金闕過於莊嚴，⑤ 耗之者二；宮娥、侍女過於炫爛，耗之者三；奄宦、寺人過於賞賜，耗之者四；從戎、侍衛過於優渥，耗之者五；冗官、贅員過於雜踏，耗之者六；陵寢、宮室過於費用，耗之者七；臺池、亭榭過於文藻，耗之者八。事事出於府庫，件件出於百姓。夫國虛而無財，則國病矣；欲實其國以取天下之財，則民病矣。國病則不得不用一切之術，而暇顧民之利害？則國之病轉而民病矣。國何恃以立？則民之病又轉而病國。此必然之理、必至之勢也。臣謂陛下之宜節用者，此也。

今天下令郡、縣設社倉，是矣。第始而斂也，有司之價十五，大戶之糶十九，則累及大戶矣。既而守也，虧損多則賠償不已，查盤至則罪戾有加，又累及斗給矣。終而散也，那移者有之，展轉者有之。以舊易新，出輕入重。又無待亡、荒之來而已存留無餘。至於舉天下貨財，一籠而致之內府，而司農之官莫敢呈其多寡，法吏之官莫敢按其贏奇，寧無有窟穴其中，⑥ 以爲奸、利者乎？是謂虛外以實內，非計也。

北虜之夷自洪武初年納貢賓服，莫敢不來王。⑦ 今陛下即位數年以來，虜以虛名市中國，中國歲以實利賈虜。虜日益驕甚，陛下乃侵削軍實，以充犬羊無厭之欲，是虛內以實外也，非計也。噫！寇不可玩，虎

---

① 耿壽昌：字昌，西漢理財家，曆算家。生卒年不詳。善於計算，宣帝時，任大司農中丞，五鳳元年，設置"常平倉"，"令邊郡皆築倉，以谷賤時增其價而糴"，以抑制糧價上漲，平常則可以供軍用。賜關內侯。著有《日月帛圖》232卷，《月行圖》2卷，今皆不存。又曾與張蒼整理《九章算術》。
② 琳宮：仙宮，是道觀的美稱。
③ 梵宇：佛教廟宇。
④ 玉殿：皇帝所居的宮殿。
⑤ 金闕：略同上。
⑥ 窟穴其中：在其中盜挖出窟穴，指做手腳。
⑦ 王：朝拜。

日削月朘，① 倉公、② 扁鵲望而却步，噬臍何及？③ 其亡也，可立而待也。臣敢謂今之時勢，不類於此哉？伏願聖明諒其愚而恕其罪，使更賜卒讀其文，而不以臣言爲妄，則社稷之幸也。

節用、防患、公財疏④

永樂　張添祐

臣聞：富國易，富天下難；未開利之天下易，已開利之天下難。蓋四封之外，皆無_{行間小字改：吾}敵國。我肥而不憂彼之瘠，收彼之利爲我之利，如戰國是也。故曰：富國易也。今天下海隅一家，肥在左則瘠在右，損在遠則累在近。管子之計，不能盡用也。故曰：富天下難也。昔武帝時，諸法未備，故桑宏羊得以持算取利；⑤ 今天下諸法俱備，即桑宏羊而在，更何所加？故曰：富未開利之天下易，富已開利之天下難。

昔者通輕重之權，立聚散之法，是謀富國者也，不足法也。李悝量豐、兇之節，制糴、糶之術，是盡地利者也，不足法也。

賈誼欲驅歸農，禁末務而重本業，此上策也。誼之說行，當無有一夫耕而十人食者矣。晁錯欲實粟塞下，開鬻爵而贖罪，此中策也。錯之說行，當無有士饑死而千里饋糧者也。耿壽昌欲立平倉，使谷賤增價以

---

① 朘：縮小，減少。
② 倉公（約前205—？）：西漢初齊臨淄（今山東淄博東北人），姓淳于，名意。曾任齊太倉令，故又稱倉公。精醫道，辨証審脈，治病多驗。曾從公孫光學醫，並從公乘陽慶學黃帝、扁鵲脈書。後因故獲罪當刑，其女緹縈上書文帝，願以身代，得免。《史記》記載了他的25例醫案，稱爲"診籍"，是我國現存最早的病史記錄。
③ 噬臍何及：像咬自己肚臍似的，夠不着。比喻後悔也來不及。
④ 公財：將財物作爲公有。
⑤ 桑宏羊：即桑弘羊（前152—前80），避清乾隆弘歷諱改，下同。

何謂"事"？今者銅山涸矣，①泉刀竭矣，②五金之用狼藉而不收，非金遁與？萌者折矣，喬者夭矣，五木之材採伐而無遺，非木遁與？溝洫不修，輸洩不時，而天戶地軸之澤缺然，非水遁與？絳紗百院，崇飲絕纓，而司烜、司燎之吏缺然，③非火遁與？三壤不分，斥鹵不治，④而崇怨於丘陵，非土遁與？此以事應者，一也。

何謂"類"？今者，韓山童以白蓮教惑衆，起於欒城，非金咎與？劉福通以紅巾作亂，陷於潁州，非火咎與？徐壽輝以妖術聚衆，陷於蘄、黃，非水咎與？伯顏、行間小字注：首相。哈麻把持門庭，過於弄權，非木咎與？西方番僧運氣演法，踞於宮禁，非土咎與？此以類應者，一也。

何謂"相沴而至"？⑤今者，海潮汎濫，太陽無光，山川崩裂，怪異叢生；四序不調，五谷不登，而災沴之氣，滿於宇宙間；老無年，稚有殤，莩死者相望。曠古以來，未之有也。臣思其故，由上無善政，下多怨言。是以五星不順其度，五行不安其位，五土不若其性，故相尅相制而不相生。此"相沴而至"者，又其一也。

何謂"相因而至"？⑥往者皇上春秋鼎盛，威福之大柄不借，封章之批決不留，恩澤之施予不濫，羣小之邪僻不親，宮闈之燕私不溺。故愚臣行間小字補：猶。可以進言，而不至於大壞。今則不親正人，不聞法言；內不畏朝議，外不畏巷議；吏不畏國議，士不畏清議，民不畏公議。此"相因而至"者，又其一也。

譬之人身腠理，雖有不仁，而方其元氣充盈，耳可使聰，目可使明；股肱可使持、行，四肢可使鼓、舞。倘復戕於斧斤之伐，洩於鍼芒之攻，

---

① 銅山涸：銅礦山開採枯竭了。
② 泉刀：皆古代錢幣名，因以泛稱錢幣。
③ 司烜：《周禮·秋官司寇》："掌以夫遂取明火於日，以鑒取明水於月，以共祭祀之明齍、明燭，共明水。凡邦之大事，共墳燭庭燎。中春，以木鐸修火禁於國中。軍旅，修火禁。"
④ 斥鹵：鹽鹼地。
⑤ 相沴：陰陽五行說謂五行相沴，乖沴不和之義。沴，亦廢也。
⑥ 相因：相承襲。

飛曰："勇不足恃,用兵先定謀。昔者欒枝曳柴以敗荊,① 莫敖採薪以致絞。皆謀定也。"所瞿然曰："君殆非行伍中人也。"② 遂補岳飛武經郎。官名。③ 當時所之知飛,無異於宗澤、李綱之知飛也。後世肉眼,豈能知人?噫,所誠賢矣哉!

張所、岳飛殺賊皆盡,於宋_{行間小字補:}時。爲名將。

上元順帝疏④

觀文殿大學士⑤　沈如筠

臣聞:天之有戾氣則潛而爲伏,淫而爲愆,⑥ 亢而爲驕,⑦ 守而爲彗,流而爲孛。⑧ 此有形之病,病在肌膚。人有戾氣,伐而爲兇,攻而爲疾,聚而爲憂,損而爲貧,結而爲惡,耗而爲弱。此無形之病,病在腠理。⑨ 今天下腠理之病,畧可覩矣。臣第言其咎徵:有以事應,有以類應;有以相沴而至,有以相因而至者。

---

① 欒枝曳柴以敗荊:公元前 632 年四月初一,晉軍與楚軍在城濮對峙。晉欒枝讓戰車拖着木柴假裝逃走,楚軍追擊晉國下軍,先軫、郤溱率領晉國中軍的公族攔腰襲擊。狐毛、狐偃率領晉國上軍夾攻鬥宜申,楚國的左翼潰散,楚軍大敗。
② 《宋史·岳飛傳》:所問曰:"汝能敵幾何?"飛曰:"勇不足恃,用兵在先定謀,欒枝曳柴以敗荊,莫敖采樵以致絞,皆謀定也。"所矍然曰:"君殆非行伍中人。"
③ 武經郎:《宋史·岳飛傳》作:借補修武郎。
④ 元順帝:即元惠宗。元順帝爲朱元璋所加謚號,因其在朱元璋攻打元大都時未抵抗而逃走。因此,不可能是出自此前臣下的稱謂。
⑤ 觀文殿大學士:宋皇祐元年(1049 年)置觀文殿大學士,由曾任宰相的大臣擔任。無職掌,僅出入侍從備顧問,示尊寵。
⑥ 愆:與伏相對,天氣冷暖失調,多指大旱或酷暑,有變化無常的意思。
⑦ 驕:猛烈。
⑧ 孛:古書上指光芒强盛的彗星。
⑨ 腠理:中醫指皮膚、肌肉間隙交接處的組織,具有滲泄體液、流通氣血、抵禦外邪等功能。

嗚呼，至矣！蔑以加矣。①

一氣貫注，筆無停機。孔孟之道德，直與天地無終極而存也。湯半品志。

宋將張所論②

洪武癸酉舉人　楊繼本

宋南渡而後，中興名將，史稱"韓世忠、張浚、劉琦、岳飛"，而宗澤、李綱、吳璘、吳玠、張所弗與焉。

按韓、岳等等出身寒微，而宗、李諸人皆將相名家，故史畧不稱者，職是故耳。

若張所者，尤中興一忠良將也。所於欽宗時，③爲監察御史。靖康中安置於江州，④募兵七十餘萬人，⑤由是而聲振河北。高宗時，所爲河北西路招撫使。時岳飛上書，言黃潛善、汪伯彥輩不能承聖意恢復，坐越言事，⑥奪官歸。張所以飛充中軍統領，所問岳曰："爾能敵幾何？"

------

① 蔑：無。
② 張所（？—1127）宋青州（治今山東益都）人。徽宗朝進士，累官至監察御史。靖康元年（1126年），金兵圍汴京，他以書信招募河北兵民，應者17萬之衆。靖康二年（1127年）四月，受康王趙構派遣按視陵寢。高宗即位爲兵部員外郎，曾上書勸上還都汴京，收復河北、河東等地。他力陳還京有五利，還說："國之安危在乎兵之強弱，將相之賢不肖，不在乎都之遷不遷。"因言忤時任宰相的黃潛善，謫鳳州團練副使、江州安置。李綱入相，除龍圖直學士、充河北西路招撫使。置司北京（今河北大名），以王彥爲都統制，並破格提升岳飛爲統制。時黃潛善黨羽張益謙爲招撫副使，他力排黃潛善、汪伯彥及張益謙之擾，招募、訓練兵馬，以備收復"兩河"之地。不久，李綱罷相，他被謫居廣南，後北還，入潭州界遇害。據岳飛所呈奏章，稱其爲鍾相、楊幺所部叛軍殺害。
③ 欽宗時：信史爲徽宗時。
④ 靖康中安置於江州：信史在高宗即位，即建炎以後。
⑤ 募兵七十餘萬人：信史爲17萬人，是靖康元年以書信的方式在河北招募的。
⑥ 坐越言事："越"後當遺一"職"字。岳飛上書據傳爲《南京上（高宗）皇帝書》，鄧廣銘《岳飛傳》認爲不可靠。

遷，故其得也十一。此其異同之大概，而優劣見焉矣。

道　德　論
<small>宋仁宗天聖三年乙丑會墨探花①　馮瑞</small>

　　天地間至貴者莫如道，至尊者莫如德。至尊至貴而實有於躬者，則名爲吾身之良貴。不高位而自榮，不顯爵而自光。窮則獨善其身，達則兼善天下。爲侯、王之所幣聘，爲學、士之所師表；爲聖君、賢相之所敬求，爲天下、後世之所俎豆。② 而赫赫丕顯於千秋者也。

　　惟聖人之身，心涵太極，包羅萬象，有難以名言者。余觀孔子處春秋而道德著見於春秋，孟子處戰國而道德顯揚於戰國。此自有天地，而不可無孔、孟。惟其有孔、孟，故三皇、五帝之經綸，非孔、孟不足以闡之；禹、湯、文、武之淵源，非孔、孟不足以發之。是孔、孟之道德，即三皇、五帝之道德，亦即禹、湯、文、武之道德。其心同，其理同也。孔、孟之道德，揭白日而行中天理。三皇、五帝，禹、湯、文、武，固至今存也。無孔、孟，不知有文、武，不知有禹、湯，又安知有三皇、五帝哉？大哉，孔、孟！其道德之高、厚，足以開鴻業之統，足以洩乾坤之蘊。不獨爲帝王之功臣，爲天地之宗子，而直亙古、亙今，悠久不息於終古也！

　　萬世而下，尊孔、孟者尊道德。其尊之而貴之者，以道本至貴，而天下莫有貴於道者；以德本至尊，而天下莫有尊於德者。覺伊古以來，爲公、爲侯，不過輕塵焉耳；爲帝、爲王，猶如浮雲焉耳。爲孔、爲孟，其道與德，與日月爲代明，與四時爲錯行，與天地爲終始，與上下爲同流。

---

① 會墨：明清科舉考試的會試（在京城，考上了就是進士）中，稱被主考和房官（幫主考評審、選錄並推薦試卷的閱卷官）選中而刊印出來給考生示範的八股文文集。探花：原在作者名後。

② 俎豆：祭祀、宴客用的器具，引申爲祭祀和崇奉之意。

有莫辨之時。① 後世史學紛紛藉藉，其端不一，② 攷古者果安所折衷乎？

漢有子長、孟堅者，執牛耳而登著作之壇，其間有譽者半、訾者半焉。譽者謂其華而不浮，質而不俚，③ 詳而不沉；訾者謂其先黄老而進奸雄，排死節而否正直。④

甲班乙馬者則宗王充，⑤ 右馬左班者則宗張輔。⑥ 而班、馬並非者則宗王仲淹。此皆順風而呼，不足以論班、馬也。乃固之譏遷曰：先黄老而後六經，退處士而進奸雄，是非頗謬於聖人。⑦ 又云：志五行而分書失宜者四，序事而乖於禮者五。其疎畧、牴牾，又孰甚？

此二子者，又安可雌黄焉也？乃其異同，則有辨焉。黜項羽於列傳以懼僭竊，尊孝惠於本紀以崇正統，附四夷於簡末以嚴中國。此遷之失，固宜異而不異者也。張湯當列《酷吏》而並恕杜周，侯王當列於《世家》而列於雜傳，大宛當采於《四夷》而没於張騫。此遷之得，固宜同而不同者也。子貢，仲尼之徒，而溷於《貨殖》；范蠡，春秋之士，而綴於《漢書》。兵畧説見於《刑法》，而令漢家經書畫之制無攷。此遷與固之所共失，宜異而不異，不宜同而同者也。

大抵遷承坑焚煨爐之餘，獨起義、例，成書最難，固則因揚之舊，⑧ 潤色之而已，其成書最易。遷之才優於固，故其得也十九；固之才亞於

---

① 亥豕：《吕氏春秋·察傳》："子夏之晋，過衛，有讀史記者曰：'晋師三豕涉河。'子夏曰：'非也，是己亥也。夫己與三相近，豕與亥相似。'至於晋而問之，則曰晋師己亥涉河也。""亥"和"豕"的篆文字形相似，容易混淆。後用以指書籍傳寫或刊印中，文字因形近而誤。

② 端：正，認爲正確的觀點。

③ 質而不俚：見《漢書·司馬遷傳贊》。意指質樸而不粗俗。

④ 先黄老而進奸雄，排死節而否正直：見《漢書·司馬遷傳贊》。

⑤ 王充（27—約97），字仲任，會稽上虞人（今屬紹興）。《論衡》是王充的代表作品，也是中國歷史上一部不朽的無神論著作。

⑥ 張輔（？—305），字世偉，南陽西鄂人。東漢時著名天文學家、發明家張衡的後代。

⑦ 見《漢書·司馬遷傳贊》。

⑧ 因揚之舊：揚雄等人曾續撰《史記》。

非常之原，樹立乎可久之業。① 譬之庖丁解牛，一朝十二牛而迎刃即解也，斯世務周焉耳。②

故爲學術計，不若輕章句而重實學，使夫抱遺編、事咕嗶者，③ 因文見道，修身理性。聖賢自我而作，不在詞章、帖括之末，則經術之要也。爲世務計，不若畧虛聲而課實績，使夫秉國鈞、操殿最者，④ 端本澄源，明體達用。名、物自我而立，不爲粉飾、虛文之事，則世務之要也。⑤

朝廷取士授官，重本而不重末，貴實而不貴名，又何事功、學術之不古若也哉？⑥

班、馬優劣⑦

張添祐

夫史亦難言矣。歷年遠，則瑕瑜不無易淆之處；傳世久，則亥豕容

---

① 勗勤：輔佐，幫助。
② 庖丁解牛，一朝十二牛而迎刃即解：見《莊子·養生主》。周：一本作"極致"。
③ 咕嗶：亦作"咕畢"。猶占畢。後泛稱誦讀。
④ 殿最：古代考核政績或軍功，下等稱爲"殿"，上等稱爲"最"。泛指等級的高低上下。
⑤ 上二段略同明翰林院國史編修全天叙《經術世務要指對》（明王錫爵《增定國朝館課經世宏辭》九）："今天下六籍之教布在學官，昭昭乎揭日月而行中天矣。博士家自掌，子總辮伏而讀之，然而耆首一編，而茫乎莫知其要領者有之。彼其視經術也，茲不過科目之嚆矢云爾也。士平居抵掌、扼腕，見謂宇宙名、物，纖巨立辨。當其受事服官，往往十不酬五。夫爾養交安祿之志急，而□視世務也秦越而肥瘠之乎。夫所貴爲明經術者，爾將日飲□□博學如百川赴海，汪□□蕩。種種奇觀其眞源，漱其芳潤，神識於糟粕之外而冥會於簡書之前。譬之探珠赤水，不得之耳目，得之罔象也，斯經術精焉耳。所貴爲通世務者，爾將以鎮撫宗枋，提福氓伍，勗勤乎非常之原，而蘊崇乎可久之業。譬之庖丁解牛，披卻導窾，十九年而迎刃也。斯世務周焉耳。是故爲經術計，不若輕章句而重立身，使夫抱遺編而事囁嚅者因文見道，而修身繕性，不在詞章帖括之後也，則經術之要也。爲世務計，不若略虛聲而崇實績，使去秉鈞衡而操殿最，端本澄源而樸誠淵懿，不爲藻繢夸誕所掩也，則世務之要也。"
⑥ 不古若：不若古。
⑦ 班：東漢班固，字孟堅，著《漢書》。馬：西漢司馬遷，字子長，著《史記》。

耻，鮮退讓而尚爭鬥，薄本業而好佚遊。家無擔石之儲，而身被羅紈之服。出則縱博飲之樂，而不聞饔飧之需。一聞道德、方正之士則以爲無味，而置之不道；一聞淫縱破義之人則投袂而起，喜傳誦而不已。所好生羽毛，所惡成瘡毒。滔天之謗忽起中國，頃刻而遍萬口，而莫知端之所從起。甚之，好亂、樂禍，而時藏奸雄。不肖之行，由此漸長。此庶民之俗壞也。

移風易俗，其機在上而不在下，惟君子留意焉。

學術事功論
張添祐

古者學術與事功合而爲一，蓋有其學術者，必有其事功也。後世學術與事功分而爲二，或有其學術者，未必有其事功也。豈古今之不相及也？抑必有説以處此耶？

蓋古之人有真學術，必有真事功，其學術即爲事功，事功即爲學術也。後之人無真學術，必無真事功，其學術無關於事功，事功無關於學術也。此古今之大較然矣。

今天下六籍之文，① 何人不誦？五典之書，何人不讀？儒者墨守古訓，自童冠以至耆叟，窮年一卷，而茫乎莫知其要領者。彼其視經術也，不過科目之學已耳。士自平居讀書，輒謂宇宙名、物，纖巨立辨。一旦登清華之路，受事服官，呈能核實，往往十不酬五者。彼其視世務也，不過奉令之説已耳。夫所貴於學術者，豈口耳掇拾已乎？必將體驗於性命之微，踐履於躬行之實。譬之探珠赤水，不得之耳目，而得之象罔也，② 斯經術精焉耳。所貴於世務者，豈錢谷、簿書已乎？亦將助勸乎

---

① 六籍：即六經。《文選·班固〈東都賦〉》："蓋六籍所不能談，前聖靡得言焉。"李善注："六籍，六經也。"參見《六經論》。
② 探珠赤水，不得之耳目，而得之象罔也：寓言故事，喻不懂裝懂，一知半解。象罔：《莊子》寓言中的人物。王先謙集解引宣穎曰：似有象而實無，蓋無心之謂。後用爲典故。

養也。

抑惟古者養賢，非謂飲食之謂，在優游以成其德；施教，非但文字之謂，在切磨以成其器也。學者今日得列於學、得講於學，異日爲朝廷建勳業，爲蒼生裕經濟，皆學校之力也。

訓風俗文
張添祐

前代士大夫居官數十年，蕭然猶寒士；今則通籍釋褐，甫沾一命，轉眄之間，已田連阡陌、家累千萬。貪緣賂賄，仍都貴顯。花臺、月榭，歌兒、舞女，擬如王侯。交結有司，把持官府。僮奴豪横，車騎光赫。親朋趨之，市井艷之。此大丈夫得意之秋。其有孤高忤俗者，必爲鄉黨所姍 行間注：所晏切，音訕。天頭注：《前漢·諸侯王表》：姍笑三代。矣。家既食貧，官亦不達。而貴介、貰郎拜一官還里中，華軒高蓋，騶從如雲，呵聲如雷。父兄長老，走避恐後。此縉紳之俗壞也。

士束髮讀書，日夜垂涎富貴，望一旦得志而高臺廈、堆金玉，妖姬、孌童，清歌、艷舞。不以濟時行道爲念，父母期望、師友漸磨，不過如此。目纔識數行，而遂罵伏、鄭爲學究；① 心初通文義，而便呼孔、揚爲小兒。凌轢同儕，傲睨前輩。又安望其完粹而表天壤也？② 往昔士子猶多醇謹，間有一二猖狂、放逸，同輩且孩笑、非薄之；③ 今則自號"竹林"，謬托嵇、阮。使酒罵坐，少年而陵父兄；袒跣呼號，白日而行都市。此士子之俗壞也。

間閻之間，厚妻、子而薄父母，狎淫朋而疏昆、弟。笑貧賤而輕廉

---

① 伏：伏生，亦稱伏勝。曾任秦博士。漢初，以《尚書》教於齊魯間。西漢的《尚書》學者都出其門下，今本今文《尚書》，即由他傳授而存。鄭：鄭玄（127—200），字康成，北海高密（今山東省高密市）人，東漢經學家。乃爲漢代集經學之大成者，世稱"鄭學"。究：奸邪。

② 表天壤：表天地，即做人們的表率、榜樣。

③ 孩笑：同義複詞，笑。非薄：非難鄙薄。

第縉紳之家，鞅掌簿書，無事藝圃，而天機之真趣，天性之真樂，已半染於宦情，其文也冘厲而不醇；鉛槧之家，矻矻經史，務爲雕琢，不過取其資而希青紫，其文也揣摩而不真，卑弱而鮮氣；山林之士，餐霞巢雲，窮山湖魚鳥之奇以紓情，於世務蔑如也，其文也怪誕而不經，曠遠而不適於用。惟讀書有得之儒，見理既真，體道必熟，自身心日用，以及天地民物，從推勘而入者，還推勘而出之，從體驗而得者，自體驗而達之。故其發爲文章也，深思而不浮，精當而不苟。能轉移乎風會，而不爲風會所轉移，豈世運所得昇降也哉。

立 學 論
張添祐

慨自遼兵亂華，元政失理，人倫之理弗明。何者？不知教義之益於治，無怪乎其然也。我皇上詔天下立學，以宏作興之功，以隆養士之規，使天下學者，皆知隆師、親友。日夕刮劘，① 咸有涵養，以成其材。駸駸然至於聖賢道德之規，② 必於是有賴焉。後之人推本學校之所由興，人材、風俗之所由美，而思詠皇上之功德，豈有窮哉？

臣伏思：教化乃治道之大原，庠序乃教化之先務。③ 自古及今，非有所養育、成就，則賢材何由而出？非有所學校含息，則賢材何由而歸？非有所興作、勸勉，則賢材何由而成？絃歌、習射，論説、講誦，徒爲虛器。然則其事不爲不重，而其功不爲不大也，審矣。況古之學即今之學，而古之教即今之教。學以棲其身，教以成其業。二者兼備，其致成德、達材之地也何有？是學校興廢，由守、令之賢否。④ 守、令之職固非一端，然欲厚人倫、美風俗，使夫人得以修飭德行，陶镕性情。樂堯、舜之道，誦周、孔之言。以禮擴蕩之行，收從容之益者，尤莫先於教

---

① 刮劘：同刮摩。刮磨器物，使有光澤。
② 駸駸然：馬行疾也。
③ 庠序：古代的地方學校，後也泛稱學校或教育事業。
④ 守、令：州、郡太守，縣令。

低。上林春暖，① 争看閬苑仙遊；② 瓊宮風清，齊唱瀛洲客至。③ 分玉盤_{行間小字改：杯}而惠燕，④ 花飄御院之塵；簇宮錦以賜袍，彩出天孫之巧。旭日射泥金之榜，名與雷霆共響；曲江開聞喜之尊，恩隨雨露同來。吾道生涯，自知文章由命；景運呈祥，咸謂彼蒼有意。奮禹門之魚尾，層波滾太池之桃李；驟天街之馬蹄，一騎逼長安之柳色。錦衣故里，舞彩堂上且喜雙親未老；金門待詔，登科錄中只許一人獨佔。

臣芸窗苦志，草澤寒儒，竊誤點於朱衣，幸謬知乎青眼。文試棘闈，已魁二甲之首；香分桂闕，不負生平之志。

伏願云云。

文運論
張添祐

文運者，世運之昇降。所由係也，周書灝灝，商書噩噩，虞夏之書渾渾，蔑以加矣。七十子喪而微言絕，异端起而大義乖，再降戰國，浸淫於秦漢，以及六朝五季。背經離本，踵謬傳訛，所謂文穿天心，句攻月窟者瞠乎後矣。左氏辨而精，國語富而弱，國策巧而利。語乎漢則董賈以策舉，班馬以史鳴，匡劉以經進。語乎唐則王楊為之伯，燕許擅其宗，韓柳造其極。語乎宋則歐陽之渾厚，三蘇之馳騁，石阻來之愫實，汪臨川之峻整，蓋彬彬盛也。

我國家以文教，提衡宇內，枕經籍史，家談戶弦，其間宏裁大匠，操觚而登著作之堂者，指不勝屈矣。即編蒲緝柳之士，罔不閉關玄覽，以默契乎聖道。噫嘻，家擅隨珠，人懷和璧，直欲步於先秦，兩漢而上。與六經接踵，豈不甚壯懷哉。

---

① 上林：漢上林苑的簡稱。這裏同下文"瓊宮"，指皇帝所在的朝廷。
② 閬苑：也稱閬風苑、閬風之苑，傳說中在崑崙山之巔，是西王母居住的地方。在詩詞中常用來泛指神仙居住的地方，這裏指朝廷。
③ 瀛洲客：凡間的客人，這裏指新進士。
④ 惠：同下文"賜"，恩賜。燕：通"宴"。

藍橋。① 陶邴虛博乎芳名，② 張奭羞傳乎曳白。唐明皇天寶二年，③ 張倚新得幸於上，其子奭爲之首入試。奭手持試紙終日不成一字，時人謂之曳白。在地草萊，忽幸拔茅之無棄；④ 衝天鴻鵠，敢誇結網之不疏。

  茲逢陛下無逸乃逸，⑤ 日新又新。⑥ 王馳帝驟，卓冠有道聖人；虎步龍行，共仰太平天子。日表光臨，天葩寵錫。縱橫禮、樂，望五雲而肝膽俱披；浩瀚天、人，對九霄而生平畢露。鼓鬛揚鬐，競破千層之春浪；騰蛟舞鳳，溢飛百丈之秋雲。命閣臣以司文衡，寵渥鶯坡；⑦ 角藝障以登賢書，⑧ 慶流鎖院。⑨ 天恩下九重，舉目日近；⑩ 絲綸揮五色，回首雲

---

① 直：當，正在。藍橋：傳說裴航爲唐長慶（穆宗李恒年號，公元821至824年）間秀才，游鄂渚，夢得詩："一飲瓊漿百感生，玄霜搗盡見雲英。藍橋便是神仙宮，何必崎嶇上玉清。"買舟還都。後路過藍橋驛，遇見一織麻老嫗，航渴甚求飲，嫗呼女子雲英捧一甌水漿飲之，甘如玉液。航見雲英姿容絕世，因謂欲娶此女，嫗告："昨有神仙與藥一刀圭，須玉杵臼搗之。欲娶雲英，須以玉杵臼爲聘，爲搗藥百日乃可。"後裴航終於找到月宮中玉兔用的玉杵臼，娶了雲英，夫妻雙雙入玉峰，成仙而去。

② 陶邴虛博乎芳名：據《宋史》記載：有一次科舉考試，一個叫陶邴的人考了第六名，這陶邴的父親陶穀是禮部尚書。趙匡胤說："聽說這個陶穀不怎麼會教育兒子，他的兒子怎麼會考第六名呢，復試一次看看。"復試後，陶邴的成績還是不錯，趙匡胤才放心。作者這裏指自己名實相符。

③ 唐明皇天寶二年：癸未年，即公元743年。

④ 拔茅：選拔名列前茅者。春秋時楚國用茅草做報警用的旌旗，行軍時拿着走在隊伍的前面，作爲報警的信號，故稱"前茅"。比喻名次排在前面。

⑤ 無逸乃逸：典出《尚書·無逸》，周公曰："嗚呼，君子所其無逸！先知稼穡之艱難，乃逸，則知小人之依。"意思是：做君主的自始就不該貪圖安逸啊！如果他先去知道了耕種和收穫的艱難之後再去享受安逸的生活，那就可以明白小民們的疾苦。這裏歌頌皇帝知道人民疾苦，創造了安逸的生活。

⑥ 日新又新：《大學》：湯之《盤銘》曰："苟日新，日日新，又日新。"這裏歌頌皇帝努力進取。

⑦ 鶯坡：翰林院的別稱。

⑧ 登賢書：科舉時代稱鄉試中式。

⑨ 鎖院：指宋代翰林院處理如起草詔書等重大事機時，鎖閉院門，斷絕往來，以防泄密。

⑩ 日近：離太陽近，寓意指地位高能接近皇帝。

徨。余乃一步一趨兮，①獨流連乎風景；②隨而載歌載詠兮，深寄慨於夕陽。雲夢、衡霍多奇士，共聆《陽春》之曲；瀟湘、③鄢郢多異人，頻賡《白雪》之章。④是處堪棲鳳，何川不隱龍？聞君碧雲居，挹西爽於岩阿；至今黃鶴樓有"西爽石"遺迹尚存。⑤舒我澄清志，挽束流於長江。

黃鵠兮，黃鵠兮！上有青山，下有磯。古今多少興亡，行間小字補：事。流來流去惟君知。

賦有"慨當以慷"之志。三汶斯文，竟成千古絕調。張添祐

謝賜及第表

張添祐

太運宏開，多士際風雲之會；⑥晉階寵賜，人文瞻奎璧之光。⑦十年勤苦，一旦遭逢。集木而兢，循墻知懼。⑧竊惟鵬搏海內，莊周壯九萬里扶搖；⑨魚縱壑中，王褒頌千百年會遇。⑩宇宙獨榮黃甲，⑪神仙偶直

---

① 一步一趨：《馮氏大成宗譜》作"亦步亦趨"。
② 乎：一作"於"，意同。
③ 瀟湘：一本作"荊襄"，與對文"雲夢、衡霍"不相應，誤。
④ 頻：一本作"難"，不合文意，誤。《陽春》《白雪》：高雅的樂曲。典出戰國楚宋玉《對楚王問》："客有歌於郢中者，其始曰：'下里巴人'，國中屬而和者數千人……其為《陽春》《白雪》，國中屬而和者不過數十人而已。"
⑤ 此注原在文尾，為便閱讀理解，移到這裏。
⑥ 際風雲之會：即風雲際會，比喻難得的機會。
⑦ 奎璧之光：《宋史》："五星聚奎，占者謂主文教昌明，真儒輩出。"《孝經‧援神契》："奎主文昌，雖為武庫，實文章之府。"奎為西方七宿之一，居戌，為魯分野，故曲阜聖廟有奎文閣，謂奎璧聯輝。
⑧ 循墻：謂避開道路中央，靠墻而行。表示恭謹或畏懼。《左傳‧昭公七年》："故其鼎銘云：'一命而僂，再命而傴，三命而俯，循墻而走，亦莫余敢侮。'"杜預注："言不敢安行也。"
⑨ 鵬搏海內，莊周壯九萬里扶搖：用《莊子‧逍遙遊》典，指作者志存高遠。
⑩ 魚縱壑中，王褒頌千百年會遇：典出漢王褒《聖主得賢臣頌》："……故聖主必待賢臣而弘功業，俊士亦俟明主以顯其德。上下俱欲，歡然交欣，千載壹合，論說無疑，翼乎如鴻毛過順風，沛乎如巨魚縱大壑。"指作者得以施展抱負。
⑪ 黃甲：科舉甲科進士及第者的名單。因用黃紙書寫，故名。

及其抵江夏，① 臨鄂渚。② 見三湘之會同，③ 觀萬派之朝宗。洋洋乎，臨流水而茫然；巍巍乎，仰高山而快想。④

於是登彼黃鵠，俯視八方。東升紫氣雲關遠，南極瀟湘楚天長。鸚鵡橫鎖霸陵渡，⑤ 鳳凰獨佔臥龍崗。⑥ 競雄風於三楚，定伯業於金、湯。春秋、戰國，經大兵與大敵；⑦ 五伯七雄，⑧ 歷幾帝而幾王？淘不盡千秋英雄，磨不完一片巉芒。⑨ 仙人、騷客，感煙波而太行間小字改：嘆。息；⑩ 衝、名衡。官、名禮。屈、名伸。宋，名策。天頭注：衝衡、官禮，二人在商。□算、陰陽、禮樂、八索、九丘、三墳、五典之書，無不讀矣。屈伸、宋策，二人爲周武王太史，通兩儀，達三才。淘不可幾矣。夏禹時有喻艮、喻史二人，爲禹上卿，修三皇五帝之書，其傑出者乎！此六人者，皆江夏人物之盛見於三代、三世者。望漢浦而徬

---

① 及：一本作"既"。
② 鄂渚：相傳在今湖北武漢市黃鵠山上游三百步長江中。
③ 三湘：有下面幾種說法：第一種說法是指：湘水發源地與漓水合流後稱"灕湘"，中游與瀟水合流後稱"瀟湘"，下游與蒸水合流後稱"蒸湘"，故名"三湘"。第二種說法是指：湘鄉爲"下湘"，湘潭爲"中湘"，湘陰爲"上湘"，合稱"三湘"。第三種說法是指：用作湘北、湘西、湘南三地區的總稱，泛指湖南全省。
④ 想：一本作"志"，失韵，應爲形近誤。
⑤ 鸚鵡：鸚鵡洲，原在武漢市武昌城外江中。相傳由東漢末年禰衡在黃祖的長子黃射大會賓客時，即席揮筆寫就一篇"鏘鏘戛金玉，句句欲飛鳴"的《鸚鵡賦》而得名。後禰衡被黃祖殺害，亦葬於洲上。歷代不少名人，"藏船鸚鵡之洲"，縱觀大江景色，留下了很多詩篇。但明末，此洲逐漸沉沒。
⑥ 鳳凰獨佔臥龍崗：指武昌鳳凰山。1918年的《江夏縣志》記載："鳳凰山在縣城北，吳黃龍元年（公元229年），鳳凰來集，故名。貢院、縣學宮、縣署、都察院署皆在其陽。前有孟母冢，今在貢院牆內，唐岑參詩：'路指鳳凰山外雲'即言此。"東至螃蟹岬，西接解放路，南近糧道街，北臨中山路。面積20000平方米，海拔高程44.9米。鳳凰山北有武昌城北唯一的武勝門，是武昌城北的門戶，有"欲制武昌，先制蛇山，欲制蛇山，先制鳳凰山"之說。在軍事上爲武昌要塞，清代山頂曾設有砲臺。
⑦ 與：一本作"於"，應爲同音誤。
⑧ 伯：一本作"霸"。
⑨ 芒：一本作"石"，失韵，應爲形近誤。
⑩ 而太：一作"霞"，形近誤。

同一志也。蓋先人見江漢之飛英濯錦，靈泉之鍾靈毓秀，故有志於風水，① 爲後世計深遠也。

而余獨否否。余以爲：服錦衣於華廈，不如讀萬卷於青燈；買良田於萬頃，不如積陰騭於方寸。則專言風水之利，曷兼言積德之優也？《易》曰："積善之家，必有餘慶。"② 其此之謂乎？

按：馮觀善卜筮，好山水，而尤精於《易》。馮商至奕家見之曰："乃侄果有大志，人生須當積德。"携是稿歸。錄此文於譜，終身如其言。

鄂城黃鵠山賦③

馮舜④

簡承景命，來奠楚方。⑤ 歷荊門，⑥ 過滄浪。⑦ 覽山川之佳麗，思南國之文章。

---

① 風水：堪輿術，即相地術，俗稱風水術。
② 積善之家，必有餘慶：出自《易·文言》。
③ 鄂城：意爲鄂地政治中心之城，但黃鵠山所在的武漢地區漢末、三國才開始有城堡和地名記載，隋唐才成爲區域政治中心。
④ 馮舜：本書馮式《寄同鄉書》稱：漢世祖，馮京《馮司徒式公廟碑》稱：西漢人。張昇《馮文簡宗譜總序》稱：世卿，秦莊襄王賜爲公，封於鄂，鎮楚。考：洪興祖《楚辭補注》："楚子熊渠，封中子紅於鄂。鄂州，武昌縣地是也。隋以鄂渚爲名。"秦時屬南郡，漢高祖六年析置江夏郡。皆未聞封王於此。2008 年版《馮氏大成宗譜》等認爲馮京作，但未鎮鄂。韵合《詞律》，應爲唐末以後作品。
⑤ 方：一本作"邦"。奠：鎮撫。
⑥ 荊門：唐德宗貞元二十一年（公元 805 年），析長林縣立荊門縣。
⑦ 滄浪：《孟子·離婁》記載，孔子到楚國聽到小孩子唱了一支歌："滄浪之水清兮，可以濯我纓，滄浪之水濁兮，可以濯我足。"酈道元的《水經注》根據《尚書》認爲即："武當縣西北四十里漢水中，有州名滄浪洲"。南北朝時期的武當縣治所，位於今天的武當山鎮一帶，其向北四十里左右，是後來的均州城。

地名冷水舖。生宏英，稱碩彥士。產天命，爲尚書監，① 江漢蜚英矣。傳世塘泉山公，官秘書，建寶善堂於夾山。歷元會、亨陽、利、貞，紹述箕裘矣。

至乾一公諱觀，京之曾祖。樂善循禮，廣積陰德，生金溪公諱商。攻苦勵志，品行卓犖。光明如日月，正大如雷霆，節操如冰霜。力行衆善數十年，半百無出。買妾於河南，御幃以歸，未見顏色。問其年，曰："甫及筓。"② 問其由，曰："贖父罪。"公仰天嘆曰："女子尚且知孝，男子獨不知義乎？"捐金八十，遣之使歸。

噫！以公之大義格天，篤生顯考，諱式。聰明、仁厚，克承厥緒。一登進士，再登行間小字改：補。員外。此天之報施善人，應如是也。嗚呼！顯考事我祖母張老孺人，孝養、色養，終身不衰。而我母太夫人張氏，尤孝事姑，生京於馮家瀨。及長，太夫人兢兢延名師。始從學於靈泉，繼讀書於永豐，再講求於白雲。由鄉試而廷試，叨居首選。皆我祖宗累世積德之餘慶也。歷官二十餘年，蒙皇上聖恩，蔭及二子。擢文淵、文海，入內閣，賜中書舍人。是君恩與親恩而並隆也。

京惟稽首昌言，以對揚我天子之休。用勒諸石，以垂不朽。

大宋元豐二年三月穀旦，馮京敬書。

積 德 文
馮奕③

太平興國行間小字注：四字係太宗年號。之間，宋太宗之初元。鄂州馮公觀卜筮而得臨、觀之爻，故始買奇亭；再筮而獲同人之吉，又次買金溪；三筮而協履泰之亨，又次買橫山。余祖鼎一子諱潮，卜沼山而徙銅堤，

---

① 尚書監：查史無尚書監，而有尚書監丞，宋之問在武後晚年曾轉任過此職。
② 及筓：亦作"既筓"。古代女子滿15歲結髮，用筓貫之，因稱女子滿15歲爲及筓。也指已到了結婚的年齡。
③ 馮奕：原在標題前，依例移此。

第恨人丁式微。① 我先君商公憂之，再卜長嶺之南，構室中堡。築隄爲陂，以挽去水。山色湖光，以供書窗。生男馮京，適應其占。

不幸遭家多難，徙於永豐。驛名，屬咸寧縣。先人墳墓，尚在故鄉。乞同里仁賢君子，念桑梓依依，垂憐賜顧風晨、月夕。佩德不忘！

式百拜致書。

按：馮觀父子買田七邑，富甲鄉邦。遼、夏寇至，上官借餉解京。式不與，以違旨論，竟破其家產。遷居永豐驛。

馮司徒式公廟碑

馮京

自伯益佐禹，② 肇封於夏，賜姓爲馮。延及於漢，行間注：馮舜。世祚流芳矣。東漢以來，雲臺行間注：馮異。③ 標績於巾車，苗裔永通夫仕籍。攷其時，馮族食采者十四世。其申錫無疆者，孰非祖宗之源遠流長，足以致之哉？兩晉而下，世居青、徐。降及五代，兩渡淮、泗，三徙河北。其流離失所也，行間小字改：者。皆亂離之餘燼也。

皇唐受命，祖名馮興，字大善。延及馮岳，歷開成、定遠、餘慶諸公。至馮三畏，官鹽鐵轉運使，始遷江夏郡。掘馮馬池，獲金十萬。其弟三元，宦仕西粵，而公獨居鄂。享年八十春秋，葬江夏東三十里爲塋，

---

① 式微：見《詩·邶風》。式：作語助。微：昧，黃昏。意思是，天就要黑，引指王室的衰微，這裏指不興旺。

② 伯益：名益，偃姓，伯爲爵稱，亦名伯翳、柏翳、柏益、伯鷖、大費。皋陶之子，東夷族首領少昊之後，女祖爲黃帝族顓頊之孫，係趙及嬴姓諸國的受姓始祖，虞夏之際的一位重要歷史人物。

③ 馮異（？—34），字公孫，潁川父城（今河南寶豐東）人。東漢中興名將，"雲臺二十八將"之一。馮異早年爲王莽效力。地皇三年（22年），劉演、劉秀起兵，馮異以郡掾的身份監五縣，跟父城長苗萌共守城池，抵抗劉秀。劉秀進軍潁川（治今許昌），攻父城不下，屯兵巾車鄉（今寶豐縣東南）。馮異出巡屬縣，被漢兵捉獲。時馮異的堂兄馮孝和同鄉丁綝、呂晏都在劉秀手下，他們共同推薦馮異。劉秀召見馮異，希望他留下。馮異請歸，爲劉秀據五城報德。

爲宗。誰能追述其遠祖，而共敦夫一本？諒愛子、慈孫之心，詎忍滅其禋祀，而各別其類乎？

兄自南樓一會，一要修廟，二要修譜，曾有同志矣。昨一友自永豐來，云："東高山下良田二十石，金鷄山一片清松送響，聊可作宅。"望兄同買，勿辭其遠。忽接來書云："欲建祠於沼山，買田於白雲畈。"則仍聽其便。兄果有志，弟願從之，不必拘於江邑也。

若時下俗論，直井底蛙耳！彼其視祖宗，幾如秦越人之視肥瘠，①漠然不加欣戚於其心，是何足道哉！

書中未盡所懷，惟兄圖之。

按：潮號銅溪，居保安市，與金溪商爲兄弟輩。潮家有"百花園"，家人掘地，見白骨三軀。公具棺葬之，共埋一處，人號爲"百園翁"。

馮其龍生子觀，觀生商，商生式，式生京。式字奕程，生京，中狀元。

馮鼎生潮，潮生奕，奕生瑞。奕字式之，生瑞，中探花。

寄同鄉書
馮式式一登進士，再登員外。②

恭惟杜老盟伯教下：

式有漢世始祖馮舜，生江夏夾山里，土名馮家澥。傳世九十四代，③世以孝弟力田爲業。及我曾祖靈山公，號其龍，居西莊上堡，家致巨富。歷祖觀公，復營宅於南莊下堡。依山而樵，伴水而漁，固云樂郊矣，④

---

① 秦越人之視肥瘠：春秋時秦在西北，越居東南，相距極遠。詩文中常並舉以喻疏遠隔膜，互不相關。唐韓愈《爭臣論》："（陽子）視政之得失，若越人視秦人之肥瘠，忽焉不加喜戚於其心。"

② 姓名原在標題前。登員外：員外爲官職，應爲升遷，不同登科。據後文《馮司徒式公廟碑》注應改爲"補"。

③ 九十四代：按每代25至30年，需2350至2820年。漢初（公元前206年）至下文馮京署元豐二年（公元1079年）馮式去世，僅1385年，差約千年。

④ 樂郊：猶樂土。典出《詩·魏風·碩鼠》："逝將去女，適彼樂郊。樂郊樂郊，誰之永號。"

是年冬,① 閣竟成,② 余題之曰"三元"。③

後之君子履斯橋、過斯坊以登斯閣者,無不流連感歎,以動其勃然奮興之志。④ 則人人意中,皆樂有此"三元"也,⑤ 故記之。⑥ 馮瑞自題爲"三元閣"。⑦

時大宋熙寧神宗初元。五年十二月穀旦。⑧

與銅溪潮書

馮金溪商⑨

昔周公制禮,不忘后稷;⑩ 成湯崇祀,不忘子契。⑪ 自古聖人,未有不重始祖者矣。

余家西漢之祖始於馮舜,世居鄂城。東漢之祖始於馮異,世居河北。前唐之祖始於馮興。後唐之祖始於三畏、三元,其子孫仍居江夏。今雖分居各屬,而溯厥本原,實同一祖也。獨恨人心不同,各自爲祖,各自

---

① 是:《馮譜》作"次"。
② 《馮譜》下有"馮子抱琴載酒,邀餘閣上,屬記閣名。"
③ 三元:《馮譜》作"三元閣"。後有"立閣之上,望其東南,三左之山,若金、若沼、若梅、若茗,諸峰插天,萬巖競秀,雲蒸霞蔚,有文明之象焉。而北望一片碧水,波浪千層,遠而望之,仿佛與烟雲往來,縹緲於無際焉。書勝景,大概盡於此矣。"相傳爲紀念馮京連中三元,馮瑞中探花,建閣應名兼二者,何以僅其兄"三元"名?
④ 其:《馮譜》無。
⑤ 樂:《馮譜》後有"得"。三元:馮譜後有"閣"。
⑥ 之:《馮譜》無。
⑦ 注馮瑞自題爲"三元閣",與上面張文稱其題矛盾。
⑧ 《馮譜》前有"宋儲封中憲大夫張昜月"。熙寧五年:壬子,公元1072年。十二月穀旦:《馮譜》作"十月吉日"。
⑨ 姓名原在標題前。
⑩ 周公制禮,不忘后稷:朱熹《詩集傳》釋《詩·大雅·生民》:周公制禮,尊后稷以配天,故作此詩。以推本其始生之祥,明其受命於天,固有異於常人也。
⑪ 成湯崇祀,不忘子契:商朝尊契爲祖先,子姓。傳說是舜的臣,助禹治水有功而封於商。

馮氏銅堤三元閣記①

張月齋昺②

古之成大名以顯當世、垂殊勳以利後世者,③必始於根本之地而施其功,然後道濟天下焉。

南郡有保安銅堤,實馮子楚珍之故里也。④其地三山一水,宅近污萊,⑤民患病、⑥涉,馮子鑿石為橋,橋成;建表為坊,坊竣。一以榮君恩,⑦一以利民行也。

馮子與余立於平岡,東望金山,西望沼山,南望茗山。諸峯插天,萬岩競秀,雲蒸霧起,有文明之象焉。而北望則一片碧水,惟見湖光瀲灩而已。⑧馮子欣然謂余曰:⑨"吾欲於水口之中壘石為基,⑩砌石為臺,勢如盤龍吞珠,立文昌義館。聘老宿名儒,教育羣才誦《詩》讀《書》於其中。⑪此余素志也。"余曰:"子之志則大矣。果作養人才,鼓吹休明,是大有造於後學,⑫大有功於名教也。余雖老,⑬願拭目以觀其成焉。"⑭

---

① 略同《馮氏大成宗譜》(下稱《馮譜》)《銅堤三元閣記》。
② 張月齋昺:《馮譜》作張昺月,稱儲封中憲大夫。
③ 勳:《馮譜》作"功"。
④ 實:《馮譜》作"乃"。
⑤ 污萊:指荒地。
⑥ 患:《馮譜》作"多"。
⑦ 榮:夸耀。
⑧ 此段《馮譜》作"辛亥之春,余與馮子散步於銅堤,視望湖山,見煙巒萬態,風景清和。"瀲灩:水充盈的樣子。
⑨ 《馮譜》無"謂余"。
⑩ 石:《馮譜》作"土";基:《馮譜》作"敦"。
⑪ 讀:《馮譜》無。
⑫ 是:《馮譜》無。
⑬ 老:《馮譜》為"年老"。
⑭ 焉:《馮譜》無。

小字注：諱潮。卜有沼山而樂乎銅堤。① 二公各得乎山水之盛，② 因以爲號。馮商號金溪，馮潮號銅溪。當時有望氣知興云：③"馮氏科甲兆於斯矣。"

家兄當世行間小字注：京字。④ 來遊於此，闢土爲齋，於藏修息游之暇，⑤ 嘗有八景之詠。⑥ 而元子誠齋誦其詩，高其志。雅慕其爲人，因見訪焉。退語友曰：⑦"余見二馮，⑧ 如獲雙璧。"相與連帷、榻，共燈、火者，五年矣。⑨ 冬末，誠齋歸京師，⑩ 官翰林矣。赴三年，⑪ 余與兄亦赴選至東京。接見於史舘，歡然於平生，⑫ 殊有願外之想。

是年二月春，天子策羣英於金殿。以京登宏詞科，冠多士軍，⑬ 而餘亦攀龍附鳳於其中焉。爾時宰相慶於廷，⑭ 百官慶於朝，萬民慶於野。東都人士望見顏色者皆曰："讀書之貴，其如此乎？"而誠齋則曰：⑮"此得天之秀，得地之靈，⑯ 得朋之樂，固如是也。"⑰

因爲文，以誌一時相得益彰之雅云。

---

① 百園公：《馮譜》後有"馮潮"。乎：《馮譜》無。
② 乎：《馮譜》無。
③ 興：《馮譜》後有"者"。
④ 家：《馮譜》作"吾"。
⑤ 《馮譜》"息"在"游"後，誤。見《禮記·學記》："故君子之於學也，藏焉，修焉，息焉，游焉。"
⑥ 嘗：《馮譜》作"曾"。
⑦ 友：《馮譜》後有"人"。
⑧ 見：《馮譜》作"獲"。
⑨ 五：前《馮譜》有"其"。
⑩ 師：《馮譜》無。
⑪ 赴：《馮譜》作"越"。年：《馮譜》作"歲"。
⑫ 歡：《馮譜》作"儼"。於：《馮譜》作"如"。
⑬ 多士：指衆多的賢士，也指百官。
⑭ 爾：《馮譜》作"是"。
⑮ 則：《馮譜》無。
⑯ 得天之秀，得地之靈：二句《馮譜》序异。
⑰ 固：《馮譜》作"其"

水。① 前有崖門以棲白雲，② 後有懸岩以注瀑泉。③ 虞公顧而樂之，④ 因卜兆於此焉。⑤

余覽風景之崇隆，踵前賢之遺跡，⑥ 作廟、塔於岩阿，築書齋於幽谷。南望紫氣盈寶嶂，⑦ 東望紅日昇扶桑，⑧ 隱隱似別有天地，⑨ 非人間也。⑩ 將欲處世乎，不過掛西山之芒履；將欲出世乎，實以驗普化之龍霖。

余弟楚珍瑞字楚珍。偕李、杜諸子，肄業於深山中。往往曠懷自適，絕不以塵世為念。白水盟心，自甘箪瓢以矢志；⑪ 青雲繫足，惟見煙霞以留人。展卷讀書，靜中見天，每會心於古人；策杖消閒，動中尋樂，遂忘機於宇宙。則今日之安其所安，適處乎沼山之中；豈知即樂其所樂，行間小字增：下。且超然於沼山之外也哉？

諸友好留情於山水，屬余言以記之。

山靈毓秀記—作《沼山記》

探花　馮瑞楚珍

余宗自四德公行間小字注：諱商。⑫ 卜有通山而樂乎金溪，⑬ 百園公行間

---

① 澗：一作"溪"。
② 前：《馮譜》作"東"。
③ 後：《馮譜》作"西"。
④ 虞：《馮譜》無，佚。
⑤ 卜兆：為擇地而占卜。
⑥ 遺：《馮譜》作"舊"。
⑦ "盈"後《馮譜》有"於"。
⑧ "昇"後《馮譜》有"乎"。
⑨ 隱隱：前《馮譜》有"四圍山色皆為异境"，後有"然"。天地：《馮譜》作"一洞天"。
⑩ 此句後《馮譜》文皆不同。
⑪ 箪瓢：盛飯食的箪和盛飲料的瓢，這裏指箪食瓢飲，喻生活貧苦。
⑫ 四德公：《馮譜》後有"馮商"。
⑬ 樂：《馮譜》無。

人皆江夏靈泉人。元誠齋翰林，元次山。① 以上二人係黄岡。② 曾希，馮瑞探花。居大冶。

沼山記
狀元　馮京當世

楚地跨山阻水以爲國，自衡岳而繞洞庭，其來山湧叠，③ 皆奔赴長江耳。④ 若通山一支，⑤ 蒼蒼蔚蔚。過金牛，渡洪濱，⑥ 特起星巒，⑦ 是不一嶂。⑧ 惟沼山數峯，⑨ 秀色卓立於雲表，嵐光遠射於長湖，固巍然與龍泉而競盛矣。⑩

先公舜卿登臨其上，⑪ 闢荆棘而斬草萊。喜其氣勢盤屈，⑫ 如城如垣；其山平夷，⑬ 爲池爲田。⑭ 上有横嶺以枕高山，⑮ 下有澗石以挽流

---

① 元次山：元結（719—772）：中國唐代文學家。字次山，號漫叟、聱叟。河南魯山人。天寶六載（747 年）應舉落第後，歸隱商餘山。天寶十二載進士及第。安禄山反，曾率族人避難猗玗洞（今湖北大冶境内），因號猗玗子。
② 唐元結應不可能與宋馮京爲友；若謂此元次山爲宋人，又有犯祖宗名諱的嫌疑。
③ 來山湧叠：《馮氏大成宗譜》（下稱《馮譜》）作"内勢包含"。
④ 赴：《馮譜》無。此句後《馮譜》有"自梅嶺以旋雷山，其外勢羅列，則拱衛江漢耳"。
⑤ 若：《馮譜》無。此句後《馮譜》有"劈脈中行"。
⑥ 此句後《馮譜》有"山勢雲聚"。
⑦ 星：《馮譜》作"茗"，音近誤。
⑧ 此句《馮譜》無。
⑨ 數：《馮譜》作"一"。
⑩ 此三句《馮譜》僅作"巍然雄楚"。
⑪ 先公舜卿：《馮譜》無，疑佚。
⑫ 喜：《馮譜》作"見"。氣勢：《馮譜》作"山谷"。盤屈：《馮譜》作"盤環"。
⑬ 山：《馮譜》作"中"。
⑭ 爲池爲田：《馮譜》作"爲田爲沼"，誤，失韵。
⑮ 山：《馮譜》作"崗"。

而所學，① 友杜、李、董、曾四子，② 復卜選湖山之勝，築書齋於沼山白雲畈，③ 從月臺張先生爲講學。④ 喜其山高水僻；⑤ 花香鳥語，日供於前；檢聲濤韵，時聞於耳。而一步一趨，⑥ 皆足以助詩書之樂，⑦ 而洩心性之靈。京與先生静夜聞鐘，⑧ 恍然此身在蓬萊三島中矣。⑨ 京讀書之暇，呼山僧，烹香茗，挹明月於樓臺，⑩ 引清風於几席。⑪ 想沂水春風之樂，⑫ 庶幾同此興歟！⑬

月臺張先生，宋名士，⑭ 靈泉鄉人。馮當世三遷讀書，⑮ 擇師、取友之功居多。先生自題其齋爲"月臺齋"，遂欣然命余爲之記。

沼山名賢十友

張月齋諱禹，張月臺諱昇，李宗孟神童，杜卓吾，董白，馮京。以上六

---

① 學：後《馮譜》有"愈進"。
② 杜、李：《馮譜》作李、杜，倒乙，排序可能反映編者對二人地位的看法。
③ 沼山：《馮譜》無。
④ 張：《馮譜》無。
⑤ 《馮譜》此句有主語"先生"。水：《馮譜》作"地"。
⑥ 而：《馮譜》無。
⑦ 樂：《馮譜》作"趣"。
⑧ 京與：《馮譜》無。
⑨ 三：《馮譜》作"山"，誤。蓬萊三島：中國神話自古相傳，在東海之上有蓬萊、東瀛、方丈三座仙山。矣：《馮譜》作"耳"。
⑩ 明：《馮譜》作"皎"。
⑪ 清：《馮譜》作"惠"。
⑫ 沂水春風：謂知時順勢。典出《論語·先進》：子路、曾皙、冉有、公西華侍坐……子曰："……各言其志也。"（點）曰："莫春者，春服既成，冠者五六人，童子六七人，浴乎沂，風乎舞雩，咏而歸。"夫子喟然嘆曰："吾與點也。"
⑬ 興：《馮譜》作"景"。後二段《馮譜》無。
⑭ 宋名士：馮京應該只能知其爲當時名士，宋名士必後人才能斷定。
⑮ 馮當世：古人一般稱人字示敬，自稱名示廉。

爲荒鄉。

異哉，此山！窈而深兮，廓其有容；繚而曲兮，如往而復。① 清風拂兮，林麓幽美；明月照兮，岩壑參差。馴獸伏石兮，既龍盤而虎踞；倦鳥投林兮，亦鶴舞而鶯棲。時而松、篁奏韵，時而蘿、月映輝，時而花、樹飄香，時而風、雨凄其。②

古圻來淅瀝之聲，洗清一切塵埃；③佛堂聞鐘鼓之音，驚醒許多幻夢。登斯山也，可以釋憂懷而舒嘯傲，可以消俗累而滌迷途。騷人載酒而歌詠，名士作賦以遨遊。前賢於斯而肄業，④ 先子於斯而下帷。

嗚呼！兩朝樓臺，今已湮矣；三元故里，名猶存焉。後之君子：憑弔古人，恍遇南國之英；訪求遺跡，如聞讀書之聲。不敢登高以稱作賦，聊述俚言以俟文人。

沼山月臺齋記⑤

馮京 當世

吾聞古之君子，⑥ 生不必盡同方，居不必盡同里，苟德可範、學可師者，皆當引爲道德、性命之交焉。

余少從外傅於靈泉寺，⑦ 仰觀此山，誠龍蟠虎踞之鄉。而學士、⑧ 名流，類聚於中，⑨ 可以薰陶德業，⑩ 磨礪人材也。

踰年，余讀書於永豐驛。⑪ 今咸寧地。

---

① "窈……復"四句見韓愈《送李願歸盤谷序》。
② 其："淒其"非謂賓結構，失對，改"淒氣"爲恰。
③ 埃："埃"失韵。
④ 業："業"失韵。
⑤ 《馮氏大成宗譜》（下稱《馮譜》）標題作《窗下記》。
⑥ 吾：《馮譜》作"蓋"。
⑦ 余：《馮譜》作"京"。
⑧ 而：《馮譜》無。學：《馮譜》作"博"。
⑨ 類後《馮譜》有"可"，衍文。
⑩ 可：《馮譜》作"足"。
⑪ 余：《馮譜》作"京"。

爲人臣者，① 當鞠躬盡瘁；爲人子者，② 當慎終追遠。不可一毫或忽也。③

余閱馮子譜牒，④ 上溯姓氏之源，⑤ 下逮繼述之宗。⑥ 明昭穆以尚祖，行間小字增：也。系所生以尚嫡也，序長幼以尚齒也，列像贊以尚思也。非大忠、大孝而能之乎？⑦

噫，世之去祖未遠而懵然無知，⑧ 愧於馮氏者多！⑨

時大宋孝宗淳熙九年壬寅甲辰月穀旦，⑩ 新安朱熹晦菴氏序。⑪

沼山賦

馮元銓字魁廷。

山起南離，⑫ 文筆參天；冶地名勝，號曰沼山。

雄視四塞，一顧茫然。□□□□，⑬ 類聚名賢。龍勢崢嶸，山拱水環。梁湖溁其北，⑭ 茗山峙其南。中有一沼，清泓可鑑。上有一泉，煙雨不常。蒼松修竹，雜蔭其旁。虞公宅兆，⑮ 淪隱草莽。昔爲臺閣，今

---

① 者：《劉序》作"所"，疑草體形近誤。
② 子者：《劉序》作"後所"，疑誤。
③ 不：《劉序》前有"而"。
④ 餘：《劉序》作"今"。馮子：《劉序》作"劉氏"。
⑤ 氏：《劉序》作"原"。源：《劉序》作"始"。
⑥ 逮：《劉序》作"迷"，疑形近誤。述：《劉序》作"世"。
⑦ 孝：《劉序》後有"者"。
⑧ 遠：《劉序》後有"問其所自"。無知：《劉序》爲"者"。
⑨ 馮：《劉序》作"劉"。多：《劉序》後有"矣"。
⑩ 大宋孝宗淳熙九年壬寅甲辰月穀旦：孝宗爲廟號，僅後人能知。淳熙九年壬寅：公元1182年。《劉序》作"宋紹熙五年甲寅春三月"。紹熙五年甲寅：公元1194年。
⑪ 晦菴氏序：《劉序》作"頓首拜撰"。
⑫ 南離：指南方。《易》離卦位在南，故稱。
⑬ □□□□：賦爲偶句韵文，前後有韵，且對句四字，推知此處佚一四字句。
⑭ 溁：水流迴旋。
⑮ 宅兆：風水學術語，指墳墓的四界。

馮氏舊譜序①

朱熹晦菴②

余嘗仰觀乾象，北辰爲中天之樞，而三垣、九曜，旋繞、歸向，辟如人君之尊，③而無人不拱焉。俯察地輿，④崑崙爲華岳之鎮，⑤而五岳、八表，逶迤、顧盼，猶祖之親，⑥而無人不朝焉。⑦

君、⑧親一體，⑨忠、孝之道。⑩忘之者謂之逆，⑪遺之者謂之棄，慢之者謂之褻。五刑之戒，⑫莫大於不忠；百行之首，⑬莫先於不孝。⑭

---

① 馮氏舊譜序：劉氏網站亦有朱熹《題劉氏宗譜序》（下簡稱《劉序》），與此文大體差不多，可以用來校勘。史學界一般認爲：明清時，有職業"譜師（匠）"，專門爲人編譜。清代又盛行"拉名人作祖先"和"拉名人作譜序"。後者正以朱熹爲多，已多達幾十種，甚至有上十姓都僅一個姓字之差。劉氏稱朱熹作序是因爲"誠爲我先祖屏山先生劉子翬的弟子，也在劉家長大。因此有感於此，爲劉家家譜寫序"，其序後簽署的時間在馮譜後12年，恐怕未必。爲馮氏舊譜作序，更沒有交代任何緣由。
② 朱熹晦菴：參見《張忠文爲宋社稷臣說》注。
③ 辟：《劉序》作"譬"，爲古今字。如人：《劉序》作"猶"，根據下句對文，應該都是多餘的。
④ 地輿：《劉序》作"坤維"。
⑤ 岳：《劉序》作"夏"。
⑥ 猶：《劉序》前有"譬"，疑衍。
⑦ 人：《劉序》作"適"，即"嫡"的通假字。可能爲對仗，"嗣"更好。朝：《劉序》作"本"。
⑧ 君：《劉序》前有"故"。
⑨ 體：《劉序》作"理"。
⑩ 之：《劉序》作"一"。
⑪ 忘：《劉序》作"悖"。
⑫ 五刑：《劉序》作"無將"，疑誤。
⑬ 首：《劉序》作"屬"。
⑭ 先：《劉序》作"大"。

東漢革鼎，兩晉、五代之間，①其流寓靡常者，難以世序矣。②

傳至皇唐，馮氏再造。若福、若壽、若康、若寧，若蓬、若萊、若仙、若島，③以至於興，是名大善，克配於茜。姓，音倩。終唐之世，永無禍難之加，④皆好善之德有以貽之也。

遞傳而下，三畏始登仕籍。注意江夏，復獲故土。屈指計之，數百餘年矣。其弟三元，宦遊西粵。兩地異居，約有五世。

唐、虞二公，追思本原，來居鄂渚。與亨、陽握手，言及往事，未嘗不號泣以三欷也。歷貞、武、觀、鼎而至四德，馮商。垂緒百代而纘承彌光，⑤富有萬鎰而好修愈懋。⑥

維我程、奕，式，父子濟美。才居千人之俊，名冠多士之魁。維我式之，名奕。堂構重輝。心種良田之德，身登金榜之科。其德行優於天下者，其文章亦優於天下；功名甲於天下者，其事業亦甲於天下。天頭注：京、瑞二人廷選係宋仁宗乙丑天聖三年。仁宗改元九。歷歷紀之，是皆有光於祖宗，有大於門閭。

為奕世子孫者，永崇箕、裘，⑦增修厥德，以克纘前人，所當繼序於弗忘者矣。是為序。

時大宋皇祐仁宗。三年辛卯十月穀旦。

---

① 五代：兩晉和唐之間，應為南北朝和隋，而非五代。
② 馮京《馮司徒式公廟碑》："兩晉而下，世居青、徐。"
③ 若福、若壽、若康、若寧，若蓬、若萊、若仙、若島：正好四子分別名為福壽康寧和蓬萊仙島，出生後命名的可能性小，後人編造的可能性大。
④ 永："永"為前人祝願語氣，用"從"纔是後人綜述語氣。
⑤ 纘承彌光：繼承發揚。
⑥ 鎰：古代的重量單位，二十兩，一說二十四兩。修：修養。
⑦ 箕、裘：比喻父、祖的事業，典出《禮記·學記》："良冶之子，必學為裘；良弓之子，必學為箕。"箕，揚米去糠的竹器，或者畚箕之類的東西；裘，冶鐵用來鼓氣的風囊。

迨公膺貴顯，王姓宜復，而杜恩難忘。宗晦公以二夫人何氏子諱源繼之。此後世所以姓何也。①

然則李、杜、王、何四宗，名雖異而實則一也。② 天頭注：按《鑑》：李道宗係唐高祖之族弟也。

馮文簡宗譜總序
宋處士、江夏靈泉人　張昇月臺

秦，大國也。馮，公族也。出陶唐伯益後，③與嬴秦爲同宗，世爲秦卿。居陝右，其地多高山流水，與西陵氏爲鄰。④舜生雋異，善屬文。娶於農姓，年三十。善騎射，喜涉獵，慷慨有大志。西陵甫薦之，官於朝，達於政。莊襄王有寵於舜，得錫爲公。封於鄂，使鎮楚。及秦亡，失其封邑，隱於民間，善自韜晦，漠然若無所長。惟時大漢封英行間小字注：樊英。王於楚，知舜賢，復其故宅，終身禮遇之。全其壽考，葬於蛇山之陽。⑤

嗣是而後，子孫不絕如縷。至孝平，仕於南陽，復遷河北。

馮異犯罪，遇光武於窮途，脱桎梏於巾車。⑥其亡命之年，即發跡之由也。天頭注：劉秀狗潁川，屯兵巾車鄉。馮異率五縣以降。帝行間小字注：光武。有天下，異不矜功，故子孫得食其采邑，十有四世矣。

---

① 杜恩難忘。宗晦公以二夫人何氏子諱源繼之。此後世所以姓何：既然杜恩難忘，以何氏子繼之，則應姓杜，怎麼姓何？其後人復舊姓，倒有可能。
② 李、杜、王、何四宗，名雖異而實則一：本書何炌《誡子》稱"先祖俱業農"，與此不同。
③ 陶唐：堯初封於陶，後徙於唐，後以稱其族。伯益：亦作伯翳、柏翳、柏益、伯鷖，又名大費。《史記·秦本紀》記載是五帝中顓頊的後代，嬴姓的始祖。
④ 西陵氏：其女嫘祖是中華民族人文始祖黃帝的元妃。她因發明養蠶抽絲、製作衣裳，澤披後世子孫，而被尊爲"蠶神女聖"。然而，關於西陵氏的族屬、居住地望及其遷徙等問題，古史記載語焉不詳。
⑤ 蛇山：據南宋詩人陸游的《入蜀記》中載"繚繞爲伏蛇……"至清乾隆《江夏縣志》已有蛇山之名。1909年《湖北省城內外詳圖》正式標名爲蛇山。
⑥ 馮異犯罪，遇光武於窮途，脱桎梏於巾車：參見《馮司徒式公廟碑》注。

對曰："臣父名辜董。"上曰："何必辜，只言董可也。"因賜姓爲董。

說者謂先生爲漢時董仲舒後者，非也。

董氏宗派

皇明翰林辜皋，洪武壬子徵辟，官至刑部侍郎。娶張氏，諱玉瓚。吏部張添祐姑母，賓王張養浩之女。與沈如筠爲姨夫。董開鼎，字受一，太學生。妻李氏，第進士、官都堂李盛之女。墓在徑途龍塘塆之東，地名喜雀林。李氏、黃氏在右。①

外塹圍之，廣數十畝云。

靈泉杜氏錄

杜氏本唐封江夏王李道宗之後也，附姓杜。明杜宗晦先人杜淦，<small>行間小字注：音紺。</small>字孝先，居靈泉。至晦，中永樂甲申進士，官布政。杜勝宗，永樂乙酉舉人，官知府。杜竑，天順丁丑進士，官參議大夫。因事被抄，閤室充四川重慶府軍。後人改姓何，何源、何清、何諒、何炘，俱科甲。

李、杜、何，三姓同宗。

杜氏宗譜記
沈寶之

宗晦者，李姓也。先世唐王道宗封江夏王，居靈泉山。今憲寢之左，其地寬平者，即其遺址也。後世以王道宗稱，或以封江夏王爵，子孫因以爵爲姓，故曰"王"。②

其後傳數百年而中葉衰微，出附外家。杜氏給以田宅，贍以衣食，遂依外家而姓杜，自杜淦孝先始也。<small>行間小字注：淦字孝先。</small>

---

① 黃氏：文中未提及黃氏，疑爲張氏之誤。

② 以爵爲姓，先秦較多，唐代罕見。

之祖、科第之魁也。聖天子重知名士,賜號秉正。太子、諸王,咸賓師之。公族弟曾冕、曾敬,永樂甲申舉,行間小字增:人。第進士,官吏部僉事,官至太守。

玄孫仲賢,正統初,舉明經進士。撥換住基於楚府,與教諭潘縉同徙土地塘、黃陵山二處。九世孫亦舉明經。

至萬歷初,曾公守禮蒙恩拔授遠安通判,任岐山縣令。

族孫曾先序於《靈泉八鄉賢譜》中。

靈泉董氏錄

董本漢賢臣直不疑之後,① 附姓爲辜,宋末居靈泉。

元隱士辜皋,號陶谷。至洪武壬子年,太祖徵辟爲學士。歷官刑部侍郎,皇上賜姓爲董。董禮,永樂甲午科舉人。任教諭,歷官通政司。

又潘縉本姓董,成化丁酉科舉人,爲姑母立嗣。楚府撥換靈泉里,今土地塘是也。

直、辜、董、潘,四姓同宗。

董氏族譜

明辜皋號陶谷先生,原姓直,漢賢臣直不疑之後也。後世直亮仕於唐,戰死異域。其子孫宦仕辜州,不知何處?遂以辜爲姓。②

至元太初,③ 住於靈泉山。明洪武朝,辜皋以秀才而被徵辟,賜翰林及第。與曾泰、張誠生同鄉,而舉同時也。上問皋曰:"爾父何名?"

---

① 直不疑:西漢南陽郡(今河南省南陽市)人。漢文帝時,擔任郎官,升至太中大夫。景帝後元元年(前163年),因平定七國之亂有功,被任命爲御史大夫,封塞侯。漢武帝建元元年(前140年),因過失被免官。他無論到哪裏做官,都被人稱爲有德行和厚道的賢人。直不疑去世以後,他的兒子直相如繼承了爵位。

② 其子孫宦仕辜州,遂以辜爲姓:上文《靈泉董氏錄》稱:附姓爲辜。

③ 元太初:南朝宋後無太初年號。至元,元世祖、元惠宗年號,公元1264—1294,1335—1340年。

主人。鍾元配趙氏、繼妻徐氏，俱無出。復娶周氏，生三子：長諱寶。_{行間小字增：}籍江夏。楚靖王以女娶之，是爲儀賓，妻封中牟邑主朱氏。次諱貢，弘治戊午舉人，己未進士。任饒州。三諱貢，居九山，今中州嘴是也。鍾之孫時登，長而賢。次時益，亦能文。時正、時望，善詩賦之學。時瑩，有才能。時量，有雅志。其族裔學山、學海、學鳳、少岡等，皆佑啓我後者也。此東平一支也。

鄒氏由來錄

明鄒氏者，以軍功出身。鄒衍泗隨楚昭王分封入籍，亦居靈泉。與四川鄒智_{字汝愚}，以神童中蜀解元，官翰林。四川合州人。同族。嘗讀書於靈泉寺。

至鄒彥魁，中天順壬午科舉人，恩賜翰林。鄒繼魯，楚府儀賓。鄒振奇，拔貢，太常寺鄒彥魁之孫，儀賓鄒繼魯之子。大有志節可觀。鄒林森，換地於楚府靖王，遷居於湘東降仙橋。

禍自正統年始，前此衆姓尚居靈泉。①

靈泉曾氏譜
曾先

曾氏者，古山東籍，大賢曾子輿之裔也。②

自宋初至荆楚，祖居靈泉山。元、明間，曾養吾没於兵，_{曾泰妻潘氏生二子：長養吾，次彥舟。陳氏養吾之妻。}守節，朝廷立坊以旌之。

維我曾公諱泰，隱居樂道，不苟進於濁世，而德行、學問，卓然稱三楚首望。洪武壬子，始被徵辟爲翰林首選，官户部尚書。爲江夏文學

---

① 此句原接正文，因與題意不合，疑注文衍入，據改。
② 曾子輿：曾參（前505—前432），姓曾，名參，字子輿，春秋末年魯國南武城（今山東嘉祥縣）人。曾參是孔子學說的主要繼承人和傳播者，在儒家文化中居有承上啓下的重要地位。與孔子、孟子、顏子（顏回）、子思子比肩共稱爲五大聖人。

沈氏源流譜
沈雲塘

開平沈如筠，字無回，號嵩菴。喜遊嵩嶽登高作賦，故自謂嵩菴居士。原籍南昌，父與約徙長洲開平。洲人呼地名。開平，東平。① 自元末，又徙江夏。與靈泉張吏部鄰居，公以長女道廉娶之。前夫人申氏所生者。② 公始無嗣，過立張誠之子添裕爲嗣，更名道宗。侄爲姑母兒。公有弟如松，生道綱、道紀。以次子道紀争立爲嗣，公暮年生子道倫，復娶張氏所生。道宗仍承張祧，道紀亦承本支，各歸其宗，不相紊也。道倫有一支爲楚藩播越，③ 遷居黃陂。倫有二子：一民望，一民仰。仰生二子：一宗文，一宗武。望生一子宗周。詳《沈宏墓誌銘》中。④ 獨宗武一支居江夏省城。料遷黃陂者大約是宗文一支。沈天爵一支居青石舖。此開平一支也。

開平胞兄如篁，字鳳苞，號東平。因長洲地名，乃因爲號。生三子：啟東、啟楚、啟南。楚、南二人，自元末同開平徙江夏。楚生沈瑾、沈烈二人，皆名士。南善詩、畫，元名士。生沈承，字君烈，頗有才名。後有可璋字孚達，及世昌。皆歲進士，居縣市。東之子沈晦，爲西楚令，仍居長洲。其裔沈孟新，明洪武初又徙金陵，始爲應天府上元縣籍。孟新生原本，娶舒氏女，有賢聲。是生沈鍾，行間小字增：官巡按。字仲律，號休齋。生而穎異，博達古今。天順丙子舉人，⑤ 江南中式。庚辰進士。由禮部主事陞山西按察副使，改任湖廣，又陞山東。三任學政。不事生產，⑥ 清白傳家而已。其弟沈鎧爲兵部主事，養母於金陵。仍居原籍江南上元縣。而鍾獨居江邑之鄂城。入籍江夏。二十七年間，以著作傳世，自號爲黃鶴

---

① 注文原在正文"長洲"後，爲便閱讀移此。
② 娶：當爲"嫁"之誤。下同。
③ 播越：逃亡。
④ 《沈宏墓誌銘》：見前文《沈大亨墓誌銘》。
⑤ 天順丙子：天順無丙子，庚辰前景泰有，即景泰七年，公元 1456 年。
⑥ 生產：財產、產業。

沈氏宗譜

張天泓

宋進士沈文通生該，① 字佺期。② 該於宋高宗時拜右相。生子恪，遷江西南昌府，生子遂名南昌。昌生子朝麟。麟生子東州。州生子臨川。川生子㷀。㷀生子與約。約遷長洲東平里，生子如篁、如筠。篁居東平里，筠居開平里，因號焉。

元末，徙江夏。張添祐之兄添裕，過繼沈公如筠爲子，更諱道宗。年至五十，慟哭思親；守父張誠墓十載，風雨不間，墳上無一宿草。里稱張孝子，故歸家復張姓。③ 得紫荆壠祭田四十石、九峯大莊三十石、太平莊五十石並張誠湖等處。裕子亨一，生五子：一必達，字九陵；二必顯，字九石；三必貴，字九疇；四必是，字九如；五必昌，字九徵。至曾孫天泓，因楚藩撥換靈泉地，遷居太平莊張誠湖，改姓沈。今又移居龍泉土地塘。張天旂、天林一支移居湖東菓合橋，俱屬江夏。餘不盡錄。

曾孫張天泓記。

---

① 沈該：字守約，吳興（今湖州）人。宋重和元（公元1118）年進士，紹興十五年（公元1145年）知盱眙軍，十八年掌禮部侍郎，直學士院。爲秦檜所忌，出知夔州。紹興二十五年（公元1155年），秦檜死，沈該除敷文閣待制，參知政事。紹興二十六年授左正議大夫，守左僕射，同平章事，兼監修國史。沈該認爲自秦檜專權以來，所修國史不足爲訓，奏請刪改，紹興三十年，纂成《中興聖語》六十卷。紹興二十八年，沈該曾被罷爲觀文殿大學士，提舉洞霄宮。紹興三十年，起知明州（今寧波市）。隆興元年（公元1163年）致仕。有文集五十卷、律詩三百五十篇、雜著一百篇。
② 沈佺期，字雲卿，相州內黃人。唐代詩人。與宋之問齊名，號爲沈宋。語曰：蘇李居前，沈宋比肩。集十卷，今編詩三卷。沈該，信史字守約，說沈該字佺期，有犯祖諱的嫌疑。
③ 故歸家復張姓：上文《沈氏源流譜》所說原因不同。

該字佺期。① 於宋高宗紹興三十一年拜右相。② 該父文通，曾舉進士。文通生該，該卒於宋亡之年，③ 通孫沈恪遷南昌，生子名曰南昌。昌生朝麟。麟生東州。州生臨川。川生炯。炯生沈與約。約生我公如筠焉。

公有三子：長道宗，祐兄添裕過繼爲姑母承宗；仲道倫；筠後親生之子。季道紀。筠弟如松之子，亦過繼。生女曰道廉，張氏無育，所娶申夫人所生。宗子姓兄弟派也，而忝荊其是。荊，妻也。道廉係添祐妻。又如篁者，字鳳苞，號東平，公同母兄也。篁生三子：長啟東，次啟楚，次啟南。東子沈晦爲西楚令，仍居長洲地。楚、南二人，與開平偕來也。

楚子瑾烈，輩年最幼，求譜序，且曰："非公筆墨，不光吾譜。"余驚叱言曰："是兒果名家子，紹箕裘者，非爾而誰也？"

余遂爲之歷叙其行間小字補：世。系，以不忘其所自出。亦以見龍鱗天種，偏鍾於世族之家；而草野文章，竟傳於公卿之譜。

宣德三月二日上浣，④ 靈泉探花、官吏部尚書張添祐序。

---

① 沈該：參見《沈氏宗譜》注。字佺期：與唐朝人名同，有犯諱的嫌疑，且與信史字守約异。
② 紹興三十一年拜右相：史載沈該紹興二十六年進左僕射，二十九年，以老請罷。
③ 該卒於宋亡之年：沈該南宋紹興年間仕於朝，此處顯誤。
④ 上浣：洗。中國唐代定制，官吏十天一次休息沐浴，每月分爲上、中、下浣。

陽，又居廣陵之永豐。

宋時南渡，始居江夏之靈泉。元末，避亂於饒州。江西。始棲餘干，復徙德興。

大明洪武元年，余兄弟宗族分居江夏、武昌、黃岡、圻水、麻城、漢陽、石首等處凡七縣。

後石首張璧號別山者，爲閣臣。① 嘗到楚藩踏勘靈泉地界，與靈泉山張氏亦有書並《客中除夕詩》。係張伏一字退菴之後人。

沈氏世家譜
張添祐仁一

古者族類既繁，帝王爲之賜姓。姓者，本其所生也。伏羲生於華胥，以風而爲姓。② 黃帝生於姬水，以姬而爲姓。後世立姓之由，實祖於三皇五帝之世。以人各有所主，即各有所祖。敘人倫、厚風俗之美，莫大於是。而姓氏之傳，始彰於萬世，俾有所考也。

沈氏一譜，雜見於傳記，不及殫述。昔我沈公諱如筠，字無回，號開平先生，行間小字增：者。自元英宗至治二年成進士，歷順帝至正二十三年癸卯陛觀文殿大學士。③ 與首相伯顏、哈麻有隙，爲相僅十月，屢疏奏。未幾，謝職掛冠而歸。隱楚黃，黃陂。轉徙江夏。居靈泉山凡三代，其宗譜已散失。金、元而下，木主所載者，猶可歷稽也。相傳先世祖沈

---

① 張璧（1474—1545）：字崇象，生於石首西南區（今南口），卒於明世宗嘉靖二十四年。弘治八年（1495 年）中舉人，正德六年（1511 年）中進士，授翰林院編修。官至禮部尚書、東閣大學士。卒，謚文簡。璧撰有《陽峰家藏集》三十五卷，載《四庫總目》行於世。

② 伏羲：又稱宓羲、庖犧、包犧、犧皇、皇羲、太昊、蒼牙等，《史記》中寫作伏犧，爲華胥氏之子，少典之父，炎（帝）黃（帝）之祖。風姓。華夏太古三皇之一，與女媧同被尊爲人類始祖，在中國神話傳說中，與女媧一樣，龍身人首或蛇身人首。相傳他爲人民做了許多有意義的事情，也留下了大量關於伏羲的神話傳說。華胥：是指伏羲（或伏羲氏）的母親華胥氏，相傳華胥踩雷神腳印，有感而受孕，生伏羲（後來的人皇）。

③ 歷：當爲"至"之誤。

今在瓦子岡及餘干縣合二處譜抄來，宜改正。乞孟兄仁一查閲。

吏部答曰："張熹祖籍河南，而江西德興二處又有熹之子孫，安知非彼之訛耶？不如仍舊爲是。"

約同宗議修譜書
張添祺義二

祺玫芸叟公在宋欽宗時，脱金難，奔至靈泉山，地屬江夏。而東村譜直書漢陽鎮，自宋至元，家有八百丁，大不可解。及訪長老問之，相傳宋建炎間，有本宗一支居於漢郡。此但口傳耳聞，惜譜無明文，亦不詳其爲何人。

吾家世居江武，止有逸民叔夜弟叔夏之子。一支居黄岡。歷元朝季，湖廣大亂。先人張公養浩與靈泉八家一同避亂至江西餘干，復徙德興，凡十五年。至洪武皇帝定鼎，安插於江夏、武昌、漢陽故地。

今子姓漸煩，約令三邑齊赴靈泉，同議修譜、建祠。或分，或合，專候孟兄仁一先生教下。

弟祺拜。

養浩封賓國公，① 謐文忠。壽年六十，疾終。詳載《綱鑑》。浩當元文宗時，爲西臺御史中丞。關中大旱，禱雨徹夜，禾黍自生，秦民大喜。嘗著書三卷：一曰《廟堂忠告》，一曰《風憲忠告》，一曰《牧民忠告》。言爲官之道。子引，拜南臺御史。

遷移總記
張添祺義二

夏、商、周三代，世居清河。秦居雍州。漢初，居彭城及陽武。晋初，居廣陵。唐初，居開封，繼居壽昌。即武昌。② 宋居閩、浙，久居洛

---

① 賓國公：應爲濱國公。
② 壽昌即武昌：武昌縣，今鄂州市。

溯其初，係江西廣信府永豐縣人，官龍圖學士。金人南下，率二子伯奮、仲熊舉兵勤王。及都城陷，從淵聖至白溝河。① 仰天大慟，絕食而死。諡忠文。伯、仲二子，痛哭自刎。三子諱棟，係狀元，爲咸陽太守。引兵赴汴梁，遇金兵於太白山下，亦不屈而死。

宋高宗建炎丁未，勅封叔夜爲威靈王，伯奮爲忠義侯，仲熊爲忠勇侯，棟爲忠宣伯。

其叔夜墓地，余讀《廣輿記》，猶在廣信之永豐云。

寄張仁一_{添祐}查譜書
張添祺義二

讀宗譜所載：宰相張耆生燾。燾生熙。熙生叔夜。夜生伯奮、仲熊、季槐，俱死宋亂。徽宗時。季槐諱棟，生子張豩，字舜民，號芸叟。逃亂至漢陽，轉徙江夏，世居靈泉。此先人手裁筆定者也。

祺於洪武廿五年見一族，出兵部侍郎張燾之後。索譜視之：始祖張耆生張黙，黙生叔夜。夜生伯奮、仲熊，父子俱死難。燾生張棟，母死無乳，養於伯母蔡氏，叔夜撫立爲己子。中大觀徽宗在位。狀元，補西安刺史。棟妻王氏，生張豩。得免難，天留之也。

攷叔夜父子在汴梁受圍，被金虜北行，死於涿州白溝，其地不同。燾、熙俱叔夜之諸父，非叔夜之生親。自建炎元年_{高宗丁未}。叔夜没後，至紹興九年己未，高宗遣兵部侍郎張燾詣河南修、奉陵寢。天頭注：高宗於辛亥改元爲紹興元年，自元年丁未至己未，共十三年。燾還，奏曰："金人之禍，上及山陵。雖殄滅之，未足以雪此恥、復此仇也。"因極言必不可恃和盟，而忘復仇大事。帝問諸陵寢何如？燾不對，惟言："萬世不可忘此賊。"觀其先後語錄，則燾非叔夜之父，明矣。先府君孝廉不幸遭元末大難，挈家走江西。涉鄱陽遇風波，毁、濕族譜，脱遺、錯訛，無從攷證。

---

① 淵聖：宋高宗尊欽宗爲孝慈淵聖皇帝，並對這一尊號作了這樣的解釋："少帝事上皇，仁孝升聞，爰自臨御，沉機淵斷，聖不可測。"

當世士民，咸以偉人稱公矣。

歷徽宗朝，四隅鼎沸，盜賊蜂起。朝廷陟公爲樞密，招討弗遑。爾時征方臘於睦州，① 服宋江於淮南，② 誅張仙於山東，③ 擒李成於海門，④ 討高托山於河北，⑤ 破金、遼於長城。其智勇、才畧，足以康濟時艱如此。

暨東京受圍，父子勤王。身死白溝，其忠肝義膽，卓然貫長虹而寒星斗也。

公没後，羣賊復叛，使天下徒想望而已。雖欲起公於地下，何可得哉？

張叔夜墓地攷⑥
湯銘新 半品

按張公叔夜，字嵇仲。其孫舜民，始遷江夏靈泉山。

---

① 方臘（？—1121）：又名方十三，歙州（治今安徽歙縣）人，遷至睦州青溪（今浙江淳安）。北宋末年農民起義領袖。他於1120年10月率衆在歙縣七賢村起義，建立了包括江蘇、浙江、安徽、江西的六州52縣在內的農民政權，在當時影響很大。1121年夏，起義遭童貫率軍鎮壓失敗，方臘被俘，被朝廷處死。蠟："臘"之誤。

② 宋江：北宋宣和年間民變首領，後來投降朝廷。

③ 張仙：一稱張先、張萬仙，號"敢熾"，京東路青州人。率領起義軍號稱十萬人。宋宣和五年，在沂州豐鼓山與宋軍作戰，失敗，張仙接受宋朝"招安"。

④ 李成：宋雄州（今河北雄縣）人，字伯友。弓手出身，以勇悍聞名。金兵占河北，他在淄川聚衆，輾轉南下，在江淮之間活動。兩次接受南宋官職，不久又企圖割據。被宋軍擊敗。後投偽齊。宋紹興三年（1133年）進佔襄陽等郡，次年被岳飛擊潰。偽齊廢後，爲金將。紹興十年從兀術攻陷洛陽等地，任河南尹，旋因事解職。完顏亮時，起爲真定尹。六十九歲死。

⑤ 高托山：宋宣和五年（1123年），河北、京東等路農民遂相繼起義。河北高托山在望仙山起義，號稱三十萬人，轉戰於河北和京東路青（今山東益都）、徐（今屬江蘇）、密（今山東諸城）、沂（今山東臨沂）等州一帶，宣和七年，被朝廷楊惟忠、辛興宗軍戰敗，高托山投降朝廷。山：一本無，佚。

⑥ 張叔夜：參見《張忠文祠》注。

某郡，非黃帝之後，不敢亂登於圖者。誠甚重乎神明之允也。

後漢張綱，字文紀。得張蒼《譜圖》，藏於祖廟。名爲《張氏家乘》，其文詞皆漢丞相所煅煉而成之。

今其文缺有間矣，而僅有遺圖之三焉。宜乎後人執卷徬徨，不禁掩卷而三嘆也。

筠嘗讀其譜，而見唐貞觀初有若張寶相者，爲時名將，有功於唐。與江夏王道宗破朔方，擒可汗千餘人以歸。飲酒策勛，豈不巍哉？延至殘唐五代，傳人絕少，載譜罔稽矣。

及炎宋受命，英才輩出。其時賢相、良將，類聚於門；忠臣、孝子，多鍾於家；節婦、烈女，叠見於族。而勛名最著者，無如張耆；宰相。父莊。文學最優者，無如張燾；學士。父升。忠義最優者，無如叔夜；孝節最奇者，無如王阿；狀元張棟妻王氏，遇金兵，投井盡節。兄弟死難者，無如伯奮；弟仲熊，同死難。母子盡節者，無如張棟。母蔡氏，同盡節。所謂"國朝忠義無雙士，翰苑文章第一家"是也。宋高宗靖康年賜。①

當金虜破國、天子蒙塵之日，奔走江夏，獲有寧宇，不可謂非天之留貽也。伊惟舜民，字芸叟。築室靈泉，垂創基業，恢宏世緒。肖子賢孫，② 光前裕後，百有餘年。

曁我張誠，文、行高雅，才、德超羣。是生添祐，磊落多英，余女是婚。光大門庭，必於其身。此忠、貞之獲報，亦積善之餘慶也。

時洪武戊申元年春三月丙辰上旬，故元處士沈如筠無回氏序。

張叔夜忠文公記
張必貴

遲玫忠文公張叔夜：

在宋哲宗朝以經學明儒術，以韜畧通武藝；及登進士，明於吏治。

---

① 靖康：顯誤。應改爲"紹興"。
② 肖子："孝子"之誤。後同。

嬴秦之末，張良崛起於韓、魏間，①爲開國之王佐；漢將衰，張綱奮臂於讒邪中，爲振世之良臣。②而張氏之家風，不已由來遠歟？

余友張孝廉君授譜所載，傳流良久。每懷抱殘守缺之恨，而大要以宋、元兩朝，其人物事、業，爲最詳且切。至今學士、大夫，猶詠歌其軼事，以傳誦於無衰焉。

如筠雖不見古人於當年，而獲覽遺行於今日，猶如晤古人焉。爰是筆之譜，庶幾見張氏之淵源有自來，亦以見忠孝、節烈不絕於理義之門云。

《張氏族譜圖》述
沈如筠

《張氏譜圖》，出自漢丞相張蒼所身歷其區而手之裁之者也。③蓋蒼去古未遠，攷核甚詳，所以朗若列眉。謂某屬某郡，係黃帝之裔；某屬

---

① 張良（約前250—前189）：字子房，漢族。傳爲漢初城父（今亳州市城父鎮）人，一說河南寶豐人。祖先五代相韓，秦滅韓後，他在博浪沙狙擊秦始皇未中。深明韜略，足智多謀，"漢初三杰"（張良、韓信、蕭何）之一。秦末農民戰爭中，聚衆歸劉邦，爲其主要"智囊"。楚漢戰爭中，爲劉邦完成統一大業奠定堅實基礎，劉邦稱他"運籌策於帷帳之中，決勝千里之外"。漢朝建立時封留侯，後功成身退。張良在漢惠帝六年病卒，諡爲文成侯（也稱諡號"文成"），此後世人也尊稱他爲"謀聖"。《史記》有《留侯世家》。

② 張綱（108—143）：字文紀，東漢犍爲郡武陽（今四川省眉山市彭山縣）人。張綱是漢留侯張良的後代（七世孫），他的父親叫張皓，爺爺叫張胤。是蜀漢將軍張翼的曾祖父。徵召爲朝廷御史，勇爲強諫。任廣陵太守，招安張嬰，病殁於任。《後漢書》卷五十六有傳。

③ 張蒼（前256—前152）：陽武縣（今河南省原陽縣）富寧集鄉張大夫寨村人。他生於戰國末年（公元前256年），曾在荀子的門下學習，與李斯、韓非等人是同門師兄弟。在秦朝時曾經當過御史。劉邦起義，他歸順了劉邦，西漢王朝建立之後，他先後擔任過代相、趙相等官職。因爲他幫助劉邦清除燕王臧荼叛亂有功，被漢高祖晋封爲北平侯，以後又遷升爲計相、主計。漢文帝時灌嬰去世後接任丞相一職，漢文帝後元元年因政見不同而自動引退。主要門生爲洛陽人賈誼。張蒼校正《九章算術》，制定曆法，也是我國歷史上主張廢除肉刑的一位古代科學家。

張蒼爲丞相。後漢遷彭城，至張皓爲司空，其子張綱字文紀。爲漢名臣。晉遷山東。唐遷洛陽。宋遷汴梁，至張耆爲宰相，張燾爲參知政事，燾後一支入籍江夏。皆爲望族。吾行間小字注：吾指董禮。家連姻者凡四世。卜婚者須詳其家，不可忽。若某某者，暫得富貴，庸庸流俗耳。子其慎之。"

以後屬家事，不可錄。

此文係董禮所書家信，以勉家子弟勿亂結婚，言董與張連姻凡四世。前序張姓由來，而張尚德述之，見張氏宗派如是。

張氏世家譜序
沈如筠

張氏者，黃帝之苗裔也。昔軒轅有熊氏第五子名青陽，居清河，① 主司弧，② 賜姓爲張氏。

歷數百千年，帝降而王，王降而霸，世運遞更，賢才迭生。而黃帝族氏且遍天下者，德有餘也。

---

① 軒轅有熊氏：即黃帝。生活在距今約4400年前，是傳說中的中原各民族的共同祖先。黃帝姓姬，又號有熊氏。傳說他生於軒轅之丘，故稱爲軒轅氏。聰明能幹，很有魄力，被大家推爲部落首領。當時，人們認爲帝是萬物主宰，金、木、水、火、土爲萬物之本，稱作五德，而黃帝部族崇尚土德，土爲黃色，黃帝因此得名。青陽：上古傳說人物，少昊（玄囂）號。昊又作皓、顥。又稱青陽氏、金天氏、窮桑氏、雲陽氏，或稱朱宣。相傳爲姬姓，名摯（或作質），係黃帝之子，生於窮桑（今山東曲阜北），能繼太昊之德，故稱少昊或小昊。都於曲阜（今屬山東），設官分職，皆以鳥名（《左傳·昭公十七年》），死後葬於曲阜之雲陽。

② 弧：古代指木弓。

靈泉山李氏録
李臻生

唐舍人李暄，原居江夏之洪山，即今之修净寺。

其父李北海，名邕，字太和。玄宗欽其才，欲大用之。李林甫奸相矯天子詔以殺之，竟夷其家。

舍人移居夾山，今靈泉寺是其居基。舍人暄生子廊。廊生子栻。栻子李磧，栻之子，字景望。爲唐乾寧行間小字注：昭宗號。時閣老，家有萬卷書樓。磧子李沉，俱爲宦官所害。其住基自舍人時已施爲寺。僧如曉，即舍人弟李洞。行間小字注：洞爲長沙太守，創嶽麓學院。

李國昌行間小字注：宋時人。休官歸里，自稱裕老。生三子：長李康侯，爲河陽守；康年，爲監丞；康直，爲員外郎。

唐相李廊葬九峯，風水最綿遠。明楚昭王掘移爲寺。

宋李宗孟十一舉神童，元時不仕。

明李磴，爲楚藩昭儀賓。李時亮，洪武庚午舉人，官給事中。李元善、李巽，俱洪武己卯科舉人。洪武至戊寅年崩，己卯實係建文元年。永樂登極，以建文五年正朔貫於洪武年號。

攷李氏宗派：李善，字次瑞。生子李邕，字太和。邕生子李暄、李洞。暄生子廊，字建侯。唐天寶末進士，肅宗時爲相。以太子太保致仕，卒年八十。生子：長諱柱，官浙東觀察。次子諱栻，官鳳翔節度使。栻子磧字景望，唐昭宗乾寧時爲相。生子沉，字東濟，負俊才。挾家資數十萬金，搜求天下古今秘書。不敢自私，盡付梓人，以公天下。則書之賴以不朽者，皆李沈之功也。沈字訛作沉字。歷宋、元、明，代有文人、仕宦繼起，豈非吾江夏東鄉之源遠流長也哉？半品記。

張氏宗派
張尚德添祐之孫

董通政禮，官通政。家書曰："嘗溯張姓淵源：前漢自清河徙陽武，至

樊氏宗譜行外小字改：派。序①
曾泰

武侯噲，②子伉嗣。③而伉母呂嬃，亦爲臨光侯。高后時用事專權，大臣皆畏之。高后崩，大臣誅呂嬃等，④因誅伉。武陽侯中絶數月。

孝文帝立，⑤乃復封噲庶子市人爲侯，⑥復故邑。⑦薨，⑧謚曰"荒侯"。⑨子佗廣嗣。⑩六歲，其舍人上書言：⑪"荒侯市人病不能爲人，令其夫人與其弟亂而生佗廣，實非荒侯子。"⑫下吏，⑬免。⑭

平帝元始二年，繼絶世，封噲玄孫之子章爲舞陽侯，邑千户。

《史記》："樊侯係伉之子。"⑮今時中《族譜》云："伉兄，建弟也"。⑯未知孰是。姑誌之。

---

① 此文前面部分基本録自《漢書·樊噲傳》及《史記·索隱》，僅最後一段記疑而已。
② 武侯：《史記》作"樊噲"，參見《靈泉誌叙》注。
③ 嗣：《史記》作"代侯"。
④ 呂嬃等：《史記》作"諸呂、呂嬃眷屬"。
⑤ 立：《史記》前有"既"。
⑥ 庶子：《史記》前有"他"。
⑦ 故邑：《史記》作"故爵、邑"。
⑧ 薨：《史記》作"市人立二十九年卒"。
⑨ 曰：《史記》作"爲"。
⑩ 佗廣：《史記》作"他廣"。嗣：《史記》作"代侯"。
⑪ 其舍人上書言：《史記》作"侯家舍人得罪他廣，怨之，乃上書曰"。
⑫ 句首《史記》有"他廣"。
⑬ 下吏：《史記》前有"詔"。
⑭ 免：《史記》作"孝景中六年，他廣奪侯爲庶人，國除。"
⑮ 《史記》傳世本未見此記載。
⑯ 建：信史無考。

母。樊氏子孫所世守而祧祀之者，余甚然其説。

余先祖張芸叟自宋建炎時至靈泉，得樊氏故地。其樊氏衰微無幾，則知此地爲噲也，奚疑？

今樊君時中，行間小字注：官巡江道。洪武甲子行間小字注：十七年。獲鄉薦，非將相之姿、崛起之英而能魁梧奇瑰若是也耶？

時中屬余爲之作傳，余曰："勿庸也。請登諸譜，使子孫能知其由，不尤愈於作傳乎？"時中曰："唯，唯。請公記其事，爲我書之。"然則後之讀《樊氏譜》者，其亦知吾寓傳於譜、寓譜於傳之意也夫。

《樊氏譜》跋

成化丁酉舉人　張才凌雲

吾嘗讀秦漢傳，竊嘆高祖當年所以威加海内，固諸大臣之力居多。然從龍初起，得乘勢而呼有天下者，獨非樊噲、酈商、夏侯嬰、傅寬、周繪、灌嬰、滕靳諸臣之功乎？① 方其鼓刀、② 僕御、販繒之時，豈行間小字增：自。知其附驥之尾，勒功帝籍，以慶流子孫哉？而卒能輔沛公取天下，收強秦，屈雄楚，建千秋赫赫不朽之功者，皆此輩人耶。嗚呼，士可世類拘乎哉！

之七子者，吾不具論。惟噲也，建言、立功有人所不能者三焉：一諫沛公不留咸陽宮，一數項羽於鴻門宴，一直排闥而諫以榻。其卓識、偉論，殊非文墨豎儒所能及。列爵、分土，澤及後裔也，不亦宜乎？

謹爲俚語，以跂於譜序之後。③

---

① 周繪：疑爲"周勃"之誤。滕靳：疑爲"靳歙"之誤。
② 鼓刀：指樊噲曾屠狗。
③ 跂：多生的腳趾。指説多餘的話。

食采弗息，其視彭、韓諸人爲何如哉？①

建孫樊伯行間小字增：父。好學問而慕古道。一洗武功之習，而克登俎豆之光。緒振兩漢，户居三山。靈泉山、樊山、大岐山。由晋而唐，行間小字增：由唐。而五代，而炎宋，歷千百餘年，而上祀宗廟，下保子孫，以垂裕於無疆者，寧非祖宗世澤行間小字改：德。長哉？

余家蒙宋高宗褒封，賜我先人忠文公廟祀，止居靈泉，結姻巨室，芸叟娶樊京女。子孫世講通家之誼，篤姻睦之行，於今二百餘年矣。

至我皇明，樊時中鍾靈泉之秀，肇科第之榮，足爲祖宗光矣。有黄岡族人樊時夏，重修祖廟於靈泉山下聽松閣之側原，因舊址而增其規模。廟成，請序於余。

余思樊氏以侯王之苗裔，江夏行間小字改：漢。之故家，而後世子孫能追念先世之祖功、宗德。匪徒换廟貌於一朝，將以永行間小字增：世。祧於無窮；匪徒紹禋祀於往古，將以垂金石於不朽。則作孝之念在於是，而作忠之念亦在於是矣。

洪武二十三年，樊氏族人鐫此序於廟碑。②

《樊氏譜》記
張添祐

漢武陽侯樊噲，産於徐沛。幼而學劍，有大志畧。長而從沛公遊，致成帝業，身受封侯之榮，此豈匹夫事哉？然論者稱噲乃屠狗之輩，蓋渺乎小人之言也。夫擊劍、扛鼎之雄，固力士所優爲；而百戰殊死力，一言屈羣策，即智勇又何以加？吾觀鴻門飲宴，沛公危如纍卵。噲侍其旁，一時英雄怒目斂手，而莫敢無禮於漢高之前，世亦知噲爲何如人哉！

樊時中之譜，出噲苗裔，相傳武昌爲樊封侯地，故有武陽、樊侯之名，樊山、樊湖之稱是已。而説者謂靈泉爲噲之墓，樊山爲母之墓，噲

---

① 此段文字與信史記載不合，以下則信史無記載。
② 此句原接正文，應爲主持鐫序者記注，故改。

倜儻非常之人稱焉。"誠哉，是言也！

余靈泉山自漢而晉，而宋，而齊，而梁，而陳，以及唐、宋、元、明，鵬搏鳳騫，雲蒸霞蔚，惟樊、李、張、沈、鄒、曾、杜、董爲尤盛。人文奮起，科第綿連。約舉一二，餘皆可見。故其時，杜有方伯宗晦，沈有隱相如筠；探花添祐稱張氏才子，翰林鄒智號鄒家神童；曾子泰以處士而徵尚書，董子禮由進士而爲通政；居給事中者有李時亮，陞巡江道者惟樊時中。人盡垂紳搢笏，堪作朝廷砥柱；家皆敦詩說禮，永傳臺閣聲名。猗歟，休哉！何其隆也！

不意賢才方盛而大道<small>行間小字改：盜。</small>旋起。明楚藩昭、莊、憲、康、安、靖、端、愍橫行，肆虐於八家，毀其碑坊，掘其墳坑，奪其宅第。視其流亡，則蜂蠆荼毒之餘。倘所謂"女炰烋於中國，斂怨以爲德"者。① 是耶？非耶？不信然耶？沈子曰："嗚呼！自古名公巨卿、忠臣孝子、烈女節婦衆矣，未有盛於斯者，而猶未能免其害，其他則又何説？"悲世路之險<small>行間小字改：嶮。</small>巇，橘踰淮而化枳。自是而八家子弟南轅北轍，已未免於寖削矣。

然而《左傳》曰："公侯之子孫，必復其初。"② 此又何以稱焉？吾故於同人有厚望云，是以序於凌雲堂之南軒。

樊氏族譜序
張添祐

從來一代之興，必有一代從龍之臣以先後輔佐，以成帝業。漢興，武陽侯樊噲與高祖同起豐、沛，身經百戰而有天下。當論功之日，而噲獲封侯。河山帶礪之盟，與漢同久遠也。

噲死，而嫡孫樊建躬膺王爵，<small>封燕王。</small>遇何隆矣！既而高后握政，厚封於楚。<small>噲夫人呂嬃，高后之妹也。</small>江夏、黃、武，地跨三縣。建之苗裔，

---

① "女炰烋於中國，斂怨以爲德"：《詩·大雅·蕩》句。炰烋，《説文》引作咆哮。
② 《左傳·閔公元年》原文爲："公侯之子孫，必復其始。"

非類，恥其父與之同列，因奉其主以歸。① 此仁人、孝子事親如天之心，亦事死如生之心也。鄉黨自好者，生時必不肯與市井無品爲伍，死而魂氣有知，何獨不然乎？

明初曾泰、辜皋、張誠，三布衣也。高祖洪武。於馬上知名，既定鼎金陵，即拔諸什伯庸流之中。其德行、學問，冠於天下，爲江夏人物第一。生而庸諸朝，② 没而祀於鄉，宜也。

而不肖者阿附楚宗，罷黜張誠之祀，削其職、名，無人品心術久矣。蓋楚藩與張宦搆怨日深，故罷誠祀，並削其名，不入縣誌。

熊公爭之不讓，因與給事段然有隙。段乃楚之黨也，後又與楚成仇。

段燦，江夏生員。段追文之祖，文父而聘。燦號陶谷，由貢生任衡陽縣訓導，著有《陶谷文集》。③

考段然字幻然，萬曆乙未進士。授南平知縣，調吳縣。守制復，補輝縣。所至有异政，遷南户科給事中，屢獻讜言。今楚宗華越等訐奏楚藩，然上疏直華越。四明沈一貫忌之，④ 謫江西按察司知事。久之，遷兵部員外。歷官以風節聞，朝野憚之。

靈泉八大縉紳總序
沈寶之

蓋嘗讀《漢書》至太史公曰："古者富貴而名磨滅者，不可勝數，惟

---

① 羅念庵（1504—1564）：號洪先，字達夫，吉水（今江西省吉水縣）人。明世宗嘉靖八年（公元1529年）進士第一名，授翰林院修撰，遷左春房贊善。當時明世宗迷信道教，求長生。羅洪先看不慣朝廷的腐敗，即請告歸。嘉靖十八年（公元1539年），他出任廷官，因聯名上《東宮朝賀疏》冒犯世宗皇帝而被撤職。從此他離開官場，開始了學者的生活。著書以終。著有《念庵集》二十二卷，《冬遊記》一卷。《明史》卷二八三有傳。
② 庸：用。
③ 段燦：清朝人，段然之後人。此段與上下文不接，疑爲抄藏者錯抄而衍入。
④ 沈一貫（1531—1615）：字肩吾，又字不疑、子唯，號龍江，又號蛟門。鄞縣（今浙江寧波）人。明朝萬曆年間首輔及詩人。

忿欲論①
張輅

今夫修身慎行者，不懲其忿，不窒其慾，未有不爲學問、性情之累者也。

蓋懲忿者，戒勝心也。窒慾者，止私念也。能戒其勝，則忿不生；能止其私，則慾不起。忿不生則心自清，慾不起則心自静。心既清静，則天君泰然，而道自存之矣。忿若不懲，則陰火上炎；慾若不窒，則陽精下洩。流浪於生死之場，沉溺於愛憎之地。此乾坤、坎離所以交戰，而五官失其用，心思失其體也。

試求之卦例：蓋坤乘乾之一陽而爲坎，乾乘坤之一陰而爲離。離積一陰而生忿，坎積一陽而生慾。二者交攻，外則牽物，內則耗神，而非保合太和之道矣。

是故懲忿窒慾者，聖賢之大學問也：在丹家，則爲取坎填離、水火既濟之理；在釋氏，則爲回光返照、空諸色相之説；而在聖賢，則爲存理遏慾之功。

故養性者必治情，善治情者必懲忿窒慾，以爲修身慎行之本。

正鄉賢祀典與邑令書
熊廷弼

鄉賢一祀，所以獎忠賢、崇功德也。

今日鄉賢，大率出於有力子孫，諂援勢位，要遮掩門户，及無恥生員餔啜之計，共相成之，絕無足爲輕重。羅念菴以吉水鄉祠駁雜，所祀

---

① 此篇多同元王玠（字道淵）撰《還真集·懲忿窒慾論》，可互相參校。

碑銘，祖宗之傳聞愈遠。殊骨肉如仇讎，① 是甘心敗家之冤孽；待宗族如犬馬，如遺臭萬年之禽獸。緩急人所時有，扶持理所當然。大可惜者是飢寒困苦，最可憐者是鰥寡孤獨。憂患與共，好惡無偏。多財厚亡，休誇眼前。爲人睦宗和族，一定曰 行間小字增：後光。榮。凡事念祖宗，祖宗自然默佑。諸般戒子孫，子孫必然仁厚。千載家庭無了日，百年富貴有盡時。

思之，思之。

讀此文令人毛骨俱竦，刻薄家庭者，宜早回頭。湯半品記。

交誼論

巡撫　張尚德添祐之孫

人不可無交，亦不可濫交。

濫交者，其始不擇，其終必敗，此交誼往往難全也。大凡先濃而後淡、先親而後疎、先近而後遠者，小人也。先淡而後濃、先疏而後親、先遠而後近者，君子也。世之交友者，徒取快於一時，而不深慮於其終。其始偶因意氣之投合，則爲之具雞、黍，設酒、殽，行間小字改：饌。出妻、子，傾肝膽。雖絲竹無以喻其和，金石無以喻其堅，惟恐心之不誠、性之不洽。未友幾時，偶爾一言不投、一利不均、一食不同，則忿怒斯生，而厭斁之心，② 已形於外焉。昔日出妻、子者，造之而爲是非之根；傾肝膽者，蓄之而爲訕訐之本。向之和且堅者，反之而爲干戈之器；具且設者，易之而爲戎莽之伏。其仇怨之深，何其相尤無已時也？

是故君子貴擇所交，尤貴慎所處也。與奸人處者，如雪入墨池，雖融如水，其色必污；與善人處者，如麝入香囊，雖離其身，其香不滅。此君子所宜深戒也。

吁！交誼之道於斯爲難，可不慎歟？

---

① 殊：斷絕。
② 厭斁：《韵會》：厭，斁也。

挽天心，在盡人事；光門庭，惟有詩書。

清、慎、勤三字，官箴即是家箴；貪、嗔、癡諸念，佛戒何殊聖戒？

改 過 箴
鄭璧

人有過失，貴乎自知之明。倘不自知，則必自是。然而知過非難，改過爲難；言善甚易，行善不易。此深言遷改之宜勇，而且宜速也。

昔者仲虺之讚揚成湯，不稱無過而稱其能改過；① 吉甫之歌誦周宣，不美無闕而美其能補闕。是聖賢不以無過爲貴，而以改過爲貴也。②

書此以自箴。

睦 族 文
都堂　張必貴添祐之子

祖宗積百年之德，乃有吾儕；宗族原一人之身，豈容他視？老老、幼幼而風俗美，親親、長長而天下平。人以安祥爲福，家勿作法於凉。小嫌不足介意，大節固所關心。孝順便是太和，含忍即成雍穆。天道闇而難憑，人事終當爲善。

積善成名，積惡滅身。福不雙至，禍不單行。天理昭然，冥報不爽。欒子數世忠厚，橫侈如桓子，不及於難；桓子肆行己志，後世子孫，卒以誅夷。此隔世之報也。房、杜生平勤苦，傳及於後昆，不守其祀；後昆居官酷烈，而七世子孫皆賢。此及身之報也。

天地、鬼神尚許人改過，宗族骨肉豈願人怙終？忠厚乃裕後之謀，慘刻爲造物之忌。總要聯氣脈、綿一本，子孫之世澤遂長；修坵墓、立

---

① 仲虺之讚揚成湯，不稱無過而稱其能改過：據《尚書·仲虺之誥》：改過不吝。
② 此段略同王夫之《讀通鑑論》：唐德宗時，陸贄曾言："臣聞仲虺讚揚成湯，不稱其無過而稱其改過；吉甫歌誦周宣，不美其無闕而美其補闕。是則聖賢之意較然著明，惟以改過爲能，不以無過爲貴。"

傳家、起家，孰如讀耕兩業？格人、格帝，① 無出仁義一心。

存心自有天知，積善何須人見？②

和鄰、睦族，則救護衆多；課子、隆師，則學業長進。

早納稅，早蓋墻，公刑、私寇不及；慎言語，節飲食，外羞、內損齊蠲。

將勤補拙，以勞祈災。③

男務農桑，夜功定生百福；婦勤紡織，一布可致千金。

淡飯耐久，粗衣經穿。

福勿享盡，留於兒孫。④

當戒暴以福基，寧寡欲以延年。

時時要畏天、懼法，處處莫利己、損人。

須從難處克己，莫在窄處擋人。

利令智昏，謀因己拙。

一念不謹，貽千百日之憂；一己逞快，斂千萬人之怨。

累絲免凍，積穀防饑。

勿暴殄天物，勿拂逆人情。

脫難須藉名賢，救荒豈無奇策？

親戚宜念，婚姻莫厭貧；立碑垂久，祭祖報本根。

儒者以顯親為志，肖子以亢宗為榮。

莫學浪子風流，癡兒瑣尾均致傾敗；須念前人創業，後人守成同一艱辛。

怠然一日，即是勞苦一日；安靜一生，便可享福一生。

---

① 格：推究。
② 由明末清初谷口生等《生綃剪》第十三回："積善雖無人見，存心自有天知"加工改造。
③ 與明代來知德《來瞿唐先生日錄·卷四》："將勤補拙，以勞折災"。僅1字異。
④ 此段由清覺羅烏爾通阿潤泉編《居官日省錄·卷之六》："……福不可享盡；留此不盡者，以貽子孫"加工改造。

極之言多失禮，醉極之言多招愆。①

吾家子弟，宜讀書、耕田；作吏、作胥，俱易害事。試觀田舍翁，雖粗茶淡飯，父子、夫妻團聚一室，自有真實受用處。

垂裕後昆文②

沈如筠

禮始諸飲食、男女，道本於孝弟、忠信。

女正內而男正外，天地之大義；言有物而行有恒，聖賢之本根。③

自古篤義先篤恩，迄今治家如治國。

德積生荊樹，④ 家和產石麟。⑤

百忍、百讓，化強暴之丹方；惟勤、惟謹，醫疎狂之藥物。

接書香者，嚴訓子孫；清家庭者，首端閨閫。⑥

同心禦侮，不可作勢淩人；一味安常，但要臨機應變。

---

① 此段 31 字與《麗江藍氏（麗江藍氏祖籍陝西藍田縣，始祖名友桂，號玉軒，明末進士，曾任貴州安順府世襲土官同知，後升爲參將。始祖本姓成，後隱姓爲藍，先到合慶，後分枝麗江大具，乾隆間定居獅子山接風樓。數代以小爐匠爲生，生活顛沛流離。雖家徒四壁，却家教甚嚴，素有尊老敬賢，自強不息之傳統。歷經十餘代，現有十一户，五六十口人）家譜中的治家格言》："喜極勿多言，怒極勿多言，醉極勿多言。喜時之言多失信，怒時之言多失體……"僅 1 字异。無：通"勿"。
② 垂裕：改爲"垂誥"爲恰，垂示告誡。後昆：亦作"後緄"，後嗣、子孫。
③ 由《易經·第三十七卦家人》象曰："女正位乎内，男正位乎外，男女正，天地之大義也……象曰：……君子以言有物，而行有恒"加工改造。
④ 德積生荊樹：南朝梁吳均《續齊諧記》：漢田真、田莊、田廣三兄弟欲分家，砍院中荊樹爲三段，樹即枯死。後三人決定不分家，樹又復活。
⑤ 家和產石麟：在民間藝術中，將有關麒麟的故事，融進了佛教故事中的"化生兒"等內容，把"麟吐玉書""蓮花童子""連生貴子"等內容，合成了石雕圖案"麒麟送子圖"。它的完整形式是：童子身着命服（官服），騎乘麒麟，麒麟角上掛玉書，童子手中捧着蓮花和笙，由送子之神護送（其中"笙"諧音"生"，以示生育之意）。其含義是：祈求衆多聰慧仁厚的子女出世，祝願子女吉祥健康成長。
⑥ 端閨閫：使家人端正。閨閫："内室"的意思，這裏指家人。

乖子獨脚，癡漢多扶。①

小心隨在去得，② 橫行能有幾時？

人無奈何者，天自奈何；機謀不勝者，造化自勝。

爲人要做好事，陰騭在行方便。③

言 行 録
張添祐

凡人教子傳家，不外忠、厚、清、白四字。忠厚之人，有幾分福德；清白之人，有幾分正大。刻薄者，天所忌；邪僻者，神所誅。

人生天地間，話不可説盡，事不可做盡，心不可使盡，衣不可穿盡。當留此不盡，以貽子孫。④

問祖宗之澤，吾享者是，當思積累之難；問子孫之福，吾貽者是，當思傾覆之患。⑤

凡人喜極無多言，怒極無多言，醉極無多言。喜極之言多失信，怒

---

① 乖子獨脚，癡漢多扶：俗語，與"水至清則無魚"義近。人太精明没有朋友幫助，難得糊涂却相反。
② 小心隨在去得：俗語，義爲：小心謹慎到任何地方都能適應。
③ 陰騭：據《吕氏春秋通詮·審分覽·君守》考：陰騭，原指默默地使安定，轉指陰德。
④ 此段數句34字與清覺羅烏爾通阿潤泉編《居官日省録·卷之六》："語不可説盡，事不可做盡，心不可使盡，衣不可穿盡……留此不盡者，以貽子孫。"僅2字异。
⑤ 此段30字與清金蘭生《格言聯璧·齊家從政（四）》："問祖宗之澤，吾享者是，當念積累之難；問子孫之福。吾貽者是。要思傾覆之易。"僅3字异。

居家、立朝，恒如盟言。

傳家格言
曾泰

一恥足以立志，萬善可以立命。

平心應物，和氣接人。

退步即是進步，要在涵養；靜觀每勝動觀，戒於鹵莽。

拙而藏之，不拙；能而示之，不能。

勿恃己長，恃己長者必敗；勿攻人短，攻人短者必仇。

勿忘恩，勿修怨。勿賭博，勿嬉游。

勿袖手旁觀，不濟君、親之策；勿冷眼看人，不救民、物之命。

勿奪人之愛，勿趁人之危。

知足，知止；① 守黑，守雌。②

剛明，乃男子正經；收斂，是丈夫作用。

世多服修身、修德之士，天不負苦耕、苦讀之人。

生財有道，莫用邪謀；成名有時，休衡命數。

祈天莫如愛日，③ 飾貌莫如修心。

傾陷善類，難逭天誅。④

心不負人，面無慚色。⑤

才高休炫衆，狀元只是三年；勢弱莫挑強，越王只消廿載。

---

① 《老子》第四十四章："知足不辱，知止不殆，可以長久。"
② 守黑，守雌：提倡謙虛和退讓。見《老子》第二十八章：知其雄，守其雌，爲天下谿。爲天下谿，常德不離，復歸於嬰兒。知其白，守其黑，爲天下式。爲天下式，常德不忒，復歸於無極。
③ 愛日：珍惜時光。
④ 逭：逃避。
⑤ 出自宋·普濟《五燈會元》第 4 卷。

昔顔叔子之達旦秉燭，① 楊伯起之暮夜却金。② 司馬君實、③ 趙公閱道，④ 生平所行，無一不可與人言，無一不可與天知。四子皆真能慎獨，不愧屋漏者也。

屏間自盟詞⑤
張璞

與世浮沉，何如孤介絶物？隨人圓轉，無如律己清真。

名列三臺鼎鉉，⑥ 而虛懷若谷；躬備萬夫德、望，而自視若愚。

讓人人讓，欺人人欺；生事事生，省事事省。⑦

勿以毀言日至，而舍我端方；勿以譽言頻來，而取及諂佞。

---

① 顔叔子之達旦秉燭：顔叔子：顔回（前523—前490），春秋末魯國人，字子淵，一作顔淵，後世也稱作"淵叔""顔生"。孔子的得意門生，以德行堅稱，後人稱爲"復聖"。典出《詩經·小雅·巷伯》"哆兮侈兮，成是南箕"。毛傳："昔者，顔叔子獨處於室，鄰之釐（通"嫠"）婦又獨處於室。夜暴風雨至而室壞，婦人趨而至，顔叔子納之而使執燭，放手旦而蒸盡，縮屋而繼之。自以爲辟嫌之不審矣。"

② 楊伯起之暮夜却金：典出《後漢書·楊震傳》：楊震（？—124），字伯起，東漢弘農華陰人。四遷荆州刺史、東萊太守。當之郡，道經昌邑，故所舉荆州茂才王密爲昌邑令，謁見，夜懷金十斤以遺震。震曰："故人知君，君不知故人，何也？"密曰："暮夜無知者。"震曰："天知，神知，我知，子知，何謂無知者？"密愧而出。

③ 司馬光字君實，參見《上差役疏》注。

④ 趙抃（1008—1084）：字閱道，宋衢州西安（今浙江衢州市）人。景祐元年（1034年）進士，任殿中侍御史，彈劾不避權勢，時稱"鐵面御史"。平時以一琴一鶴自隨，爲政簡易，長厚清修，日所爲事，夜必衣冠露香以告於天。累官至參知政事，以太子少保致仕，卒後謚清獻。

⑤ 盟：盟誓。

⑥ 三臺鼎鉉：三臺：古代皇帝之下的重要中央部門，漢代總稱尚書、御史、謁者。尚書爲"中臺"，御史爲"憲臺"，謁者爲"外臺"，合稱"三臺"。隋代，煬帝置司隸臺，與謁者臺、御史臺，合稱"三臺"。唐代，尚書省又稱中臺、中書省又稱西臺、門下省又稱東臺。鼎鉉：喻指三公等重臣。

⑦ 由元代著名政治家耶律楚材的名言："（興一利不如除一害，）生一事不如省一事"加工改造。

箕裘之業，當紹祖宗；孝友之愛，當體父母。

化 質 訓
杜 鈞

後生少年多爲氣血用事，心不明禮義之學，耳不聞道德之倫，口不出忠信之語；故事偏而不公，執而不通。終成一個愚魯不化之人，徒爲世所訕笑。宗族棄之，鄉黨薄之，朋友鄙之，而猶不知改悔，由父兄平日未嘗教訓，所以錮蔽至此。

故欲化血氣而破愚魯，還須讀書。

慎 獨 説
杜一山

張范陽曰:[①] 一念之善，則天地、神祇，惠風、和雨，皆在其中；一念之惡，則妖星、癘鬼，兇荒、札瘥，皆生於内。是以君子貴慎獨。

---

① 張世杰（？—1279）：南宋名將，張柔之侄，涿州范陽縣（今河北省涿州市）人。蒙古滅金後，張世杰投奔南宋。後任太傅、樞密副使，封越國公，成爲南宋末年最重要的統帥，與陸秀夫、文天祥殉國，並稱"宋亡三杰"。

張都堂遺訓
張必貴 添裕子

余自洪武丙子 行間小字注：廿九年。區區一舉，出補縣令。上官察余清廉，題請知府。御史舉余才能，除授主事。皇上 行間小字注：永樂。竟擢三邊都堂，奉欽差都察事理。任大責重，才不稱位，夙夜冰淵自矢，① 恒恐上負朝廷，下誤蒼生，其肝膽人所共知也。

今垂年八十，致仕歸里，榮及三黨，是君恩與親恩而並隆。自念身老、子老，孫童環立，人生樂事，半在家庭。田宅、農桑，務守其業；孝弟、忠信，勿忘其本。存心積德，留裕後昆。立品修行，增光先人。

朱文公有言曰：② "祖宗雖遠，祭祀不可不誠；子孫雖愚，經書不可不讀。" 先賢名訓，奉之終身可也。吾子尚禮、尚忠，適孫天旂、天林、天泓等，爾果無負象賢之稱，③ 吾没齒無遺恨矣。

張封君遺訓
張添裕

先人孝廉，德高義重，如山如岳。與沈公無回篤字。不啻同胞之誼。憐姑母弗育，篤妻張氏係孝廉公之妹。賓王養浩之女，添祐之姑母。曾有過繼之盟。張添裕爲沈氏承立，係添祐之兄，而添祐又係如篤之婿。張氏弗育，所娶申夫人所生之女道廉，又爲添祐之妻。異日有子，許其歸宗；無子，安於奉養。

今幸我沈公生有一子諱道倫，嗣子道紀，篤弟如松之子，亦繼立。足以成立矣。欽遵聖諭，不許異姓承繼，仍膺張祧。我思父 行間小字補：諱誠。爲翰林，孝廉。弟爲尚書，添祐。子爲都堂。必貴。詩書之榮，當報聖賢；

---

① 冰淵：《詩·小雅·小旻》："如臨深淵，如履薄冰。"後遂以喻指小心謹慎。
② 朱文公：朱熹。嘉定二年（公元 1207 年），謚文，亦稱朱文公。寶慶三年（公元 1227 年），贈太師，追封信國公，改徽國公。參見《張忠文爲宋社稷臣説》注。
③ 適：通 "嫡"。象賢：謂能效法先人的賢德。

昔唐太宗南平公主下嫁王氏，不以婦禮事舅、姑，其翁王珪曰："主上欽明，動循禮法。吾受公主謁見，豈爲身榮？所以成國家之禮耳！"公主改容敬謝，躬行盥、饋之禮，卒執婦道。① 爲夫者果盡其道，爲婦者能盡其禮，則內外和順，上下截然整齊，家政烏有不理焉？

訓族人
杜宗晦

世人皆有三愛：一田宅，二妻妾，三財帛。

自我觀之：愛田宅，不如愛兒孫；愛妻妾，不如愛朋友；愛財帛，不如愛詩書。何則？好田宅，起驕矜；好妻妾，喪身名；好財帛，多憂心。此之不宜愛也。若好兒孫，振家聲；好朋友，立品行；好詩書，廣學問。

世人倘從吾所好，則可保無虞矣。

訓子道倫
沈如筠

江漢古稱名區，先朝人物如孟氏之仁孝、李氏之文學、張氏之節義。是三家者，江邑之望族也。

近日教子傳家，惟張孝廉一人而已。公胸懷灑落，雅志林壑，蕭然一室，有以自樂；而且言笑不苟，不趨名利，動循禮法，行中規矩。故子弟皆化爲雅飭，鄉黨皆化爲純謹。足爲取法，令人敬服。

---

① 唐太宗南平公主下嫁王氏，不以婦禮事舅、姑，其翁王珪曰："主上欽明，動循禮法。吾受公主謁見，豈爲身榮？所以成國家之禮耳！"公主改容敬謝，躬行盥、饋之禮，卒執婦道：《資治通鑒》卷一百九十四：先是，公主下嫁，皆不以婦禮事舅、姑，珪曰："今主上欽明，動循禮法，吾受公主謁見，豈爲身榮，所以成國家之美耳。"乃與其妻就席坐，令公主執笲行盥、饋之禮。是後公主始行婦禮，自珪始。

元家數百年富貴，宛如鄉里常人，猶抑抑自斂，恐得罪於親鄰，獲戾於朋友，未嘗以功名自逞也。古人曾説："貴爲公卿不必驕，身雖貧賤不必恥。"看他是何等器量、何等識見也！

致仕居靈泉
張添祐

地僻無喧，斗室幽閒。杜門兀坐，俗事休纏。安貧樂道，志趣然。不分外，不驕諂，不私偏。聽天由命，守此心田。榮辱事，與我何干？盈庭花卉，滿案書編。盡可消閒，可適意，可圖安。

竹籬、茅舍，只要心寬。布衣得暖，不破不鮮。日常時蔬，飯二三餐。不求金玉貴，但願子孫賢。我也不聾，不啞，並不顛。看穿世事，成敗眼前。且模糊，① 消遣流年。胸中瀟灑，有甚醯醢。但喜時歌，暢時飲，倦時眠。②

家　　政
正統丁卯舉人，任縣令　孫熙

夫婦，人倫之大綱。禮義教化，自夫婦始也。近世名門大族，於君臣、父子、昆弟、朋友，禮教最詳；而夫婦一節，不免缺然。此家政弗理也。

---

① 模糊：即馬虎。
② 與傳爲曹雪芹詩詞的《呵凍閑抄》（第19頁）《山居·行香子（二首）》："地僻無喧，小室幽閒。杜門兀坐，俗事休纏。安貧樂道，志趣蕭然。也不過分，不驕諂，不私偏。聽天由命，守此心田。榮辱事，於我何干！盈庭花草，滿架書篇。盡可消閒，可適意，可圖安。竹籬、茅舍，只要心寬。布衣得暖，不破不鮮。且嘗野菜，飯衹三餐。我也不聾，也不啞，也不顛。看穿世界，成敗眼前。且模糊，消遣流年。胸中瀟灑，有甚相纏。但喜時歌，暢時飲，倦時眠。"僅15字异、4字無、10字多。喧，元韵；閒，山韵；纏、然、偏，仙韵；田、編，先韵；干、安，寒韵。詞韵都屬七部平聲。寬，詞韵七部平聲桓韵；暖，詞韵七部上聲緩韵；鮮，詞韵七部平聲仙韵；餐，詞韵七部平聲寒韵；賢、顛、前、眠，詞韵七部平聲先韵；腌，詞韵十四部平聲覃韵。方音韵。

讀書訓

洪武庚午舉人、給事中　李明_{行間小字改：時。}亮

讀書有二病，心粗、氣浮是已。

宋儒有言曰：開卷如對聖賢，掩卷尋思義理。久之性成，便有聖賢氣象。看來只是靜細工夫，涵養得到耳。讀書而不變化氣質，仍是心粗與氣浮。

試看古來英雄豪傑、志士仁人，無不從這一卷書中涵養而出，豈是粗浮之儒所能望其項背？

傳家訓

張添祐

昔朱元晦《與子書》云："汝在外塾，① 要勤學業，慎往來；居、處恭敬，言語諦當。② 不可飲酒廢業；言人過失，説人短長。而同學交遊，尤當擇審。凡溫文、敦厚、忠信、直諒，能攻吾過者，益友也。其諂諛、輕薄、傲慢、褻狎、導人爲惡者，損友也。勤慎條教，③ 切宜謹守。有無限好事，吾雖未嘗言，吾切願汝效之；而更有無限不好事，吾雖不欲言，吾尤爲汝憂之也。若他日歸來，祇是舊時伎倆、④ 人物，將何面目見父母、親戚、鄉黨、故舊耶？"

添祐奉爲名言，以爲傳家之寶云。

發達箴

建文元年己卯舉人　李元善

世人發一科甲，父兄、宗族洋洋有得意色者，器小故也。

---

① 外塾：家外的私塾，與家中的私塾相對。
② 諦當：恰當。
③ 條教：法規，教令。
④ 伎倆：技藝，本領。

學 堂 訓

成化乙酉舉人，任縣令　湯泓

古之教者，家有塾，黨有庠，遂有學。士修於家，而後升於鄉；升於鄉，而後選於國；選於國，而後達於天子。其教之有素，養之有漸，舉之有序，故賢才不可勝用也。

唐太宗貞觀十四年庚子，上幸國子監觀釋奠。命孔穎達講《孝經》，[1] 徵天下名儒爲學官，增廣生員三千二百六十人。於是，四方國學士雲集京師；諸夷酋長，亦遣子弟入國學。升經筵者，至八千餘人。[2]

我朝以科目取士，定科、歲兩考，三年賓興。朝多良臣，野多佳士。將來培養教育，豈亞於唐哉？姑無論遐方，即夾山一鄉，材俊行間小字補：譽。髦之士，又遠勝於元。裁成、激勵，以供興朝之採選者，[3] 殊未有艾也。

泓書於舘間，諸生一一以豪傑自期待，朝夕觀之，庶幾其鼓舞而奮興焉耳。

---

[1] 孔穎達（574—648），字沖遠（一作仲達、冲淡），冀州衡水（今屬河北）人。孔安之子，孔子三十二代孫。唐朝經學家。八歲就學，曾從劉焯問學，日誦千言，熟讀經傳，善於詞章，隋大業初，選爲"明經"，授河內郡博士，補太學助教。隋末大亂，避地虎牢（今河南省滎陽氾水鎮西北）。入唐，任國子監祭酒。曾奉唐太宗命編纂《五經（包括《周易》《尚書》《詩經》《禮記》和《左傳》）正義》，融合南北經學家的見解，是集魏晉南北朝以來經學大成的著作。

[2] 參見《資治通鑒·太宗文武大聖大廣孝皇帝中之上》："貞觀十四年（庚子，公元六四零年）……上幸國子監觀釋奠，命祭酒孔穎達講《孝經》，賜祭酒以下至諸生高第帛有差。是時上大征天下名儒爲學官，數幸國子監，使之講論，學生明一大經已上皆得補官。增築學舍千二百間，增學生滿三千二百六十員，自屯營飛騎，亦給博士，使授以經，有能通經者，聽得貢舉。於是四方學者雲集京師，乃至高麗、百濟、新羅、高昌、吐蕃諸酋長亦遣子弟請入國學，升講筵者至八千餘人。"

[3] 興：一本作當。

若己身一旦富貴，而頓忘其昔日之貧賤，決未有能以自終者也。昔唐僕射官李勣有疾將終，①謂其弟弼曰："我見房、杜平生勤苦，玄齡、杜如晦。唐相。僅立門户，遭不肖子，覆敗無餘。吾有此子孫，謹察視之，其有志氣不倫，交遊非類者，當先搋殺之。"②此李勣 行間小字注：音即。遺言以誡子孫者如此。

炌先祖俱業農，見靈泉張、沈二家貴顯，某始發奮折節讀書。叨科名，由白屋而進士，由縣令而鹽運，遇合亦云厚矣，國恩亦云隆矣。爾輩見吾書，當小心敬畏、清儉自守。只如先人貧賤光景，勿驕奢以忘艱難，勿佚遊以墮門户，縱不能守，亦可耐久。

士　習　訓
<small>天順元年丁丑進士，任河南左參政　杜竑字聞遠</small>

周之士貴，非獨上之人貴之也。秦之士賤，固由上之人賤之也，士亦因自賤焉。戰國之士務奇謀，而不狥正道；③西漢之士喜功名，而不務奇節；東漢之士貴節義，而不通時變；東晉之士樂恬曠，而不孚實用。是皆爲世變所移，而昧夫中道者也。

竑聞之揚氏者如此。

---

① 李勣（594—669）：原名徐世勣，字懋功（亦作茂功）。唐高祖李淵賜其姓李，後避唐太宗李世民諱改名爲李勣。漢族，曹州離狐（今山東菏澤東明縣東南）人，唐初名將，曾破東突厥、高句麗，與李靖並稱。後被封爲英國公，爲凌煙閣二十四功臣之一。李勣一生歷事唐高祖、唐太宗、唐高宗三朝，出將入相，深得朝廷信任和重任，被朝廷倚之爲長城。
② 《資治通鑒·唐紀十七·高宗天皇大聖大弘孝皇帝中之上》："李勣寢疾……謂弼曰：'……我見房、杜平生勤苦，僅能立門户，遭不肖子，蕩覆無餘。吾有此子孫，今悉付汝。葬畢，汝即遷入我堂，撫養孤幼，謹察視之。其有志氣不倫，交游非類者，皆先搋殺，然後以聞。'"
③ 狥：同"徇"。改"循"爲恰。

之四子者，以兄弟而爲師資，以湖山而爲樂地，吾知其必有合矣。大凡讀書之樂，原不擇地而居，未有不擇人而友，矧昆弟、友生之間，皆篤志於學，而號稱知己者乎？吾知其必有異於人矣。

然而珍之雅意於林壑，屺之鋭意於湖山，其志則誠高矣，而吾獨慮其僻也。古之儒者，躬居陋巷而心涵天地，奚必斤斤於山水而後爲樂哉？顧有時而遇夫山也，山可樂而樂之，初非泥於山也；有時而遇夫水也，水可樂而樂之，亦非泥於水也。有所以樂之者在也，而不繫之山水也，山水特其寄耳。諸子果有得於中乎？吾幸爲汝道。

玩書中意，襃中有貶，譽中有規，善言也。

進學訓
弘治壬子擧人　鄒彥魁

胡五峯曰：①"學者滯情於章句，以一班自喜，何其小也！曷不志於大體，以求要妙。辟如遊山玩水，上東岱，至絶頂，使天下高峯、逹岫，卷阿、② 大澤，悉來獻狀，豈不偉歟？"

魁 行間小字補：謂。爲學之道，如登山者之必造其巓，溯流者之必適於海，③ 而後心胸開闊，識見遠大，方不落尋行數墨小家一流也。④

誡　子
正德辛未進士，任縣令　何炌

古語云："富而不忘貧，則能保其富；貴而不忘賤，則能保其貴。"⑤

---

① 胡宏：號五峰，是南宋前期朱熹以前的最重要的思想家，全祖望説："紹興諸儒，所造莫出五峰之上。"（《宋元學案》四十二《五峰學案》序録）
② 卷阿：山名，位於今天陝西省岐山縣城西北方的鳳凰山南麓，由於此地背靠鳳鳴崗，東、西、北三面環山，唯南邊與平地相接，形似簸箕狀，故稱。
③ 溯流：當改爲"溯游"。《爾雅·釋水》："逆流而上曰溯洄，順流而下曰溯游。"
④ 尋行數墨：尋行：一行行地讀；數墨：一字字地讀。指只會誦讀文句，而不能理解義理。也指專在文字上下功夫。
⑤ 范祖禹曰：富而不忘貧則能保其富矣，貴而不忘賤則能保其貴矣。

時以武功顯名於天下，其居第之崇隆、樓臺之華麗，自封王之日始，傳數百年而終於宋。子孫不能世守先人奕業，爲張芸叟所得。則今日之北院，即昔日之紫蕚也。

宋英宗治平間，王氏移居靈泉山外。有馮觀者，王親戚，賃莊宅於王，今馮家瀚是也。爲江夏夾山鄉。觀生商，商生式，式生京。京生馮家瀚，土名山陽居。三世巨富。多更事變，去之永豐驛，今屬咸寧。得唐相牛孺僧故址而居之。字奇章，萬年鄉人也。① 後又徙於金溪鄉。屬通山縣，遺跡尚存。馮之祖基爲杜氏所買。今馮家瀚。今王氏所居，知府王禮。即杜氏之遺愛也，宋司徒馮公式之故居也。今夾山里馮家莊。王氏得業二百餘年，衣食饒足，書聲不斷，可見風水之有靈也。

余家本王道宗苗裔，因先世寒微，依外家以爲姓，故改王以爲杜，自孝先始也。杜淦字孝先。淦，音紺。外家爲我買田宅，贍衣食，以至今日，大恩久未報。暨吾身貴顯，宜復王姓。亦不可忘杜，當以二夫人何氏子源繼之。源後登科，今又姓何。

我有遺命，爾宜遵之。

按：馮氏有二處：一爲王禮、王屺所買，一爲杜淦、杜一山所買。王、杜本同宗也。馮京子孫後居沙河徑，出五太守。又徙金牛，今居關山。杜淦自稱漢陰老人，居泗水。烈日笠首，躬督耕墾起家。十五年，遂致富。故呼泗水，即馮瀚。

與董、王四子書

弘治五年舉人　鄒彥魁

兩間幽靜之境，最足以養人之性情，而益人之學問，惟山與水而已。吾門酷好山水者，若董珍、董璉、王屺、王暄，讀書於梁湖烏槎寺中，絕跡往來者，閱經三載矣。

---

① 牛孺僧：應爲牛僧孺（779—847）：唐穆宗、唐文宗時宰相。字思黯。安定鶉觚（今甘肅靈台）人。在牛李黨爭中是牛黨的領袖。

玉華，年周二旬。幼讀詩書，雖曰"學成錦綉"，無如賦性孤高，適配於鄰太守曾永和之子璋字半玉，未有宗產。今憑吾弟凌雲付銀五百兩，聊作裝貲；新買沈家莊田六石，聊共薪、水。餘無所有。

念兒、女均吾所生，姊妹共屬一本，沒齒之日，無違父命，汝三子親領吾言。

遺書一紙，付女收存。父虛宇親筆。

外附：廻龍嶺茅山一段、簫梅嘴草場一段。每年共管、共採，永作遺念。叔父凌雲親批。

先考遺事誌
張鍾祥

先大夫諱宏，字虛宇。年十三歲，登永樂戊子賢書二十五名。己丑進士。歷官魯府安東道。有《永樂正規時藝藏稿》《泗上詩文雜稿》。

自永樂十六年分居於夾山二里廻龍嶺居住，西莊有本户大壠田廿四石、油房一所、倉房積穀數千石。家貲數萬，牛馬成羣。

納太守曾永和之子璋字半玉爲妹夫。宣德丙午元年正月初九日寅時，生於洛陽官署之凭高閣。由鄉進士，終廣文。妹曰"玉華"，字德潤，頗讀詩書。雖學成錦綉，無如賦性孤高，適配半玉焉。宣德己酉四年正月十五日子時，生於江夏縣夾山鄉靈泉山人氏，庶母梅好出。

先淑人李氏諱季嫻，生余兄弟三人，早逝。先大夫續絃魯公諱朝之女，無出。

先大夫卒年八十有一，葬於廻龍嶺西北之獅子山。上作灰堆，下作石槨，三棺同穴。阡作丁山癸向，堪輿劉道士所卜。塋外作塹，植松柏以爲佳城云。

杜公遺子書
永樂甲申進士，官布政　杜宗晦

紫蕚園者，王將軍之故居也。今憲寢之左，其地寬平處即是。王氏自盛唐

屏魯邦，蓋欲以引養引恬爲務，① 而今獨不然耶？因收留養數月，而鋦疾憫憫就没，遂給七樹嶺西葬地一穴。其子文章年二十七歲，實本漂流異鄉之人，誰爲親戚？老父細爲籌度，在我兄弟故主之義似難辭矣。豈可爲英材新故，遂改古道照人之懷，俾伊妻、子飢餓於土地？寧不爲四海君子之所取笑耶？乃將喻兒舒氏，直配文章。又憑吾弟凌雲，將新買沈家莊田陸石_{行間小字補：内}。撥貳石，紋銀五拾兩，一並付與喻兒夫婦。庶得養命有資，不致流落生怨。

念我子孫，澤及他人。太甲曰：惟天無親，克敬惟親。② 雖非一本，實出汝父廣種寸田忘報之至意也。③ 没齒之日，無違父命。

遺書二紙，喻兒須給一紙，汝兄弟三人共收父字，永遠爲照。

成化六年八月初九日老父張虛宇書。

附記：回龍嶺茅山三段、簫梅嘴草場一大段，付長孫啓化，獨管收、採。又將本户糧田四十八石内撥八石，及沈家莊田所剩四石，共十二石，付長孫永作遺念，諸孫不得争論。叔祖張凌雲親批。

遺書與女玉華

張宏

立遺書張虛宇，幸生詩書門第，獲沾聖朝雨露。於永樂六年戊子，登賢書二十五名。歷官魯府副使道。三子、十孫，人生大願遂矣。

維念祖宗世受國恩，子孫世紹箕裘。先大夫以夾山東西兩莊遺宏、才兄弟，共應糧裏、外莊田三百餘石，共收籽粒，罔敢失墜。湯孫湖，通族公産，不敢私授。

宏今垂年七十有五，去日無幾。元配李氏已故，妾氏尚在。所生女

---

① 引養引恬：《尚書·梓材》："厥命曷以引養引恬。"意思是百姓盼望安居樂業，爲政者要引領他們開展生産豐衣足食過上和平安寧的生活。
② 太甲曰：惟天無親，克敬惟親：《尚書·商書·太甲下》：伊尹申誥於王曰："嗚呼！惟天無親，克敬惟親。"
③ 寸田：心田，心。

中卷　記、序、論、疏、文

遺三子及喻兒書

副使道　張宏

立遺書張宏字虛宇，幸生詩書門第，獲沾聖朝雨露。於永樂戊子，_{行間小字注：六年。}登賢書二十五名。乙丑會試，三十九名進士。歷官魯府副使道。三子：長曰鍾祥，次鍾仁，次鍾奇。十孫：長啟化，字學悟，號晚仙。次啟儒、字學戀，號慧仙。啟覺、字安戀。文山、文龍、文虎，伯垓、伯淳、伯厚、伯澔。俱生員。

先大夫循孝，張公尚德，字循孝，號龍泉。永樂戊子舉人，癸巳進士。以開臺灣功升遼東巡撫二十餘年。鄉榜父子同科。以夾山東、西兩莊本戶糧田四十八石，自豐禾山至洪福寺山場土地遺宏、_{行間小字補：才。}兄弟，才字凌雲，成化丁酉舉人。共應糧裏、外戶莊田三百餘石，共收籽粒，罔敢失墜。湯孫湖池，通族公產，不敢私授。

宏今垂年七十有五，公生於洪武二十九年丙子，迄今成化六年庚寅，共七十有五矣。去日無幾。元配淑人李氏_{名季嫻。}已卒，妾梅妤所生一女名玉華，字德潤，已適同鄉世戚太守曾永和之子璋字半玉。幸得梅妤晨昏侍側，飲啖安之；最喜爾等孝養承歡，毫無念慮，各得其所矣。

再外有家生女喻兒，亦人子也。今年已十六七，將欲適人。轉念雁門寒族文英材者，昔在吾弟凌雲金華府署中，頤指服役勞勤，夙夜匪懈，洵亦有年矣。前此一旦去走南昌，不遇復返。徧閱瀟湘、雲夢之境，並無安身立命之處，徒受櫛風沐雨之苦矣。竟携妻及子舟泊湯孫湖邊，問道所由，願托身予家。恒對人云："金華太爺是我舊日恩主。"力懇庇覆而卵翼焉。余時解組歸里，聞見之下，不覺憫然動其惻隱之心。余曩藩

與宗弟玉璧書

釋靜吾

先帝未殂，明業中絶。八大王張獻忠、李自成。① 屠城之日，崇禎十六年癸未五月，武昌城失守。令楚宗親俱滅，投諸江者六千諸人，自溺者一千四百餘人。釋放僕人千餘，以助賊勢。幸而免者，祇有我宗四人而已。巴蜀一省，只有桂王、吉王。惠王走於廣西，不知所終。

今日冒姓亂宗，動以千數。乾坤顛倒，甚可畏哉！我輩豈甘與奴僕爲伍？拒之，絶之，勿與交往可也。

按：楚宗四人：朱相一、朱濟寧、朱玉璧、朱靜吾。璧名盛燭。靜吾名盛炳，崇禎末年剃度於寶峯寺。

---

① 八大王：大巴山一帶的人對張獻忠的稱謂。攻破武昌城與李自成無關。

與東白先生書_{添裕曾孫，都堂必貴之孫。}

明弘治生員。爲楚藩奪地而□。

張天泓

屢承諭誨，感激欲絕。恨路遠數千，人分兩地，不能白情，徒舒長嘯而已。

兄眷念家族流離，不勝波沉雨露之感；桑梓故墟，徒切燕_{行間小字改：雁。}北燕南之歎。一番骨肉深情，令我感愴無地也。

兄云：寒冰畏日，傷鳥畏弓。不知聖命一下，王威如虎。此時倉皇無地，避難江濱。舉止無措，不知出處。以爲事息則止，事發則逃，別無良謀，不想今日也。

兄謂我賣湖、脫業，利屬一己。我之賣誠湖、脫莊業者，非以爲利也。因家產相鄰，恐變生不測，故拋去湖、山，脫然無累。當此之時，命且難保，利於何有？兄亦可以原其情矣。

局外之人謂我背本忘宗，擅改姓名。彼一時也，破腦傷首之誣，罪同弒君；宦臣謀主之奏，誅及九族。鄉、城百里，不敢道長、弓半字，只得變姓易名，猶可圖存其宗祀，徼幸於萬一也。父母故土、祖宗墳墓，誰忍棄置如遺？兄試思之，我豈背本、忘宗之人乎？兄又可以察其心矣。

兄謂患難既平，不宜具結，癡愚至此，又是禍端。楚府既得我山、宅，其心已饜。此一時也，舊火未息，新煙又生。宗人聞，_{行間小字補：信。}心膽俱裂。四分五落，又竄他鄉。王府委_{行間小字改：嚴。}緝，追究來由，斬草除根。宗文、宗武，一力躭承。認張作沈，此所以變姓、易名也。取具甘結。有保、有鄰。祖宗三代，必錄其名。生亦惟命，死亦爲_{行間小字改：惟。}命。若非此解，其播越當不至今矣。

照來諭，將所具開列姓名於右。

焚草勿宣。

與張學悟書悟，鍾祥之子，虛宇之孫，尚德之曾孫。
張長空諱通。

楚藩欲易地遷葬，撫、院、司、道令議經月矣。念我祖塋俱在靈泉行間小字補：左。右，前後垂三百年，而忽有變遷之舉，令我通族日夜憂危，寢不成寐，食不下咽。

老弟速約文虎等過山來，大作商議。莫學鄒、沈前番畏勢壞事，曾、李、鄭、杜、尹、樊、趙，有山、有塚，皆不怕死。我不惜殘軀，與藩面諭。頭可斷而宅不可換，骨可碎而塚不可遷。子孫讀書、做官，原爲前人，豈可甘心就戮，任其侮奪？

碌碌諸公，充耳不聞，何哉？字至之日，奮刀可也。

答張祥書 祥係永樂癸酉舉人。①
張璞 行外小字注：恐誤寫。

璞自逐居以來，言及往事輒爲流涕。聞靈泉諸寢又竪碑，倒提正統年月，亦任他做去。

當年鄒、沈二家平墓一事，看來甚妙。祖墓雖傾頹已甚，但遥識其處可也，亦不必祭掃，行間小字改：祀。恐此舉一倡，搆禍不已，斂手避勢可耳。

聞二分張檟等，俱會讀書，大爲可賀。異日增光吾族，未可知也。到渠處，深致意。

爾、我天各一方，如晨星寥落。相見無期，但神響其處而已。

攷：祥，永樂二十一年癸卯舉人。張璞，弘治十一年戊午與張鍾靈、沈貴同榜。張檟，嘉靖十九年庚子科舉人，後知縣。

---

① 永樂癸酉：永樂無癸酉，據文後附考，應爲癸卯之誤，即永樂二十一年，公元1423年。

僅得比他人耳。柳氏自公綽以來，① 世以孝弟、禮法，爲士大夫所宗。"

此文山以古道繩我也。某以科舉膺提刑，終日小心。處一事，罰一人，未嘗不守文山之訓也。今文山墓木拱矣，起居、坐卧間如對文山也。

因具菲物，修草動問，來此一慰。

與八家書

昨李狗兒、張快兒至京，到閣老別山<small>張璧號</small>。府內，説楚王血書已上，皇上准旨，着三法司不日到江夏，仰地方官委兵嚴拿靈泉鄉宦，抄家。

別山相公聞知此事，召六部科道御史等官交章急救，事在未定之天。

別山、中美二公，叫八家着速逃匿，莫戀家貲。字到之日，火速潛行。

閣臣別山書
<small>張璧石首人。</small>

歴代帝王宗族子孫循守祖法，不聞有失德敗度之事。惟明代宗藩，猖獗橫行，播惡已甚。怎奈列聖寬容，朝臣劾奏者，均皆獲罪，非齊家治國之道也。日後失太祖天下者，必朱姓子孫也。如江夏世家名塚，奪之已甚，又從而掘其骨，捕其族，何爲哉？不知積怨成災，天道有好還之理；積憤致禍，人事有必盡之情。

勸爾諸公，別謀生産，不必嘵嘵，② 自遺伊戚也。

---

① 柳公綽：字寬，唐時京兆華原人。柳公權之兄，長公權十三歲。性格莊重嚴謹，喜交朋友豪杰，待人彬彬有禮。聰敏好學，政治、軍事、文學，樣樣精通，尤其喜愛兵法。公綽善書法，端肅渾厚，古樸自然。

② 嘵嘵：爭辯。

文人、學士，無不著爲歌詠。亦可想見其爲人矣。

泓叨產先生鄉里，① 昔年在靈泉鄉賢祠中造就人材，不啻立雪程門，如坐春風中矣。居嘗自念：泓祖父世務農、桑，先生獨勉泓讀書，得至科第，縗一官，拜先祖墳塋，何榮如之？報本而外，絕無一點妄念，希圖顯秩，爲朝廷不甚愛惜之官，以重爲鄉黨羞。蒙聖明厚恩，勅宰縣令。泓自愧無百里之才，有負民、社之寄。爲宰數年，又恨地僻、民貧，不獲於上，以致屢憎於人，皆緣泓不喜逢迎之罪。泓念平日讀書，頗知廉恥。既不愛民，焉能忠君？甘心擯斥，是所願也。

聞先生於部堂處薦舉賢才，擢陞顯秩，泓名在內，而時論以薦舉同鄉爲訾。泓願解組歸里，夾山耕田，樊湖取魚，猶不失爲本來面目，免時下怨仇。非故爲避嫌，特恐以泓區區朽材，有損先生薦賢爲國、舉不避親，一片光明正大之心也。

千里素尺，乞賜鑒諒。

湯泓居官清廉，祭酒張輅薦之，吏部擢陞御史，力謝歸田。士大夫高其品地，服其耿介。作有節行，傳爲世豔。江沛然識。

與師張文山子書 文山諱通，號東白，字長空。文山，其謚號也。

江沛然

師文山翁曾作書教我曰："嚴恭弗懈，所以飭身；夙夜畏威，所以事天；孝敬不違，所以事親；忠順不失，所以事君。"此人生學問之大端也，某誌之不忘。

又述柳書云："凡門第高，族戶盛，可畏，不可恃也。門高，則驕心易生；族盛，則行間小字增：爲。人所嫉。懿行實才，人未之信；稍有疵纇，衆皆指摘。此其所以不可恃也。故膏粱子弟，學宜加勤，行宜加勵，

---

① 叨：猶"忝"，謙詞。產：出生。

氣驚人，而愍王嘗相往來，王尊之爲師。

自霸寇一變，有將官名馬者，入昭寢打圍。① 軍人藥箭所傷，寇舋興兵，誤將寺中諸僧盡逼漢江而死。② 幸天不絕寺中宗派，止有敬心尚存。於是往省招僧入寺，而靈泉復爲之一興。故今名之曰"始祖"。我祖壽享八十有七，至順治七年圓寂而故。建有石塔於青龍嘴，令後人思之而不忍忘也。

九世孫寧先爲之記。

<small>天頭注：按：順治七年庚寅，當生於嘉靖四十三年甲子。</small>

魁 星 贊③

<small>沈承君烈，如篁之孫。</small>

吾欣爾名，而爾類乎山精。④ 吾怪爾形，而爾主乎文明。謂從來士子之功名，皆爾之所掌握；析當時科第之面目，實爾之所釀成。

爾何爲左手執筆，右手提金？豈今讀書，非此不行？曰：賴有管城。⑤

與國子祭酒張御龍<small>行外小字注：諱軨。</small>先生書
<small>成化乙酉舉人，任縣令　湯泓</small>

泓聞：朝有賢人，社稷之福；鄉有君子，梓里之光。先生以宏才碩德，居南院首選，位尊望隆。朝廷公、卿、大夫，罔弗欽其德業；草野

---

① 打圍：打獵。因古代一般由多人合圍，故稱。
② 漢江：漢水在長江北，靈泉山在長江南。顯誤。
③ 魁星：中國古代的傳說神話人物，主宰文運，在儒士學子心目中具有至高無上的地位。我國很多地方都建有祭祀魁星的魁星樓，香火鼎盛。
④ 類乎山精：後人爲"魁星"以"魁"字造像，爲一貌似鬼之神祇，以腳踢斗。民間的魁星塑像，右腳踩鰲頭（象徵中第），左腳踢起星斗，手握筆，身體動感十足。
⑤ 管城：毛筆的別稱之一。名、精、形、成、城，清韵；明、行，庚韵；金，侵韵。方音或陽聲韵。

威靈王張叔夜像讚
張添祐

金天大帝降靈於太白，坐鎮於西山。① 皇風來自太古，神化符於元元。宋室乾坤顛倒，天罹地刧齊臨。

夢中恊胎，叔夜鍾生。形如梓潼，貌似帝君。② 鬚成五柳，眉分_{行間小字增：}半月。吐白毫，垂雙腮。抱文武全材，佐宋皇爲政。平定中原，收殺水滸。東京受圍，報恩救主。鳴孤忠於一劍，獨_{行間小字改：留。}丹心於丹_{行間小字改：碧。}空。神兵助戰，功掃沙漠。敕封威靈，萬世欽崇。

題釋如曉行贊
昭宗時唐相　李磎

古者山林隱逸之士，其姓名多不傳於世。往往於山巔、水涯，以自成其奇。③ 若曉然者，不立異，不銜名。不參禪，不打坐。

去靈泉數十年不復來，客有見詩僧於山陰禹穴間，更名如曉。客問曰："爾非曉然乎？"僧答曰："子既知我面目，可歸語百嵓，三年到天臺來。④ 吾去矣。"拂袖而逝。客視之，飄然在雲霧中行云。

太祖敬心錄
寧先

吾聞太祖敬心者，明末崇禎時人也。名訓。公自幼爲靈泉僧，因道

---

① 金天大帝：《封神榜》五岳大帝中西岳華山金天願聖大帝蔣雄。西山：西岳華山。

② 梓潼帝君：道教所奉的主宰功名、禄位之神。傳說姓張名亞子。居蜀之七曲山。仕晉戰死，後人立廟紀念。唐孫樵有《祭梓潼神君文》，李商隱有《張亞子廟》詩。據道教傳說，玉帝命梓潼帝掌管文昌府和人間禄籍，因此稱爲梓潼帝君。

③ 士，上聲止韵；世，去聲祭韵；奇，平聲支韵。詞韵都屬三部。

④ 嵓，來，方音韵。

同年戴德彝相贊①

吏部　張添祐

　　戴子德彝，年近七旬。洪武甲戌，林價有聲。文皇登極，罹於禍因。德爲左拾遺，奉化人。永樂列爲姦榜中人，死。時項氏家居，聞變，度禍必赤族。令盡室逃避。毁《戴氏族譜》，獨身留家。及收者至，一無所得。洗項氏焚、炙，遍體焦、爛，竟無一言，戴氏族人遂全。

　　其子戴光，視予猶父。光至江夏。垂念孤兒，娶以族婚。以族女娶光。讀書遊泮，頗有文名。居止夾山，産子智生。聰明卓異，行間小字增：氣宇超群。克承祖德，爲時之英。請予題相。永流芳名。

　　吁嗟，先生！德彝。清高俊品，德有餘馨。蟾宫折桂，頂甲三名。譙國望族，南陵偉人。鶴髮童顔，宛然如生。仙風勃勃，松柏嶸崢。②

　　攷：洪武甲戌科榜三人：張信第一，耿清第二，張添祐第三。戴德彝第四。唱名畢，添祐啓奏曰："戴德彝，天下名士，齒、德俱優，文、行最高，老師、宿儒也。臣以年少，忝居其上，願以探花讓名賢。"③ 上許之，因欽其德、器，後陞張添祐爲吏部尚書。

---

① 戴德彝（1364—1402）：字幫倫，浙江行省明州府奉化縣（今浙江奉化）人。早年與方孝孺講學於妙相寺，後同入宋濂門下。洪武二十七年（甲戌，公元1394年），一甲第三名進士，授翰林院編修，昇侍讀。建文帝時，先任左拾遺，參修太祖實錄，後任監察御史。方孝孺被殺後，無人敢收屍，戴撫屍慟哭不已。他對明成祖同樣采取不合作態度，不久被處死，夫人汪氏同籍没。在京之從弟德禮、德祐等皆遇難，德祐妻項氏被炙灼其身至焦爛，未獲一言，死事甚烈。弘光年間，追謚毅直。

② 旬，諄韵；聲、名，清韵；因、親人，真韵；婚，魂韵；生，庚韵；馨，青韵；崢，耕韵；品，寝韵。方音或陽聲韵。

③ 查洪武二十七年（1394年）甲戌科進士，張添祐在第三甲，不可能以探花讓。

試第五名。上春官，①不第。行年四十，成進士。生平忘情、忘怨，自處尤行間小字增：廉。潔，不爲苟且以妄隨。其所以見稱於天下者，即所以取嫉於權貴也，故卒不獲其大用而齎志以沒。亨弘治二年己酉售楚闈，正德三年戊辰進士，補延慶永定縣主簿。上官察其廉能，薦授海定縣令。又歷知河陽、光化、鄆城縣，改刺永州，僉署開封府事。尋以事故免歸。後朝臣交薦，辭不就職。輒以老、疾，卒於正德九年甲戌三月初十日，年五十六歲。以正德十年乙亥正月辛丑，葬於先塋之次。夫人倪氏，禮部侍郎倪岳之女，先一歲卒。子男二人，早亡。孫幼，未名。

嗚呼！大亨五歲而孤，四旬始仕。其履憂危而不懼，遇煩劇而不擾，非有大過人之才與德，其能歟？銘曰：山高易頹，名重難沒。

按：邑《志》：張鍾靈，字一卿、大先。武昌人，後徙江夏。中弘治十一年戊午科解元，②隨晦跡家塾。脫然聲華之外，終身不仕。與沈貴、張璞同鄉榜。

① 上春官：赴禮部科舉考試。春官爲古官署名，顓頊氏時的五官之一，（見賈公彥《〈周禮正義〉序》引《左傳・昭公十七年》漢服虔注）。也爲六官之一。《周禮》分設天、地、春、夏、秋、冬六官，春官以大宗伯爲長官，掌理禮制、祭祀、曆法等事。所屬有肆師、大司樂、大祝、大史等官。北周依《周禮》置六官，設春官府，以大宗伯卿爲主官，正七命。所屬有司宗、守禡、典祀、太史、樂部五中大夫，内史上大夫及禮部等下大夫，及諸大夫的屬官。又唐光宅元年（684年），曾改禮部爲春官，改禮部尚書爲春官尚書。神龍元年（705年）中宗復位後，復原名。後世以春官爲禮部的通稱。

② 解元：科舉制度中鄉試第一名，唐制，舉進士者均由地方解送入京，後世相沿，乃有此名。

於萬古。謹宣黃詔，公宜欽聽。

嗚呼，尚饗！

沈大亨墓誌銘

弘治戊午解元　張鍾靈

沈子諱宏，字大亨，余同年友宗也。

其先世自江西之南昌，遷江南之長州。一世祖如筠，仕元爲觀文殿大學士。① 隱居楚黃，而始遷於江邑之靈泉山。余先人已譜其世家矣。有子道倫，生民望、民仰。民仰字具瞻。娶陸氏，生子宗文、宗武。其後裔乃遷黃陂。爲楚藩故遷。

而靈泉之有沈氏，乃自民望也。民望，字衆瞻。娶何氏，生子宗周。周以歲進士任景州學正，即公之四世祖也。曾伯祖諱剛，行間小字增：居太平。爲懷州通判。曾祖諱炳，官至南京大理寺正卿。祖諱文化，不仕。叔考諱美之，官至真定府令尹，爲真定一人也。考諱秀之，成化戊子科舉人，二十七歲卒。曾祖妣張氏、祖妣龔氏、妣朱氏，皆封清河郡君。

公幼失怙，行間小字改：怗。事母以孝聞。讀書香山，至忘寢食。其雄才、偉度，博學、能文而卒克振家聲，人咸謂沈氏有子矣。弱冠，舉鄉

---

① 觀文殿大學士：應爲觀文殿學士，宋官名。宋慶曆八年（1048年）置，由曾任執政大臣擔任。皇祐元年（1049年）置觀文殿大學士，由曾任宰相大臣擔任。無職掌，僅出入侍從備顧問，示尊寵。觀文殿，隋煬帝殿名。宋初，爲文明殿學士。慶曆七年（1047年），宋庠言："文明殿學士稱呼同真宗謚號，兼禁中無此殿額，其學士理自當罷。乞擇見今正朝或秘殿，以召學士易之。"乃詔改爲紫宸殿學士，以參知政事丁度爲之。時學士多以殿名爲官稱，丁遂稱曰"丁紫宸"。八年（1048年），御史何郯以紫宸不可爲官稱，於是改延恩殿爲觀文殿，即殿名置學士，以丁度爲之。自後非曾任執政者弗除。熙寧中，王韶以熙河功；元豐中，王陶以宮僚，未歷二府亦除是職，蓋异恩也。詔猶兼端明殿、龍圖學士云。《呂氏家塾廣記》云："觀文殿學士位資政殿學士上，蓋初置觀文殿學士職時已有爲大資政者，故於上加此美職。朝廷亦知不當以學士壓大學士，但常有人充此二職者，故久而不能革正，可因無人爲此二職時正之也。"

祭太僕張璞先生文

熊廷弼芝岡

維萬歷某年月日，同邑進士李自重、段成功、段然、佟卜年致祭於皇恩贈封太僕寺卿張公璞字中美先生之墓曰：

粵稽古者，風俗醇樸，士尚實行。秀者敦詩書而尚禮讓，賢者重廉恥而争_{行間小字改：矜}。名節，故草野有真儒，而朝廷有良臣也。後世功名之士競趨於偽，而忠厚、正直之風已不概見於天下矣。即其時，容有秉禮、度義間出於鄉，然不過十百庸流中一二人而已。

翳惟先生，家世名裔，紆青拖紫之榮，不足爲羨也；奕世名儒，博古通今之才，不足爲侈也。其可爲一二_{行間小字改：人}。道，而可爲天下道也。蓋以忠、孝之家而復產忠、孝、節、義之後，而更生節、_{行間小字增：義}。其不可及也如是。

伊惟先生，賦性剛方，淡泊自矢。寧爲樸率，勿爲華麗；寧爲正直，勿爲詭隨。以立身之大節，爲立朝之大節。寸心葵耿，扳逆鱗而不忌；滿腔牢騷，忤權貴而不畏。雖殞身天獄，而猛如烈火；即遺骸故鄉，而潔如寒冰。

人爲先生惜，我爲先生幸。曷幸乎爾？幸夫忠言之逆耳而直道之不泯也。榮辱、生死，奚足論焉？噫！正大如先生，其誰與比乎？光明如先生，其誰與京乎？① 慷慨激烈如先生，其誰與儔乎？② 吾知翹首天衢，昂志雲霄，浩浩乎與造物同遊矣。

嗚呼！彭祖非壽，顔回非殀。生順死安，蓋棺事了。大丈夫生爲孝子，死爲忠臣，③ 何慚於聖賢？何愧於天地哉？今聖天子當陽，④ 嘉乃忠直，贈爾榮封，山川崢嶸。某與公子、公孫同獻一滴於黃泉，願播英風

---

① 京：大，偉大。
② 儔：同類，比肩。
③ 生爲孝子，死爲忠臣：生、死爲孝子、忠臣，即生死爲忠臣，生死爲孝子。
④ 當陽：正當陽位，沒有蔭蔽，是在位的比喻性説法。

决、肘見、老藜藿者多矣。① 即不然，無饘粥之憂而室高鬼瞰，② 服美人指，③ 爲風雨所飄搖者多矣。即不然，坐不垂堂而陰陽人道，俯仰缺陷，抱遺憾於牖下者多矣。公以太僕公爲之兄，太僕公諱璞。厚德、重望，如廣夏、長被，④ 尤篤念鞠哀，故公托跡仕隱間，甲第煌煌，玉步可設，珊瑚可碎。⑤ 日惟擊鮮、設醴對貴客而已。際高軒之過，酣飲無慮也。姻婚、僚友，驂從如雲。禮樂衣冠，子孫如竹。雖復王、謝，誰能逾此？計公所需，惟海屋添數枝籌耳。即長留公爲烟火之神仙，何不可？而又必尋生死故事，奪之去也。悲哉，是則可疑也。

　　解之者曰：天地，萍也。萬物，馬也。富貴，雲也。人生其中，電也，露也，客也，夢也，傀儡也。造物不欲沒溺公於塵垢壞，故使之點頭悟徹乎？彼駿鸞駕鶴，嘯傲仙島，實始終愛公之至意也。嗟，嗟！是亦理之可信也。

　　予衰朽，附太僕公之年末，而又邀太僕公之恩餘。與公誼則通家也，⑥ 而分兄弟也。⑦ 故前之疑，蓋以世俗之見，哭公於人間；後之信，蓋以達觀之說，慰公於天下也。

---

① 藜藿：藜，藜蘆；藿，藿香。皆野菜，引指粗劣的飯菜。出《韓非子·五蠹》："堯王天下也……糲粢之食，藜藿之羹。"
② 室高鬼瞰：語出西漢揚雄《解嘲》："高明之家，鬼瞰其室"。大意爲，地位官位顯貴的人，會遭到鬼神厭惡的窺視。
③ 服美人指：穿的衣服漂亮會受到（嫉妒）人的指責。
④ 長被：即成語"大被同眠"典故。出自《後漢書·姜肱傳》：姜肱字伯淮，後漢彭城廣戚人也。家世名族。肱與二弟仲海、季江，俱以孝行著聞。其友愛天至，常共臥起。唐玄宗李隆基在登基後，讓人縫制一條大被子，兄弟幾個同寢一榻，避免外人說他們兄弟不和。
⑤ 珊瑚可碎：西晉權臣石崇與貴戚王愷鬥富，"爭爲侈靡"。有一次，王愷把晉武帝所賜的珊瑚樹拿出來當衆炫耀，高二尺多，堪稱稀世珍寶。石崇當場用鐵如意將其擊碎，然後取出他所藏的六七株珊瑚樹，每枝高達三四尺，光彩耀目，讓王愷隨意挑選。
⑥ 通家：世交，姻親。
⑦ 分：情分。

幸而存焉者，僅兩三人耳。嗚呼。何有終之鮮與！①

自古文人、學士委棄於草莽者不少，乃其間得自致於金馬玉堂之列，② 以傑然自見其才者，千百一兩人耳，③ 其遇不可謂不幸；天子越常格而用人，亦冀以得魁梧瑰偉之士，於百官僚庶之中獲此數人，其致之不可謂不難：而淪落、銷歇若此其奄忽也，④ 豈非憐才者之所嘆歟？

今登先生之墓，追述芳徽，⑤ 景仰高風，因並目其人，以誌余之所感云。⑥

祭副使道張公宏文⑦

明生員　**沈承**君烈，啟南子。

嗚呼，悲哉！吾始疑疑、⑧ 信信於造物也。⑨

造物愛公，可謂至矣。宇宙聰明男子、意氣丈夫如公者固少，而踵

---

① 有終之鮮：由《詩經・大雅・蕩》："靡不有初，鮮克有終"，意思是說做人、做事、做官沒有人不肯善始，但很少有人善終。
② 金馬玉堂：舊指翰林院或翰林學士。金馬，即漢代的金馬門，是學士待詔的地方；玉堂，即玉堂殿，供侍詔學士議事的地方。
③ 千百一兩人：千百人中只有一兩人。
④ 奄忽：快。
⑤ 芳徽：即徽芳，意思是盛德。
⑥ 志：記載。與明唐順之《春坊中允方泉李君墓表》此段："……入則陪侍經幄，退則校讎東觀……何其盛邪！七八年間，在《鬼錄》者幾及其半。出者、罷者，亦又幾人。其尚在院者，才兩三人耳！嗚呼，何其有終之鮮與！自古文儒之士委棄於草野者不少，乃其間得自致於金馬玉堂之列，以傑然自見其才者，千百而一兩人耳，其遇不可謂不幸；天子度常格而用人，亦冀以得魁梧瑰偉之雋。蓋搜於千百庶僚之中，獲此數人，其致之不可謂不艱，而淪落、銷歇若此其奄忽也，豈非憐才者之所嘆與……並名其人，以志余之所感云。"比較，同170字，僅少1字；序異2字，文異11字。
⑦ 副使道：清官制正四品。
⑧ 疑疑：疑其可疑之處。
⑨ 信信：信其可信之處。

有雷聲。楚王見噲形，心驚服。許以重祭，葬之寢東，如王禮。鄒繼魯記。

世傳武陽侯樊噲墓下有一石碑，題云："地本楚王地，權借五百年。楚王來到此，移我在西邊。"楚王怪其言，偏移在東。掘地，又得一石碑云："西邊如不許，東邊仍你遷。"遂葬於東邊。由是，人皆競傳以爲異，而竊有疑焉。蘧廬沈寶之記。

余讀《靈泉誌》，見楚昭王出獵於九峯時，即謀李氏墓地，以爲身後安葬地。迫奪而棄之以爲寺場，王心未遂，何難刻碑密埋，以圖後望，以安人心？後楚藩且倒提年、月，矯旨立碑，明有可據。如謂石碑果真，則余不信也。長嶺山麓湯半品注。

祭户部曾泰先生墓文
杜宗晦

人才之生，雖地氣使然哉，何嘗不猶應運而興乎？惟其應運而興，故地氣相會，人才相盛，而適逢其風雲際會之奇，夫豈偶然之數也耶？江夏夙擅才藪，自禰生名衡。鳴於漢，萬年_{行間小字注}：孟嘉。鳴於晉，北海_{行間小字注}：李邕。鳴於唐，當世_{行間小字注}：馮京。鳴於宋，聶炳_{行間小字注：字韞夫，入《忠臣志》}。鳴於元。其他有遇、有不遇者，固難悉數。

洪武壬子歲，吾鄉郡之士同聘舉名士者十有七人，咸聚於京師。召對之時，先生首賜及第。入則陪侍經筵，退則校讐東觀。詔太子、親王視膳，凡九卿、百職事咸賓師之。其敬禮抑何隆哉！

未幾，出補饒州太守，治績有聲。天子知先生才可大用，以布衣而爲尚書。如此之時，彬彬雅雅，爭先恐後，共襄一代文明之治，何其盛耶！十七八年間，登《鬼錄》幾及其半。①出者、退者，亦又幾人。其

---

① 《鬼錄》：迷信者所謂陰間死人的名簿。

今憲寢是。道宗係鄂州畢王璋之子。宋張芸叟墓存。明張中美墓掘，稍遷東。張公添祐與夫人沈氏筠女。合葬墓在昭寢之西，公靈顯應，不能掘，碑爲石臺所壓。昭寢大白石拜臺，即張府大堂口石。沈氏並鄒太常彥魁墓俱掘。張公輅墓在天馬峯之西，開棺，袍帶依然。稍遷，今賀妃寢是也。

再觀南山，唐相李郃之蓼莪堂平。明戶部曾泰夫人李氏墓掘。董公辜皋墓掘。行間小字注：存。內有樊、張、鄒、沈四鄉紳墓掘。今靖寢西內，唐李沉、李毅墓俱存。

明張誠墓在東邊，欲掘，天大雷雨，止。今莊寢附之。

更觀唐李善、李邕、李暄、李郃四墓，俱葬九峯獅子山後。楚昭王奪地爲九峯寺，遂遷葬於前盤龍山。

嗚呼！只顧一時奸邪之私謀而暋不畏死，① 哪知千秋士、民之清議而毫不可逭。以致任意侵奪，逞志毀滅，此古所謂小人而無忌憚之尤者也。

靈泉樊侯墓碑噲，漢封爲武陽侯。嫛，高后之妹也。

夫人呂嫛，呂后封爲臨光侯。后崩，嫛被誅。

張聰本智

余少時至天馬峯下，昭寢後山。有"漢將軍樊侯之墓"七大字，半爲蒼苔所掩。東有一石臺，高八尺，又題"武陽侯"三字。聰閱進士樊時中《譜》云："侯，是噲之墓。噲母葬武邑樊山。"

觀者辨之，按產於徐州，似不葬於此。據父老所傳云：是漢高祖封武陽侯之地，故有樊山、樊湖之謂。因封武昌，故有武陽侯之名，則靈泉爲噲墓無疑矣。②

明弘治年，楚王營昭寢，掘出墓誌，果是樊噲之墓。棺木宛然，紫荊抱棺。氣如雲蒸，下有二白石似玉。忽然陰雨密合，狂風觸人，隱隱

---

① 語出《尚書·康誥》。暋：強橫。
② 下三段爲另三人分別記、注。原誤入正文。

偶得《靈泉古誌》一部。每課餘，隨錄數篇。久之，集成。持歸，示余。翻閱之下，苦無善本，不免錯訛。謹依邑志攷校，畧爲訂正。

竊嘆靈泉自漢、唐、宋、元來，極盛者莫如明，而極衰者亦莫如明。

閒嘗論之：積憤成禍，人事有必盡之情；積怨成災，天道有好還之理。昔司馬晉佐魏篡漢，天則使劉宋以漢代子孫篡晉，報百五十餘年之仇。

今觀靈泉八家祖塋、居宅，起正統十二年丁卯，被楚府侵佔；固已弘治間靖王深恨張、李不換，血本上奏；嘉靖時，愍王愈肆兇暴，欲盡誅二姓苗裔，以故張、李二姓受害更甚。

厥後崇禎末年，張獻忠屠武昌，令楚宗親俱滅。投諸江者六千餘人，自溺者一千四百餘人。並靈泉各寢盜發，其衣、棺、遺骸，皆化爲烏有。李自成至燕京，直逼懷宗自縊，而明祚絕。又何莫非天使張、李子孫亂朱，報二百餘年之仇？凡我同人閱《靈泉誌》者，持此論斷，厥心庶可稍慰。

靈泉穴地總記
沈寶之

莊子曰："凡人心險於山川。"① "禍兮福所倚，福兮禍所伏。"② 又曰："聖人生而大道起。"③ 余靈泉内山八家、外山四十八户，凡宅第、祖塋，俱得山谷之勝。一旦被明昭、_{行間小字注：王禎。}莊、孟烷。憲、季埛。康、季埱。安、季㙻。靖、均鈥。_{天頭注：靖王即東安恭定王季㙻長子，嗣康王季埱者。}端、榮滅。愍顯榕。所毁。預作吉兆，隨爲寢園。

故靈泉北山武陽侯樊噲墓，今昭寢，侯墓遷東邊。昭寢中堂東下，即元觀文殿相國沈公如筠墓，今平。張府祖塋掘，唐江夏王道宗寢遷，

---

① 見《莊子・雜篇・列禦寇第三十二》。
② 由《老子》第五十八章云："禍兮福之所倚，福兮禍之所伏"改造，非莊子語。
③ 由《莊子・胠篋》"聖人不死，大道不止"改造。

威順王薨，① 欲葬於此，見張忠文故祠而罷葬。是二王者，皆藩封之君而猶然懷仁、孝之心，識禮、義二字。今殿下親中夏文明之教，昧太祖忠、厚之訓，奪人之地，無骸不暴，至不仁也；毀人之巢，無枝可棲，至不義也。覆人之祀，無主可託，大無禮也。絶人之嗣，無計可逃，大不智也。名爲換地，實行行間小字改：爲。誆騙，大不信也。

凡我大夫、士、庶，挈其妻、子，號泣痛恨於道路；離其家室，怨氣充滿於天地。噫，是誠何心哉？

昔者秦政掘人之塚，而人亦掘其塚；楚平暴人之屍，而人亦鞭其屍。前車後鑑，不在遠也。使天道無知之則亦已矣，如其有知，必不逃於天誅之日也。

謹揭。

八家住基爲楚靖王所奪，營爲九寢。其後矯詔立碑，倒提年、月。壞江夏風水者，傅生，而非藩宗也。傾靈泉世家者，楚靖，而非楚昭也，所以靖之後至愍而絶。明末屯兵盜發各寢，其衣、冠、行間小字改：棺。遺骸皆化爲烏有，惟昭寢僅存，由昭尚能修德以守國，而靖不能貽謀以裕後也。蓋天理至斯而極，人心至斯而平。當年八家之流離、祖骸之暴露，亦可以報矣。爲人君者，奈何不察？張大夏字純雅淡園氏記。

余按：九峯李氏之墳先被昭王所掘，圖之不遂，因而建寺。後靖、愍諸王之肆虐，亦由昭王始之不善，正不得以昭寢僅存，未被盜發，遂謂昭能修德以守國也。湯銘新半品氏記。

報 復 說

湯盤又新氏。

道光二年，歲在壬午，伯兄湯銘新半品氏舘於同里傅子定邦之學府，

---

① 元威順王：名寬徹普化，泰定三年（公元 1326 年），繼承其父脱歡爲鎮南王。驕橫殘暴，胡作非爲。至正十五年（公元 1355 年），被天完紅巾軍在漢川鷄鳴汊打敗，逃往陝西。

安意順，使人頌德而行間小字改：則。福莫大焉？

如王必欲得此而後甘心，則殺之惟行間小字改：唯。命，生之惟行間小字改：唯。命。王不畏天而惜民，生不賣家以徇國。

昧死瀆呈，惟王圖之。

上楚愍王書①
沈世昌

爲已甚不可行，天道不可罔。

王者法祖以基福，順天以愛民；好民所好，惡民所惡。是謂民之父母。維彼楚藩，躬膺禄位，派衍天潢。不思丕顯丕承以保國脈，只憑作威作福以禍生靈。思藩之有祖社，猶吾之有土地也。藩之有廊廟，猶吾之有居室也。藩之有山川，猶吾之有陂澤也。藩之有靈行間改：陵。寢，猶吾之有墳墓也。藩之有前王，猶吾之有先人也。藩之有允嗣，猶吾之有子孫也。藩之有宮嬪，猶吾之有妻妾也。相較而論，其分各殊，其情不甚相遠也。

靈泉内山八户、外山四十八户，人丁不下千餘。生養休息，不知幾帝幾王以至今日；廢興存亡，不知幾世幾年以至此時。凡此基址，祖宗遺之，子孫守之。昌等雖蒙聖朝雨露，而實則前人之遺業也。漢自武陽侯受封，樊噲。千百餘年，樊氏子孫不絶如縷。唐自李邕分支，累世公卿。王道宗爲將，名標史册，迄今未艾。宋自張舜民避亂止居於此，忠孝節義，載之祀典。國朝曾泰被太祖徵辟，擢爲尚書。他若鄒、沈，以及董、杜，亦先朝故家，多歷年所。山川依然，人物如舊，並未奪於誰氏之手、誰王之世也。

昔楚元王之子欲爲父卜葬靈泉，② 見樊氏宅、墓而吁嗟不忍葬。元

---

① 愍：謚號，其在世時無。
② 楚元王（？—前179），即劉交，漢高祖弟，字游。劉邦與秦軍戰於藍田之後，在灞上封劉交爲文信君。漢高祖六年（公元前201年），封劉交爲楚元王。

王猶曰："今日是朱家之土。行間小字改：天下。"噫，王幾誤矣！王者撫有國家，有土，有人。若與民爭土，行間小字改：地。是細人之行，非人君之度。王何見之不廣乎？猶之唐人説李天下，宋人説趙天下，元人説胡天下。一切鄙語，有傷造化。豈知天下屢易，民不改舊？行間小字補：乎。

　　孟子有言："行不義、殺不辜而得天下者，皆不爲。"王寧不聞之乎？試問歷朝皇帝、親王、宗室，有奪人祖塋而作陵寢者乎？無有也。

　　靈泉八户自漢至唐，至宋，至元，或出功臣苗裔，或出先賢後昆，祖孫、父子，數世相延。行間小字改：沿。帝不一帝，王不一王，未聞絕其血食，斬其世澤，而傷心慘目如今日者也。

　　昔者湯有解網之仁，① 文有枯骨之恩。② 暨乎武王，封比干之墓，③ 式商容之閭，④ 當世行間小字改：時。稱之，後世傳之，而聞者猶慕義無窮焉。

　　生爲王計：不如别選勝地以葬諸王，退出產業以還士、庶，豈不心

---

① 湯有解網之仁：即成語"成湯解網"典故，出《史記·殷本紀》："湯出，見野張網四面，祝曰：'自天下四方皆入吾網。'湯曰：'嘻，盡之矣！'乃去其三面，祝曰：'欲左，左。欲右，右。不用命，乃入吾網。'"

② 文有枯骨之恩：即成語"澤及枯骨"典故，出《吕氏春秋·孟冬紀·异用》："文王賢矣，澤及髊骨，又况於人乎！"

③ 封墓：建墓。比干：比干，子姓，沬邑人（今河南衛輝市北）。生於殷武乙丙子之七祀（公元前1125年夏曆四月初四日），卒於公元前1063年。一生忠君愛國，倡道"民本清議，士志於道"。爲殷商貴族商王太丁之子，名干。比干是殷帝丁的次子，帝乙的弟弟，帝辛（即紂王）的叔父，官少師（丞相）。比干幼年聰慧，勤奮好學，20歲就以太師高位輔佐帝乙，又受托孤重輔帝辛。從政40多年，主張減輕賦税徭役，鼓勵發展農牧業生産，提倡冶煉鑄造，富國强兵。帝辛戊寅三十二祀（公元前1063年）冬十月二十六日被紂王殘殺，終年63歲。

④ 式：通"杖"。古人在馬車上以手撫杖以示敬。商容：是商朝紂王時代的樂官。因爲忠直被紂王貶黜。商周牧野（今河南淇縣南）之戰後，他和殷人一起看周軍入殷。周武王命人表彰他的忠賢。《史記》殷本紀，商容爲賢者。《史記》樂書、《禮記》樂記、《史記索隱》及其引《韓詩外傳》都有提及。小説《封神演義》中，商容被描寫爲商朝的首相，爲了保護殷郊，撞死在九節殿。

今歷昭、莊、憲、康凡四世矣，並不瑩葬，今年卜地，明年卜地，鑿山崗，斷龍脈。生聞有萬世而行仁義者，未聞有萬世而爲王宰者，其昧理不已甚乎？

且葬之爲言，安也。卜之，求其利也。取庶、士之宅兆而推爲陵寢，不惟天理不順，即前王有知，安乎不安？其不安孰甚焉！行間小字補：取他人之堂構而作佳城，不惟人心不服，即前王有知，利乎不利？其不利孰甚焉？王之意，期貽祖宗以安，而先貽祖宗以不安，王思之乎？王欲貽子孫以安，行間小字改：利。而先貽子孫以不利，王思之乎？

王苟修德以行仁，祈天以永命，福將自至，何患無地？夫王有祖宗，士、庶亦有祖宗。地可易也，起祖宗而易之，可乎？宅可易也，毀先靈而易之，可乎？

且行間小字補：王。雖尊貴，亦猶然孝子慈孫也。孝子慈孫愛其己之祖宗，亦必愛其他人之祖宗。行間小字補：既知自愛其祖宗。而教他人自戕其祖宗，自暴其屍骸，以奉王之祖宗，此極惡、下愚所不忍爲，而謂孝子慈孫爲之乎？即如豺、獺，獸也，尚知其報本；① 若靦然人面，行間小字改：類。曾禽獸之不如乎？② 王胡不諒之乎。行間小字改：也。

聞王者以信義服天下，不行間小字補：聞。以行間小字：威力屈天下；以恭儉先天下，不聞以侮奪凌天下。王之行有八失焉：前者靈泉止營昭寢，而今則並占數區，一失也；前者八家甘讓祖塋，而今則並占住宅，二失也；行間小字補：前者許留石坊以表節義，而今則並拆爲通道，三失也。前者鄉賢尚存祠堂，今則奪其榛栗，四失也；前者莊業許還張、李，今者侵及田產，五失也；前者許住山外落業，今則逐去他方，六失也；前者唐、宋建有古寺許存，今則禍及僧家，七失也；前者鎮市許留貿易，今則片瓦不存，八失也。王犯此八失，其何以君國？何以子民？

---

① 豺、獺知報本：初春，河水解凍，獺開始大量捕殺魚類以備繁殖；深秋，鳥獸長成，豺大量殺獸以備冬。古人以爲是它們是在祭祀祖先報本。

② 曾：竟然。

即曰牛眠卜吉，① 世或有之。豈知帝王之興，率由天命，非關地理？昔周氏有八百，只聞積德累仁而成卜世卜年之永，未聞岐山、鎬京有甚風水之説，此其足証也。況三湘七澤，豈無可取？奚必靈泉而始稱名山哉？

伏祈殿下仰體聖_{行間小字改：祖。}訓，俯全庶祀，則生死啣恩，奕世頂戴於無窮也。② 臣等不勝待命之至。

上楚端王書③

張通_{長空}

古者天子建國，諸侯立家，公、卿、大夫，以至士、庶，各_{行間小字增：安。}守其業，以祀其先，此王者至公無私之心也。

自元失政，本朝受命，招集流亡。兵火之後，繼之以安插；安插之後，繼之以教化。惟恐民之不安者，太祖高皇帝也。即位以來，愛養臣庶，存恤故家。養之以仁惠，_{行間小字改：厚。}文之以禮樂。_{行間小字增：俾。}先朝之名賢，不殄禋祀，_{行間小字增：者。}太祖高皇帝也。其時天子和德於上，百官和德於下。陰陽調，風雨時，卿雲現。五穀登，六畜蕃。嘉禾興，草木生。山不崩，川不竭。凡厥庶民，無不安土樂業。俗有謳歌之聲，民無哀痛之音也。夫何傳世未及百年，裂土分封，非不足也，邇來無故而奪民居，無故而遷民塚，生切爲王不取也。

夫高皇_{行間小字增：帝。}去今未遠也，祖宗得天下以忠厚，子孫宜守天下以仁義。兹者殿下驅逐百姓，侮奪縉紳，以佔其業産而爭風水，惟恐民之獲安，致人人蓄怨、家家積忿，由不能守本朝之家法也。先王之制，君有定域，民有定土，不相侵也。祭有定分，葬有定期，不踰禮也。

---

① 牛眠：《晋書·周光傳》記，陶侃父母喪，家中老牛出走卧眠山崗，指示此地爲埋葬的風水寶地。後來，人們以"牛眠""得牛眠""卜牛眠""牛眠地"的典故，喻埋葬先人、可讓後輩發迹興旺的墳地。

② 奕世：累世，代代。

③ 端：謚號，其在世時無。

覆楚靖王均鈋書①

張鍾靈

蓋聞仁孝者，治天下之大本也。愛養者，培國脈之源也。自高皇帝御宇以來，親賢禮士，仁民愛物，無不沐育其恩膏，歌詠其德澤。即遐方、異域，均蒙其樂、利，而況中國之臣民乎？粵自洪武三年，昭王分封於楚，太祖親命之曰："汝入楚，惠養黎民，馭人臣以禮。"又諭之曰："百姓山川、土地，不可分毫侵越，有負朕意。"此天語煌煌，炳若日、星。忠厚開國，昭垂後世也。

茲乃有術士傅仙子，無賴小人。謬託堪輿，妄指臣家吏部住宅為大地。②切靈泉一山，鄉曲不毛。外山四十八戶、內山八戶，宋、元舊市，亦已殘破殆盡矣。兼以煙火雜沓，牛羊馳逐，無甚奇觀，不謂殿下之過信也。

昨蒙天吏喚臣，議換其地，許以三畝易一。臣至靈泉，遍閱西北九山，臣族及鄒、沈、樊四家之先靈在焉；其東南居行間改：諸。山，杜、董、李各有祖塋存焉。臣思田地、房宇可以抵換者。臣知殿下存仁愛之心，必不為也。

說者又謂遷塚改葬一議，臣按：遷塚非，行間小字增：條。改葬非經。府、縣下鄉，率鄉保士庶共查，此山內、外約計三百餘塚。若並數而遷改之，必害及子孫，禍及枯骨。為人祖者不得依故土而寢，為人後者不獲蒙故業而安。臣知殿下廣仁孝之心，必不忍也。

念太祖、列聖宏開丕基，積德昌後，誠恐一行偶失，有傷天下人民。殿下以聖子、神孫，上體太祖、列聖仁孝之心，下裕子孫、黎民愛養之念，將見以莫大之宏恩，而綿宗社無疆之福矣，豈區區一靈泉而已哉？

---

① 靖：謚號，其在世時無。
② 大地：好葬地。

建李都堂盛神像

拔貢① 鄒振奇 崇禎己卯科舉人。

明楚昭王出獵，逐白兔於九峯獅子山。見李氏墓，竟奪其地，掘唐相李廊之棺。都堂李盛死之，英靈不昧，每與王較。王懼之，平其塚以爲寺。約茶、鹽二客，出貲巨萬，使內官郭成功監修。埋僧人無念於上，作千佛殿以壓之。李爲祟不已，因修李氏享殿，塑像以祀之。

吁，昭王本欲得李氏行間小字增：之。地以爲日後安身之計，豈知鬼神降禍不已，而卒廢爲寺塲，以葬山僧。枉費心思於當年，徒遺惡名於後世。識者已知其非忠厚開國之道也，惜哉！

占永豐山即二府井是也。

李春芳

永豐山下，明處士張添祚、五經博士張鬱之墓在焉。楚端王求之，張沉弗與。行間小字注：沉係祚七世孫。至楚愍藩占沉祖山，沉力抗官尉，王惡之。未幾，官尉二員病歿於熊姓家。行間小字注：即芝崗，祖居省城。王誘之以利，欲嫁禍於張沉。熊翁曰："吾豈不顧子孫耶？"王陷熊翁於獄。沉年八旬，目識十行，力運千斤。王誣沉爲亂，沉弗京上書，② 以白其冤。上慰之，遣歸。王召勇士數百人圍沉宅，欲搥殺之。沉有友先知之，以告沉。沉携子孫、童僕，跨馬夜行二十里，至官步橋，行間小字注：在今吹笛橋右首。鷄初鳴。有李生者，沉故鄉人也，避楚藩居此。遂留沉飲，且歌詩以贈之，曰："一壺美酒送行仙，醉染春風楊柳煙。"沉答賦曰："八十老叟乘馬去，不知後會在何年？"後人遂爲《李氏送行歌》。

---

① 拔貢：科舉制度中由地方貢入國子監的生員之一種。清朝制度，初定六年一次，乾隆中改爲逢酉一選，也就是十二年考一次，優選者以小京官用，次選以教諭用。每府學二名，州、縣學各一名，由各省學政從生員中考選，保送入京，作爲拔貢。經過朝考合格，可以充任京官、知縣或教職。

② 弗：當爲"赴"。

上泰，明景泰癸酉舉人。甲戌，成進士。字志同。初授行人，陞吏部員外，出廣東參政。

陳抄家草稿
都堂李盛次子　李璋字德甫。

爲矯詔抄家，冒死陳情事：

臣住江夏靈泉，有祖墳一段，坐落保安里，土名九峯。先世遠祖李廊字建侯，由天寶末年舉進士，官拜平章。行間注：唐明皇在位四十五年，開元、天寶俱國號。以太子太保致仕。卒年八十，朝廷賜葬九峯獅子墩上。李善、字次琳。行間注：前五代梁時人。李邕、字太和。行間注：唐明皇時人。李暄，合計四墓。天頭注：據邑誌：廊係邕之孫。廊長子柱，浙東觀察。次子栻，鳳翔節度使。栻子磎，昭宗時宰相。磎子沇，字東濟。家有書卷，亦負俊才。豐碑、高塹、石馬、翁仲，鑿鑿可據。歷今九朝，千百餘年矣。

於前歲九月內，慘遭楚府王朱圖謀風水，起掘四塚，深至丈餘，棄棺拋屍，奇禍不測。臣兄李珍叩閽，蒙許其照舊安葬。是洪恩覃敷，上通九霄，下徹黃泉矣。

今又於本行間注增：年二。月內，約同茶、鹽二商，出銀數千斤，鳩集工匠，將山鑿爲平地，建爲佛寺。請旨勅賜，永爲施主。

復矯詔文，抄沒臣家。先父都堂李盛，因氣身故。臣思上年聖恩既許照舊安葬，則今日之滅族抄家，恐非皇上本意，是以奔訴闕下，重瀆天聽。

如果出聖裁，死亦甘心。倘聖恩寬宥，赦臣不死，則矯詔欺君，罪有攸歸。專候聖旨，死罪，死罪。以戰兢待命，爲此瀆陳。

明正德癸酉科李珍、李璋、李粹然兄弟同榜，當時號三李。再：粹然字仁甫，工詩文。李珍字貢甫，授樂安令。

臣私訪靈泉昭寢，見高碑約有二丈，上鎸：正統十二年行間小字注：歲次丁卯。朱季埈行間小字注：憲王。立。實係倒行間小字補：提。年、月。按：憲王季埈薨於正統八年，行間小字注：歲次癸亥。今又勒石其上，是矯詔立碑、越占宦產可知矣。又查九峰又建大寺。合占李氏九處山塲約計十餘里，不容李氏認塚。逐趕夾山居民四十八戶，遠離他鄉。計誘靈泉寺僧八十餘人，投諸江漢。① 追劈靈泉古誌，不知何意？

臣謹將所查事件備寫進呈，伏祈皇上睿覽。

計開楚府所占：

青山、樊西賽祖地。班鳩原、李都堂祖地。牛角洞至後山、沈閣老業。東山至梁子湖。張天官祖業。以上湖塘、田地、草山爲楚府所有、所占。

靈泉山外四十八戶姓名、居塲：

戴堯叟、程憲、孟嗣宗、孝子孟宗之後。湯朝臣、陸雯麟、董卜臣、以上在牛腦頭一帶。畢天星、唐得亮、郜戴鼎、尹天民、生員。鄔玉麟、黃自通、以上在料牛嶺一帶。曾虛舟、畫工。魯仲文、潘縉、成化丁酉舉人。在狀元坊桃花園。本姓童，今凉馬房東。方漢臣、李友文、舉人。馮文俊馮京之後。何源、舉人，永樂時布政杜宗晦之後。致仕，仍在藜花嶺持庸亭一帶。今左營所。楊東塘、朱瀾谷、梅先春、趙云介、田見龍、羅胡也、在花嶺一帶。蔡九萬、陳文宏、唐璽、即王十保地。明進士。行間注：永樂戊午舉人。② 鄭璧、宋狀元鄭獬之後，應山人。在父子嶺一帶，即明拔貢李賢地。唐、鄭二宅，楚府所占做廟，今改爲圓通寺。璧，洪武丙子舉人。天頭注：唐、鄭今移居太平莊。劉三友、傅奇、江學詩、金滿斗、江若河、在分龍嶺與橫筆塘一帶。鄒振奇、拔貢。沈世昌、貢士。張成玉、生員。秦廷桂、曹文山、生員，文基之兄。古襄州、項可月、上國光、進士，上太之後。③ 花如錦、生員。竇五桂、在馬鞍山，爲右營所。刑美之、商聯芳、葛申甫、苑蓬溪。在過峽嶺及付家園一帶。

---

① 江漢：漢江遠在江北。
② 永樂戊午：永樂無戊午，午年僅有甲午，即永樂十二年、公元1414年。
③ 太：據本文尾注應爲"泰"。

二年矣。自弘治而正德，則三十四年。行間小字增：矣。自嘉靖而隆慶，則五十一年矣。共計歷數之，傳一百三十七年。李賢生於成化，而非上生於正統；勿論賢此時未生，即生矣，賢亦無此一百三十七歲之高壽。今皇上御宇，又一年矣。萬曆癸酉。

臣揣藩臣之意：我既奪宦產，又恐人心不甘其侮奪，不如矯旨立碑，以爲請旨以壓服之，亦爲久遠以朦混之。似此欺君矯旨可以不論，則矯旨者不止一藩臣矣；似此罔上改年可以不究，則前日改年者亦不宜處兩府、縣矣。

臣謹將藩臣朱季埛所刻碑文墨印一張，封繕進呈。臣言切直，冒干聖聽，臣不勝戰兢之至。

蒙旨：俞允削藩禄一千石姑究。①

上言"復勘楚藩"奏疏稿
楊慎、鄒守益

禮部高桂等②奏《爲楚藩倒提年、月，矯詔立碑，越占宦產，欺君害民》一本，③上遣狀元楊慎、四川成都。鄒守益二臣行查，回京上言：

謹奉聖命行查，不敢隱情事：

臣前日奉命往湖廣，皆微服私行至江夏靈泉山。楚藩設營兵三所，百戶官四員、侍衛四員、祭祀典儀司四員、宰廚二員，威制一方。內山不許百姓行走，外山不許車馬踐踏。往來行人，遠避數里。

有被害生員尹天民告稱：有胞弟天士應縣試，風折枯枝。楚衛士拿獲，王命銅釘四口鉗死示衆。暴惡極矣，雖桀、紂亦未如此。

合計連占宦田三千五百石，追其印契入庫，以作宗產。合計占民產四百畝，以作鵝鴨田。合計占梁湖草塲數百段，以爲草料税。

---

① 俞允：帝王允許臣下的請求。
② 上文未署其他作者。
③ 與上文標題不同。

劾楚藩本稿

<small>禮部官　高桂</small>

奏爲不遵王制，越占宦産，竊國號以亂法，誣聖旨以壞名事：

楚藩臣朱季埱，位一國之尊，綱常、名教所由係；序王人之上，① 法制禁令所當先。未有竊號改年，矯旨樹碑，如湖廣<small>行間小字增：江夏。</small>所屬地名靈泉山昭陵一碑，爲可駭也。

臣稽昭藩封楚，爲高祖之象嗣、楚邦之賢王也。生有德於臣民，薨有利於社稷。其傳世而遺後者，宜季埱之克遵而弗違，率由而不替者也。乃不遵王制，越占宦産如：元至正學士沈如筠、洪武戶部曾泰、永樂布政杜宗晦、洪武吏部張添祐、成化太常鄒彥魁等臣祖塋、住基，以爲陵寢。

又立豐碑，忽題其上曰："正統十二年三月某日朱某立。"又稱："大學士<small>行間小字增：李。</small>賢具疏，奉旨請題。"臣竊以爲過矣。夫王之德果當褒耶？則輿人歌之，太史採之，而後褒之不爲諛。夫王之德果足錄耶？則庶人言之，國史書之，而後錄之不爲私。臣思藩臣即不請旨而竟自立碑，世孰得而非之也？即用本年而不須改年，人烏得而議之也？不假樞臣李賢而任人撰文，世又誰得而訾之也？惟其並未請旨而誣爲請旨，則矯旨之罪誰認其咎？今非正統而詭提正統，則改統之罪誰執其咎？疏非出於李賢之手而誣之曰李賢，李賢實非正統之人而矯之曰正統，將以竊號之罪誣賢耶？抑以矯旨之罪誣賢耶？矧今大學士李賢日侍皇上之側，事非已往，人非已往。皇上召賢而問之，然耶？否耶？

由臣言之，帝王國號，萬世澄信，何容妄改？府、縣小吏追改年、月，倒提日、時，罪所不逭，如今年山西太原知縣、貴州樂平知縣，皇上猶云："可惱，宜正重典。科、道官原情不允。"況位一國之尊、序王人之上者乎？臣以國譜計之，自正統而景泰、而天順、而成化，則五十

---

①　序王人之上：排序在王國民衆的上面。

祖有罪，應蒙皇上治罪，況臣祖罪不至於開棺，惡不至於掘塚，而何至暴屍遷葬，若是之甚也？

事屬激切，慘極籲天。一字涉虛，願甘寸裂。伏祈皇上深恩厚德，速賜雷霆。保全先臣一塚，勝造七級浮圖。萬世瞻仰，人、鬼頂戴。臣戰兢上呈。

嘉靖批旨：如再掘張姓塚、開棺、遷葬者，照庶民例處斬。

再參楚藩本_{嘉靖十年辛卯}
張廷鳳、張廷鸞

爲違旨故掘痛哭陳情事：

上年聖旨勅諭楚府："如有再掘張姓塚、開棺、遷葬者，照庶民例處斬。"臣族不勝焚頂，以爲獲全餘骨，皆皇上生成再造之恩也。

詎料楚王貴宗朱三人等，又掘先朝祭酒臣輅之墓。喚石匠王成鑿洗三日，臣始得知。匍匐至靈泉祖塋，見棺開，袍帶依然，面目如生。臣不禁魂飛天上，魄入地府，控告無門矣。只得跪泣王宗，反觸撲怒。打落一齒，面皮皆穿。臣泣告撫、按兩院，默默不言，但云："世間至大，莫過皇親國戚；天下莫敵，惟有王子王孫。汝豈不知之乎？"

臣伏思皇親至大，莫大於朝廷聖旨；王子無敵，尤難敵於國法。是以情激心傷，奔承_{行間小字改：陳}。天聽。丕彰乾斷，戒飭宗藩。深全亡骨，雖死之日，如生之年。不然，尾大難掉，生靈受害。將城狐社鼠，近在蕭牆，他日必厪宵旰之憂也。竊思皇恩浩蕩，四海已無頑民；聖澤洋溢，天宗_{行間小字改：府}。率多悍宗。如此行狀，有梗王化，則去年聖旨，誠爲故紙；今日法律，竟是空談。恕臣愚蒙，冒死直陳。伏祈聖明睿鑒，不勝惕厲戰兢之至。

嘉靖批旨：慟恨無涯！① 着三法司將犯法三人拘來親訊，杖斃。

---

① 慟恨：慟義爲大哭。皇帝對一位臣子父親的墓被掘，應不至大哭。

"着徐有貞、周至德往湖廣走一朝，取兩姓手册及楚藩遵依來繳。以原_{行間小字補：議。}爲據，可也。"

參楚藩本_{嘉靖九年庚寅。}
進士　張㷍_{字六卿，嘉靖丙午舉人。}

爲掘塚暴屍籲天法究事：

臣嘗讀《易》"首出庶物，萬國咸寧"，① 未嘗不皋然高望而遠志焉。② 今逢皇上纘承大統，洪仁遍敷，四海慶幸，僉曰："堯、舜在上，如春舒和；湯、武登朝，無一冤枉。"信矣。

今有奇慘，不敢上聞有煩聖聽，然不得不陳者，天潢之宗枝也；③ 不忍不陳者，一本之骨肉也。

今臣祖張璞，爲先朝骨鯁之臣，死於宦臣_{行間小字改：官。}劉瑾之手，我皇上天聰所洞悉也。蒙賜遺骸歸葬江夏東祖塋靈泉天馬峰下，已有年矣，慘遭楚王府宗朱掘塚開棺。臣幸撞見，枕屍而哭。王宗拘鎖至府，封門三百，_{行間小字改：日。}錮治至死。④ 勒書賣契，哀脱奔逃。不惜先臣朽骨，不留名器體面，⑤ 叱呼鞭打，如同犬馬。臣脱命之日，呈告巡撫，不敢招禍；控告按院，不敢惹非。只得星夜至京，伏罪待誅，以哭訴於皇上之前也。

竊思臣祖曾叨監察，亦屬方面，非有大故，何得掘塚、開棺，至此田地？臣至安陸，獲睹恩詔撫惜先臣，清出皇莊利弊。安陸三尺小兒，無不感惜_{行間小字改：激。}皇爺。此雖童謡，可彰彝典。如_{行間小字增：臣。}

---

① 首出庶物，萬國咸寧：語出自《易傳·乾·彖》："首出庶物，萬國咸寧。"意爲：萬方都得到了安寧，有"天下太平"之義。有德之君的出現才使天下太平，人們安居樂業。
② 皋然：高遠的樣子。
③ 天潢：猶天池，謂皇族支分派别，如道源於天池。
④ 至死：誤，改"幾死"爲恰。
⑤ 名器：名號與車服儀制，這裏指官吏身份。

民房千餘間，餘不俱知。"時人謠曰："當時若無董正乾，家家不得好過年。"上曰："張、李故殺楚王事，你知否？"對曰："故殺是假，由賴是真。"行間小字增：上聞言默然不語，已知其誣矣。次日，遂有旨：如果故殺是假，由賴是真。着三法司諭湖廣巡撫，令地方官姑免究提。此弘治年間事，遂寢其案。

楚府使人在京偵探，每有斡旋，王必知之。正德時，又生風波。楚府疏稱《二張、李盤踞京師，內外雜職四十八虎尾大難掉，多方布置遮蔽聖聰事》，上："將張通、行間注：即長空。李典等官，發刑部勘問明白，處分停當來奏，勿得狥情蔽護，有干法紀。"正德末年間事。上晏駕，未結案。

陳嘉言回奏稿

嘉靖年間，楚府又翻案。上允奏，命掌堂陳公嘉言行間注：江夏人。與科、道官合審，勘得正統年間，以王宅行間小字改：莊。三百石撥換張、李二宅墳山、住基，二姓不願得三百石之產而失祖宗之墳，以致搆怨數十年。楚府今年上本、明年上疏，未免借事生風也；張、李今年叩閽，明年待罪，豈肯顧子失母也。數十年叠案如山，先帝並未剖決，朝臣不敢言公。弘治、正德、嘉靖三朝，楚王共上四十一本。今蒙聖諭："勘問明白，處分停當行間小字補：來。奏。"臣敢不矢公矢慎，以自干犯法紀也。

昨閱湖廣布政咨文云："楚昭王、莊王已葬，靈泉山三分有其二。張、李二姓雖欲不與，胡可得哉？"由臣等處分：以原日撥換為據，其餘八姓之墳，仍許祭掃，朝廷教人報本行間小字增：追遠。之德莫厚於此也。至於張忠文石坊、廟宇，出於宋高宗勅賜，當修之以為天下後世為忠臣者勸。李宰相諱鄘，天寶末進士。字建侯，卒年八十。"蓼莪祠堂"出於唐肅宗勅賜，當存之以為天下後世為孝子者勸。即此兩處，斷還二姓，依然子孫居住奉祀，楚藩亦不得強據，絕人宗祀。庶乎楚之先王安心於寢；行間小字增：處。伊之祖宗亦不得其行間注改：甘。委諸草莽。則君君、臣臣，兩得其道；生生、死死，兩無所恨矣。

陳公條晰上奏，上曰："説得有行間小字改：是。理，准奏。"有旨：

屢次叩閽，① 彼此勝負未定。

延至愍王顯榕於嘉靖十五年丙申嗣位，愈肆兇惡，欲翻案求勝。行間注：有沈世昌《上愍王書》。盡誅二姓苗裔，將内山八名家、外山四十八户碑、坊、寢、廟，竄逐、毀掘，而諸勝地遂蕩然無餘矣。

惟世宗肅皇帝諱厚熜。以安陸王代武宗毅皇帝位，國號嘉靖。深知楚藩播惡情弊，杖死宗室三人，仍復八姓守土，世奉先人。真仁主、聖主、有道天子也。

奉旨撥換靈泉山公案

楚府自弘治二年八月一疏《爲破腦傷首罪同弒君事》，是疏以血掌塗於上，連用三痕。皇上震怒，即遣三法司，賜以尚方劍一口，並湖廣巡撫，協圍張、李二宅抄家，執兇魁赴京待問。御史孫公秉直、諫臺楊公世英力言其誣，始下廷議：宜以三法司往勘可也。及三法司回覆，只以山場撥換宦産，並無破腦傷首之事。上怒稍平。

楚府九月復疏《爲宦臣謀主行間改：王。故殺非誣事》，疏中語侵部堂。② 上遺疑部堂有私，忽出内旨：如敢故殺情真，即着羽林軍三千星夜赴靈泉山，嚴拿張、李二姓全族至京分處。有偵信報來，靈泉紳衿士庶逃走一空。時給事申公以贊、俞公華國、桂公以正等特奏《楚府怙情欺君未可深信事》："不如且止羽林軍，免驚駭百姓。陛下一行偶失，萬世共議。伏乞欽差行查。"適鄂於渚天子内侍。以他事往湖廣，回京復命，上問曰："江夏鄉紳與楚王爭搆，是非如何？"鄂對曰："此陛下家事，臣不敢言。"上曰："但説無妨。"鄂曰："臣年老邁，未知顛末。有董正乾得悉甚詳。"上喚董訊之。董曰："臣到江夏，聞江夏父老、百姓皆言楚王毀了張天官忠節牌坊，拆了宋高宗忠臣廟宇，又説强掘張家墳墓及官、

---

① 叩閽：扣擊宮門，指官吏、百姓到朝廷訴冤。

② 部堂：明、清時六部正堂官，即尚書、侍郎，雅稱爲部堂。凡各行省總督帶尚書頭銜者，亦自稱部堂。

靈泉宅第記

張廷鳳

外環石垣。前有"沼月蓮池",臺、閣、樓、榭甚壯麗。北有"紫萼園",南有"瑞芝堂"。左"春露",右"秋風"。遠山四圍,皆古柏、蒼松。行雲、流水,無不有焉。

明初,八家同居其地,丁男數百戶,極一時之盛。後被楚藩靖、端兩藩所奪,遂失其地,識者傷之。

撥換靈行外小字補:泉。山事實

張昌亮湯又新參訂。

靈泉山,古稱名地。漢、唐、宋、元,八姓同居。

暨明正統十二年丁卯,內有鄒元兒、林森私換居宅於楚康王朱季埱,禍源始於此矣。後又有沈天爵、沈天貴畏藩勢,換居宅於端王。王彌喜之,賜以朱姓。惟恨張、李二姓不換。衆姓未換。

成化元年乙酉,① 靖王朱均鈋以東安恭定王季堛長子,嗣二伯父季埱位。託武邑族人張鍾靈代換,衆亦弗許,有張鍾靈《上靖王書》。② 王深恨之。

迨弘治二年己酉,王竟親臨面換。張長空等先聲抗論,聲喧林谷。王怒,自擊其首,血本上奏,誣爲謀殺。衆姓俱走,科、道官上奏《楚藩怙情欺君未可深信事》,③ 張、李二姓,挺立不移。十二年己未,竟爲靖王所奪。

至正德六年辛未,端王榮㴆嗣位,又欲易換。二姓終弗許,有張長空《上端王書》。王遂連年迭害。迨正德十二年丁丑,盡奪其地。二姓移居,

---

① 成化元年乙酉:公元1465年。
② 靖王:靖是謚號,生前致函應該還沒有。下文端王、愍王同理。
③ 原入正文,應爲注文。

如出望外。

母有眼患，宗餂目，目生明。母知掛著_{行間改：著}。而好樓居，宗妻黃氏出裝資買宅於凌湖之南。其地寬平，築土爲垣，內植花卉。母顧而樂之，曰："所少者，井與亭耳。"宗鳩工爲亭，母曰："亭何名？"宗曰："孟母亭。"曰："善哉，是稱！雖然，吾獨愧乎孟母也。"亭成，鑿井於前。母凭欄而觀之，似忘乎老焉，故後人又稱爲"忘老亭"云。

母一日寢疾，心甚憂之。思食新笋。時天寒凍，宗往南竹院舊宅。求之，不可得，遂抱竹而哭。須臾，出笋數根。持歸，母食而愈。君子曰："非仁孝格天者，不能也。"

母垂年八十有四而終，葬於鳳凰山下。今貢院後。

朝廷聞之，舉其賢良。官至御史，贈司空。雖膺顯貴，而孺慕終身也。後世孫孟珙者因宗舊址建祠，① 鑄井，故今傳爲"孟孝子祠"云。

靈泉八家記

巡江道　樊時中

吾靈泉里居，有數可美：一，湖山景色可美；一，人物儀容可美；一，風俗、教化可美；一，八家子誦讀不息可美；一，四十八户禮讓不衰可美；一，文士、名流往來不輟可美；一，鄉紳、先生尊親不替可美；一，琴棋書畫、詩詞歌賦之學，無一不習可美；一，亭_{行間補：池}。樓閣，竹樹煙雲之類，無一不雅可美。

此學士、大夫好奇遊覽者往往流連、盤桓於此云。

---

① 孟珙（1195—1246）：中國南宋滅金抗蒙名將。南宋絳州（治今山西新絳）人，徙居隨州棗陽（今屬湖北）。字璞玉，號無庵居士。出身將門，隨父孟宗政出入行陣，屢敗金軍。孟珙智勇兼備，知人善任，長於馭軍。嘉定十年（丁丑，即公元1217年），金兵攻棗陽，隨父宗政力戰有功。端平元（甲午，即公元1234）年正月，會蒙古軍圍金蔡州（今河南汝南），首破南門，招蒙古軍入城，滅金。後屢拒蒙古軍，收復襄陽、樊城等地，力論守御襄樊重要，旋部署湘湖川蜀抗蒙軍事。任京湖安撫制置使，自漢口至秭歸（今屬湖北）大興屯田，招撫中原遺民。卒於江陵治所。

不欺於心，無惡於身；不然，殃必及爾。"沛遵師訓，兢兢於心。比至雲南，軍、民、府中辨誣殺之罪十、謀殺之罪九、姦殺之罪八、盜殺之罪七十餘人，縱殺之罪四十餘人，南民咸焚香歡呼曰："數十年冤案，雪於一朝。"既歸，泣送於道。及抵西楚，_{行間注：江西地名。}又辟重罪之冤數人。凡此者，皆我先生之惠愛及人也。

先生世號理學名儒，淹貫經、史，著作、鴻文，洋洋灑灑，未竟而終。沛於公餘之暇，修輯成帖，題曰《歐陽老人集》，皆我先生之手澤未忘也。① 先生太僕之弟，其文學、德行、性情、品詣，皆一一如太僕焉，是其家學、家法之兩無恨於前人矣。沛序於舊集，以爲先生傳。

孟孝子傳

三邊都堂　張必貴添祐之子，字榮三。

嘗讀《孟氏傳》，而知忠孝之本乎性成也。

漢賢士孟若翁，世居江夏。微時耕於孟城之野，漁於南浦之湖。性喜讀書，而又愛種竹，竹長千竿，人號"孟氏里居"。翁生宗，宗生恭武。教之習漢帖，筆走龍蛇之腕。教之讀《周易》，學參義、文之奧。著衍義而紹絕傳，世稱"孟氏之易解"，此家學之淵源也如是。

尤可異者，天性純孝。宗生數載，父與之枕，必跪受膝前。母曰："兒毋跪。"孝子之姑母郭氏。母以乳食，亦如之。稍長，勤於灑掃，即知代勞。種蔬、釣魚，以供甘旨；夜則誦讀。無不怡然於庭也。親老，坐必執几，行必執杖。其孝養、色養之風，依依可掬也。

父没，葬之。剪藤抽薪，不留土壤。四時拜奠，哀不自勝。雖隆冬、盛暑，亦然。母曰："喪逾三年，哀可已矣，若之何踰禮也？"宗曰："吾傷之，吾不忍其在土也。"

母年漸衰，垂白於堂，宗當寒夜，必擁衾蒙足而卧。湯火之具，弗絕於幃。稍不豫，輒掩淚沾襟，如不欲生也。及母容漸頤，歡欣鼓舞，

---

① 手澤：先人手汗霑潤。因借指先人的遺物。

而道宗弗及，爲足恨云。再攷貞觀十八年，太宗謂侍臣曰："於今名將，惟李世勣、本姓徐，賜姓李。道宗、姓李，江夏人。萬徹姓薛，亦江夏人。三人而已。夫既知爲名將，而何以不與？是則可疑也，抑或有説焉。

至高宗永徽四年，故相房玄齡之子遺愛者，與高陽公主謀立荆王元景爲帝。事洩，伏誅。而道宗爲長孫無忌、褚遂良二子所譖，亦坐流嶺表。嗚呼！盛名之下，難以久居。功成身退，可與全終，余爲道宗惜之。

張東白先生傳 諱通，字長空，號東白，謚文山。
萬曆辛未進士。① 江沛然隆慶丁卯舉人，② 辛未進士。③ 字應吾。

古之君子，學成而天下用之。即不得志，亦不寂寂於人間，其流風餘韵，足以留之也。

我夫子東白先生謚文山者，官黄門吏。得力於乃兄張中美，行間注：諱璞。而陶成於名公巨卿，故其學問宏博，造詣淵深，非世儒所得而窺其閫奥也。④

沛親炙門下十餘載，⑤ 刮垢磨光而始知文字精當、⑥ 其立言有體也。沛舉進士，賓客往賀，先生不爲之喜。既任吉水，吏治、民風畧有可觀，先生又深爲之喜。沛嘗黜職，賓客往弔，先生不爲之憂。既作提刑，獄底澄清，民咏 行間改：歌。《南山》，⑦ 士咏《甘棠》，⑧ 先生又深爲之憂。先生遨遊於公卿間，賢士咸師尊之。時海公瑞疏稱："天下理刑之官若江沛然者，清廉明决，可遣滇南。"雲南。沛奉命至京師，會先生於署邸，命予曰："慎刑恤民，爲官之道只在不枉一刑，不冤一民。至公至正，方

---

① 萬曆辛未：萬曆無辛未。史載其登進士爲弘治十八年，即公元1505年。
② 隆慶丁卯：隆慶元年，即公元1567年。
③ 辛未：隆慶辛未，隆慶五年，即公元1571年。
④ 閫奥：内室深處。比喻學問、哲理的要義。
⑤ 炙：比喻受到熏陶。
⑥ 刮垢磨光：刮去污垢，磨出光亮。比喻深入研討，力求臻於精湛。
⑦ 《南山》是一首諷刺齊襄公與魯桓公的詩，與此處内容不合。
⑧ 《甘棠》：《詩經·召南·甘棠》，主旨一般認爲是懷念政治首領召伯的詩作。

爲侍御，固養抗直於憤激，出議論於諫諍，以耽視百僚，斥逐官邪，而羣縣小吏，莫敢欺罔，至威嚴也。

吾鄉張公添祐，自洪武甲戌成進士，授翰林。詔入直備問，以近天子。耿光據直言事，或忘其忌諱，絕不觀望人主，無不安其位而行其事焉。及養望靈泉，優遊二十餘年，意恬如也。其後起公爲冢宰，吏民鼓舞相賀。① 所謂踰河而恃舟楫，不若聞雷而驚喪匕鬯者，非先生之大有震於人心哉。天頭注：宣德年復起祐爲相。宣德，永樂成祖之孫，洪熙仁宗之子。

乃其裔孫張尚德者，自弱冠以文學顯名於縉紳間，所莅稱秉憲之臣。② 始而宰汝南陽，不三載而政平訟息，殿績稱治行第一。凡清問、剔弊，罔弗稱明。至今，學士、大夫猶能言之。英宗皇帝時，苗蠻犯順，上遣尚德出按雲南。直聲動天下，苗民望風慴伏。尤精於察吏、獄，南民有繫首禁中者，使覆鞫，廷訊之下，一一摘見其冤狀，奏知天子。天子嘉其經術、文章足以謀國是、斷國論，因爲之授令職，又擢御史。

魁不敏，樂君之志有成，而喜爲天下道，於是次其傳云。

唐將軍李道宗封江夏王傳
吏部　張添祐

江夏王李道宗，李淵之族弟，太宗之叔。唐名將也。少事母，以孝聞。子孫居江夏之靈泉，家甚窘。昔道宗係太宗尊行，③ 以才能見用。貞觀四年，與張寶相計擒突厥頡利可汗。而歸，獻於天朝。部落悉降，漠北而南，盡爲空壘，其功豈不偉哉？太宗御順天樓，以受俘囚。上皇高祖淵也。聞之，嘆曰："漢高祖困白登而不能報，今我子太宗。能滅突厥。吾托付得人，復何憂哉？"因與諸王置酒相賀，以誌功也。自是而四夷賓服，中國宴然，胡、越一家，古未有也。他日，太宗圖畫功臣於凌煙閣，

---

① 鼓舞：擊鼓，起舞。
② 秉憲：即守法。
③ 尊行：長輩。

張誠瘞枯骨記①

洪武甲子舉人，官巡江道　樊時中

維古昔時，遇饑饉、疾疫，則有荒政以聚民；其不幸死而暴露，則又有掩骼埋胔之令。惜哉！其不遭乎此時也。自元癸卯至乙巳，賊兵蕩殺，民無噍類。② 其轉髀髑骱，③ 文尾注：髀，音俾，在下稱也。髑，音虞，與髗同，肩前兩間骨。骱，音行，牛脊後骨。高高下下，皆遍而滿焉。夾山張公孝廉登高而嘆，則見泥滓間圓者如破甌，撱者如枯株，④ 文尾注：撱，音妥，狹而長也。碎者如沙礫，紛然彌望。白日照之，星星玼玼，若有光悾。⑤ 文尾注：悾，音婞，恨也。張公慘形乎色，命僕夫哀而埋焉。⑥

至洪、永、成、弘間，⑦ 張公子孫聯科登第者數十餘人，世稱江夏名家。人以爲陰德之報爲不爽云。

張御史祖孫合傳

太常寺卿　鄒彥魁

在昔冢宰一官，掌副宰相，與六卿共理天下，使調和元氣，不至陰陽愆伏之患，⑧ 以典正法度，總領百官，至尊貴也。其次莫如御史，其

---

① 與明唐順之《瘞骸文》："維古昔時，遇饑饉、疾疫，則有荒政以聚民；其不幸死而暴露，則又有掩胳、埋胔之令。惜哉！其不遭乎此時也……則見泥滓間圓者如破甌，撐者如枯株，碎者如沙礫，紛然彌望。白日照之，星星玼玼，若上有光怪……命役夫哀而坎之。"（參見《古今圖書集成·明倫匯編·人事典》）相較，僅3字异。
② 噍類：能吃東西的，指存活的。
③ 髀：大腿骨。
④ 撱：唐順之《瘞骸文》作"撐"。
⑤ 唐順之《瘞骸文》此句作"若上有光怪"。
⑥ 哀：聚集。埋焉：唐順之《瘞骸文》作"坎之"，疑"埋之"形近誤。
⑦ 洪、永、成、弘：洪武、永樂、成化、弘治。
⑧ 陰陽愆伏：語出《左傳·昭公四年》："冬無愆陽，夏無伏陰。"愆陽：冬天陽溫。伏陰：夏天陰凉。後因以指氣候失常，冷暖不調。

屍流七日，舟人救之，猶有生氣。既甦，欲自殺以報國恩，舟人曰："國亡家破之日，徒死無益。子盍勉爲後國圖？"於是扶行間補：宋小。宗潛形至楚，隱於張大湖中。築城修堤，走馬操弓，行間改：戈。欲爲恢復之舉。① 聞兄叔夜父子俱死難，仰天大哭，赴河而死。楚人士義之，葬於土城，俗呼爲天子崗是也。未幾，小宗亦亡。

至寶慶元年，天頭注：宋理宗在位四十年八改元，一寶慶。其子諱逸民者抱磬來歸，後籍黃岡。哭於忠文之廟。②

嗚呼！若叔夜、叔夏者，真難兄難弟。其同死社稷之心，可謂忠矣，烈矣，與古仁人、義士並傳於弗朽矣。

筠嘗過其墓，憑弔久之，不禁嘆欲絶，愴然而下亡臣之淚。③

張孝廉傳

元相　沈如筠

江漢古稱名區。先朝人物，如孟氏之仁孝、李氏之文學、張氏之節烈，是三家者，江夏之望族也。

近日教子傳家，惟孝廉一人而已。孝廉胸懷灑落，雅志林壑。蕭然一室，有以自樂；而且不妄言笑，不趨名利；動循禮法，行中規矩。故子弟皆化而雅飭，鄉黨皆化而純謹，足爲世法，令人敬服焉。

---

① 時高宗已即位於南京，如此行爲已經屬於僭越了。
② 距其父去世已近百年，實難憑信。
③ 亡臣：既然已任元相，不會如此自稱。

人賃居，交易於中。不過四五年，有數百户，遂成大集。

宋理宗勅賜忠節坊，以表叔夜及棟，並母蔡氏、棟妻王氏之烈。舜民終身慟哭。刻四像於祠，日夕拜禮，純孝無間，至老不衰。

明太祖勅賜靈泉山張叔夜廟碑加封順天平北王

詔曰：卓哉，忠文！爲宇宙英雄士，作朝廷節義臣。先武穆而生，有功於社稷。始文山而没，無愧於天地。何栗，字文山。① 輔相欽宗，亦盡節而死。太白仙蹟，萬古爲靈。敬仰高風，北宋一人。

思親臺記
宋　張文潛芸叟次子。

山之有臺，而胡以思親名哉？昔吾先子芸叟公。避亂楚中，託跡靈泉。每望西山落日，恒哭泣於此，而慟父母不見也。先子雖没，猶彷彿啼痕未乾，而鷄鳴、風雨之際，如聞太息之聲焉。瞻然此處，有虬松千尺，因擔土成堆，壘石爲臺。百世而下過此者，必詢諸父老以溯夫爲臺之由，仁人孝子，猶有感而生哀者，況乎吾父、吾祖之子孫耶？

潛也日對此臺，恍然見我先子而泣深風雨焉。則邇日之春露、② 秋霜，亦未嘗不哭泣以相從也。

張氏忠烈傳
元相　沈如筠

嘗觀古賢人君子當衰難之季，有遠適異國而各行其志，誠有大不得已者矣。宋臣張叔夏者，張叔夜之弟也。食中大夫禄，鞠躬盡瘁，不愧臣職矣。暨宋亡，爲金虜所獲。身縛玉磬，③ 投於黃河。

---

① 文山：應爲"文縝"，何栗字。
② 邇日：近日。
③ 磬：通"罄"。

明洪武歲次庚辰，尚書張添祐錄。

按：庚辰年實建文二年也，永樂登極後，以建文年號並附洪武。

宋理宗詔封忠節坊

奉天承運皇帝詔曰：

朕閱徽、欽盡節之臣如侍郎李若水、① 宰相何栗，② 曠世所不見也。故樞密使張叔夜勤王死事，終於白溝河；妻蔡氏、媳王氏俱投井；長子伯奮、次子仲熊抗志不屈，痛哭自刎；三子張棟，死於太白山下。一門之內，臣死君難，子死父難，妻死夫難，朕甚憐之。

查得棟子舜民逃往江夏，特着地方官修祠立坊，以旌忠節。子孫世補太學生員一人，奉祀生一人，三年授太守，永垂祀焉。

> 張舜民傳舜民，宋理宗授太守，著有《南遷錄》。
> 子文淵、文潛，皆有文行，居官以循良著。

宋張舜民，字芸叟，狀元張棟子也。母王氏俱盡節，載《烈女傳》。妻樊氏，即靈泉山樊京之女也。

舜民建炎時至靈泉，天姿敏達，志量不羣。既得樊英故地，益加修治，庭除清幽。義士張勇，善治農桑，家用饒足。舜民與勇鋤圃，得金數甕。買荒田三百畝，積溪水，蓄魚苗；採松花，種茶乳。卒致大富。又構含山樓一所、祠堂一重。北修書房，南建門坊。軒亭曲折，頗增靜雅。所交賓友，皆契重焉。宅屋之前，起茅屋六十間，排列如市，使里

---

① 李若水（1093—1127）：原名若冰，字清卿，廣平曲周（今河北曲周縣）人。靖康元年爲太學博士，官至吏部侍郎，曾奉旨出使金國。靖康二年隨宋欽宗至金營，怒斥敵酋完顏宗翰，不屈被害。後南宋追贈觀文殿學士，諡"忠愍"。有《李忠愍公集》。

② 何栗（1089—1127）：字文縝，仙井監（今四川仁壽）人。宋代大臣。政和五年進士第一，狀元。歷官秘書省校書郎、御史中丞、泰州知府、尚書右丞、中書侍郎、尚書右僕射兼中書侍郎。金兵破京城，陷北庭，不食而死。

宋高宗勅賜封威靈王張叔夜廟、坊①

地脚注：高宗，徽宗第九子也。封康王。欽宗之弟。二帝北去，即位於南京。

奉天承運皇帝詔曰：②

國家不能百年無事，人臣不可一日無君。朕於先帝盡節之臣，未嘗不號泣以三嘆焉。

當金虜入寇，東京受圍，三邊元帥未聞隻兵以救主，四路將軍不見一人以勤王。惟汝張叔夜，抱忠心，懷赤膽。招討四方，不避艱險。孤軍來衛，不顧其身。長子伯奮，爭先以殺賊；次子仲熊，捐軀以破敵。③兵至城下，虜已喪膽。無奈奸臣賊子，張邦昌、范瓊。輸情獻虜，以致力不能支，甘心北行。先帝、皇兄，徽宗、欽宗。舉目無人，惟汝父子，依依戀主，猶圖恢復。既而大勢已去，無可爲矣。嗟汝父子，寧殺身以成仁，不屈膝以事虜。

似此忠義，可貫日月。朕特賜開府，④儀同三司，⑤謚"忠文"。贈王爵，二子封侯。聊慰忠魂於地下，永作正氣於天上。詔封之日，速崇廟宇，宜隆禋祀，俾千秋奕世，壯山河而光社稷，寔惟汝靈是式。⑥用獎忠勤，故兹詔勅。

建炎年歲次丁未癸卯月穀旦

勅封鎮翼先鋒張伯奮爲忠義侯，鎮國將軍張仲熊爲忠勇侯，狀元、修撰張棟爲忠宣伯。

---

① 張叔夜：參見《張忠文祠》注。本書此前文稱張忠文公。
② 奉天承運皇帝詔曰：一般認爲是明代皇帝開始的詔書程式用語。
③ 捐軀：據本文當時未犧牲。
④ 開府：開府意爲建公府，自選僚屬。
⑤ 儀同三司：意爲非三公官而得亨受三公的待遇。三公（司徒、司寇、司空）官名都有"司"字，故稱三司。
⑥ 惟汝靈是式：傚法你的精神。

死於逆理，① 參宦官劉瑾擅權。② 賀逢聖之死於逆賊，張獻忠破城，溺水而死。③ 熊廷弼字芝岡。之死於朋黨。④ 吳裕中字罍石。之死於杖下。參魏璫，杖死。其死不一也，而忠義不變之心則一也。皆善也，皆足誌記也，吾故表而出之，⑤ 以爲賓善者取焉。⑥

---

① 逆理：不公正的審判。
② 張璞：字中善（底本誤爲"中美"），江夏人。明朝政治人物、同進士出身。弘治十八年（乙丑，即公元1505年），登進士。由歸安縣知縣，召爲監察御史。正德八年（癸酉，即公元1513年），出按雲南，鎮守中官樑裕貪橫，張璞裁抑，從而遭誣陷，被逮捕入詔獄，死於獄中。明世宗嗣位後，贈其爲太僕少卿，賜祭葬。
③ 賀逢聖（1585—1643）：字克繇，號對揚，湖廣江夏人。賀逢聖自幼家貧，爲諸生時，與熊廷弼齊名。萬曆三十一年（癸卯，即公元1603年），賀逢聖中舉人。萬曆四十四年（丙辰，即公元1616年），中一甲第二名進士（榜眼），授翰林院編修。天啓年間，昇洗馬。因不依附權閹魏忠賢，於天啓七年（丁卯，即公元1627年）被削籍爲民。崇禎初復職，歷昇南京國子監祭酒、禮部尚書。崇禎九年（丙子，即公元1636年）六月，任東閣大學士，加太子太保銜，改文淵閣。二年後，致仕。崇禎十四年（辛巳，即公元1641年）再度入閣，後因與首輔周延儒不合，以病致仕歸鄉。崇禎十六年（癸未，即公元1643年），張獻忠攻破武昌，賀逢聖被抓獲，寧死不屈，遂投入墩子湖遇難。福王時，追贈賀逢聖少傅，諡"文忠"。《明史》有傳。
④ 熊廷弼（1569—1625）：字飛百，號芝岡，湖廣承宣布政使司武昌府江夏縣（今屬湖北省武漢市江夏區）人。明朝政治、軍事人物。萬曆進士。由推官擢御史，巡按遼東。萬曆三十六年（戊申，即公元1608年），熊廷弼受命巡按遼東。萬曆四十七年（己未，即公元1619年），以兵部右侍郎代楊鎬經略遼東，招集流亡，整肅軍令，造戰車，治火器，浚壕繕城，守備大固。熹宗即位，天啓元年（辛酉，即公元1621年），建州叛軍攻破遼陽，再任遼東經略。與廣寧（今遼寧北鎮）巡撫王化貞不和，終致兵敗潰退，廣寧失守。因當時王化貞是東林黨人葉向高（當時首輔）的弟子，所以熊廷弼爲東林黨人背黑鍋。五年（乙丑，即公元1625年）被冤殺，並傳首九邊。
⑤ 表而出之：記敘和宣揚他們。
⑥ 以爲賓善者取：給記載優秀人物事迹的人選擇。

江夏自漢、唐而下，以才學名世者，若黃瓊、黃琬之名於漢，孟嘉、① 孟珙之名於晉，李善、② 李邕之名於唐，馮式、馮京之名於宋。皆楚之良也。而勛猷爛然者如王道宗、張賓王、張賓相之收功異域，③ 威震強胡，同炳爲史册之光焉。若神奇不凡之士，則宋之李孟宗、明之張添祐，不可以等倫視之也，然猶曰才耳。又若出於天性，不可學而能，則千古一孟宗，千古一黃香也。④ 我朝之忠烈既優者若張公璞字中美。之

---

① 孟嘉（296—349）：字萬年。陽新縣陽辛（隸屬江夏）人。幼喪父，奉母偕二弟居。爲陶侃第十女婿，陶潛外祖父。公元345年，孟爲荆州刺史桓溫參軍。公元346年奉命進京，兵部委以尚書删定郎，孟以足疾不便拜辭。歸鄉，任陽新縣令。公元349年病逝家中，葬陽辛孟家堰（現孟演畈）。
② 李善（630—689）：唐代知名學者，江都（今揚州）人（此《舊唐書》説，《新唐書》説江夏縣，即今湖北武昌縣人）。史書上稱他清正廉潔、剛直不阿，有君子的風範。淹貫古今，故人號"書簏"。李善先後任録事參軍、秘書郎、崇賢館直學士兼沛王侍讀、涇城（今安徽涇縣）縣令。曾因事被流放姚州，但遇赦還，寓居在今河南開封、鄭州一帶，以講授《文選》爲業，"諸生多自遠方而至"。顯慶三年（戊午，即公元658年）累擢崇賢館直學士，兼沛王侍讀。本年前後，李善將修改完善後的六十卷《文選注》上呈給唐高宗李治。高宗皇帝讀後，大加贊賞，賜給李善絹綢一百二十匹，並下詔將李善的六十卷《文選注》藏於秘閣。《文選注》也因此大行於當時，而且歷代流傳，至今仍有極高的地位和巨大的影響。李善又撰《漢書辯惑》三十卷。
③ 張賓相：貞觀四年（庚寅，即公元630年）三月庚辰，唐行軍副總管張賓相突至蘇尼失兵營，俘北突厥頡利可汗，送往長安。
④ 黃香（18—106）：字文強（一作文彊），是我國東漢時期的一位文化名人，江夏人。歷史上記載他年方九歲，知事親之理，每當夏日炎熱之時，則扇父母帷帳，令枕清涼，蚊蚋遠避，以待親之安寢；至於冬日嚴寒，則以身暖其親之衾，以待親之暖卧，於是名播京師，號曰"天下無雙，江夏黃香"。是"二十四孝"中"黃香溫席"故事的主角，後官至魏郡太守。

問其名，公曰："昔岳武穆有女曰銀瓶，① 曾投井於是。"余甚愕然，公指岳碑以示余。

余摹其碑以讀其文曰："飛以湯陰民籍，不幸遭時變亂。與老母徙居鄂城，無日不與慈幃相依也。念飛少失怙天，母時勤織，以教兒書。飛不自暇逸，攻肄經、史，頗曉意義。適金師犯順，侵我太宗疆宇。母命飛曰：'方今朝廷招募奇才、勇力，汝盍出力報効，以紓國難？'飛奉母命，投軍於將軍張所帳下。授以武功，所試輒效。宗公澤謬許爲大將之才。飛於此時，志期除賊，以安社稷。數年以來，馬到成功，王室初安。不意重譴，以致敗公事。伊誰之咎？班師南旋，拜見慈顏，不勝感愴！乃復修我墻屋，構書齋於清風園中。讀書養親，以終天年，何庸更擔古今之愁哉？"

余讀此間，又恨回禄焚裂，② 有碑無文。余撫其碑，幾爲之太息泣下。劉公細閱，其中有"誓不同天，死不忘君"之句，依稀有無，體認弗真矣。

及余之弔銀瓶，磚石層封，似墓似塔，苔痕侵綠，薇蔓於域矣。③ 余感此心傷，因嘆銀瓶之有所以亡者也。有所以亡者，爲父之宗於宋而死於檜也。

寶　善　錄

隆慶庚午舉人，與蕭太史良有齊名。　聶文湛字楚冲。

天下之表表人羣者，④ 非有顯名、奇節之行，不足以傳於後世。

---

① 岳武穆：即岳飛。
② 回禄：相傳爲火神之名，引伸指火災。
③ 薇蔓於域：《詩經・唐風・葛生》中的句子，白薇長滿荒野。這裏指蔓草長滿墓地。
④ 表表人羣：作民衆表率。

靈泉人物記
通政司　董禮

靈泉山水之奇，代生偉人。

漢自樊噲卜葬岩阿，而南陽處士樊英避亂隱居，倚祖而結廬，其志行有足稱者。

唐有張償、李沉、李道宗，宋有李宗孟，元有李慈溪行間注：時亮之父。張賓王、①沈如筠，明有李元善、張添祐。皆少年才雋。雄文大筆，馳騁古今，而風流餘韻，邈想見之。

此非得山水之奇乎？

靈泉品題
明教諭　潘縉本姓董。

江夏人文之祖，首推曾泰。德行之優，無如張誠。才子之秀，共遜添祐，而李巽係洪武己卯科舉人。②即其亞也。忠厚之遺，尤有鄒、沈，而杜、董又其選也。

余聞靈泉諸君子皆博學、宏才，冠絕一世；文章、意氣，蔚然一鄉。其時敦古好修之士，競尚廉恥，俗恬民熙，宛然太古，不徒蘊藉、風流已也。

銀瓶井記
永樂進士，官巡撫　張尚德字循孝，號龍泉。

靈泉書院之旁有井焉，曰"銀瓶"，余不知井之奚自而名也。明兵部劉公仲廉先生，家世居此。少時讀書於院中，余揖見公。公遊銀瓶，余

---

① 張賓王：本書稱張養浩，參見其注釋。
② 洪武己卯：實應爲建文年號，即公元1399年。永樂篡位，將建文年號併入洪武。

前爲名賢故第，今爲楚藩陵寢。一切樓台、亭閣、碑坊、軒齋，俱爲楚藩毀盡，實靈泉一大恨事。張澹然識。

靈泉山八名家錄

都堂，亦爲督學使者　李盛

靈泉山自漢燕山樊建遷其父武陽侯樊噲塚於天馬峯下，<small>天頭注：張添祐序《樊氏譜》，又以建爲噲之嫡孫。</small>① 遂遷江夏，其由來舊矣。

而唐李北海之子李暄卜居白雲阿中，代有<small>行間改：産</small>賢人，世膺公卿，其發祥遠矣。太宗朝李公諱道宗者，爲唐名將，又封王於此。後世子孫杜淦字孝先。<small>天頭注：杜淦自稱漢陰老人，居水濱，戴笠躬耕。</small>依外家爲姓，遂以肇方伯之跡焉。②

元賢曾泰、辜皋，僻居岩谷，貧窮著書。之二子者，以布衣而作尚書，以秀才而爲侍郎，亦奇遇矣。

隱相沈如筠，元朝名士；神童鄒智，<small>字汝愚。</small>巴蜀才子。其苗裔皆著跡於斯焉。

明處士張誠，<small>亦曾應洪武徵辟爲翰林者。</small>宋忠文公張叔夜之後也，五子百孫。一作盛朝元老，一作開國元勳。建功業而垂竹帛，其聲施至今弗息。

由余觀之，要皆靈泉之傑士、江夏之偉人也。因歷歷紀之，以樂觀其盛云。

---

① 樊噲：參見《靈泉誌叙》注。《史記》："孝惠六年（己未，即公元前182年），樊噲卒，謚爲武。子伉代侯。而伉母呂嬃亦爲臨光侯，高后時用事專權，大臣盡畏之。伉代侯九歲，高后崩。大臣誅諸呂、呂嬃婘屬，因誅伉。舞陽侯中絕數月。孝文帝既立，乃復封噲他庶子市人爲舞陽侯，復故爵邑。市人立，二十九歲卒，謚爲荒。子他廣代侯。六歲，侯家舍人得罪他廣，怨之，乃上書曰：'荒侯市人病不能爲人，令其夫人與其弟亂而生他廣，他廣實非荒侯子，不當代後。'詔下吏。孝景中六年，他廣奪侯爲庶人，國除。"

② 方伯：殷周時代一方諸侯之長。後泛稱地方長官。漢以來之刺史，唐之采訪使、觀察使，明清之布政使均稱"方伯"。

吾江邑諸山，如：鳳凰之鍾恭武，孟宗。高觀行間注：今蛇山。之誕北海，李邕。金溪之毓馮京。當世。勳名道德卓冠古今者，皆嶽瀆之靈、山川之秀也。

江夏一山，漢名江夏山，又名夾山。唐天寶中，更名靈泉。羣峯環列，如萬馬奔騰。中有一泉，澄清碧湛，旱禱輒應。泉在寺旁。外有蒼松數千株，枝幹扶疎，鬱然遠映。唐高僧百嵓，棲隱於此。至宋淳熙時，李定遠始闡道場，作廟於其中。張賓王復恢宏其舊址。既足以媲美三十六天之勝，① 而蛟龍蟠集，又於焉醞釀甘霖。故循良之吏，非此無以覽名勝；曠達之豪，非此無以舒幽抱；而席珍、礪劍之士，② 其藏、息、修、遊，③ 多假是爲登眺之所焉。

自元以來，若沈公如筠、張公孝廉，其宏詞、博學，鏗然有金石聲。幸沐國朝雅化，人文蔚起。其行間注補：同時而生。應運而起者，如方伯杜宗晦、給事李時亮、太常鄒彥魁、副使楊繼本、冢宰張添祐、翰林曾泰、巡按沈鍾，以及王庚、董禮、鄭璧、樊鏞。名宦豪傑翰，先後相望。莫不爲士、爲民，來歌、來遊於此。而科甲之盛，今皆赫赫然可以指數。至於登高作賦，撫景寓言，其有關於民風、士習者，又已説盡於吾儒矣。鬱不敏，詞忝董狐，④ 何能傳乎盛跡？筆非太史，⑤ 豈克藏之名山？⑥ 竊附其説，以俟觀風者採擇焉。⑦

---

① 三十六天：是道教根據道生萬物的宇宙創世理論，構想出來的神仙所處的空間。據宋代張君房編撰的《雲笈七籤》卷二十一"天地部"稱，道教構想的地上之天共有三十六層，故名三十六天。
② 席珍：坐席上的珍寶。比喻儒者美善的才學。
③ 藏、息、修、遊：《禮記・學記》："君子之於學也，藏焉、修焉、息焉、遊焉。"君子治學要沉穩，加強修養，注意休息和外出增加見識。
④ 董狐（651—575）：周大夫辛有的後裔，世襲晋國太史之職，亦稱"史狐"，古時譽爲"良史"。其秉筆直書的事迹，實開我國史學直筆傳統的先河。
⑤ 太史：官職名。這裏指曾任此職的司馬遷。
⑥ 藏之名山：將著作藏在名山中，語出司馬遷《報任少卿書》："僕誠以著此書，藏諸名山，傳之其人，通邑大都，則僕償前辱之現，雖萬被戮，豈有悔哉。"
⑦ 觀風者：古代官府採集民情風俗的人。

龍泉寺序
沈寶之

蓋名不虛立，實有由至。余南山之有靈泉寺，行間注補：者。原名也。其後寺僧李無懷，高才博學。宋太祖時，屢試不第，因削髮爲僧。至神宗三年，與帝相參。帝喜，拜爲國僧。勅賜"龍泉廣德禪寺"，且建有亭，有《序》。後爲遼兵所毀，祇有碑文。然則寺名之爲"靈泉"，自曉然李洞。始也。"靈泉"之爲"龍泉"，由無懷改也。無懷誰？宰相李景望之後也。

靈泉八達名宦

曾泰、曾守和

張添祐、張鍾靈

沈賁、進士，官雷二州同知。沈一敬

樊鏞、樊鑑

李時亮、李友文

杜宗晦、杜竑

鄒邦彥、鄒繼魯

董陶谷、董禮

其餘鄭璧、洪武丙子舉人。潘紳、曹間、永樂甲申進士，戶部給事中。王庚、正統壬戌舉人。楊繼本，洪武癸酉舉人。以及程、陳、唐、黃諸家，皆新附，不在八達之內，故不盡錄。

靈泉鄉賢文
五經博士，洪武癸酉舉人　張鬱文憲

自古名山望谷，未有不以人行間注補：傳。者矣。試觀今之域中，若五臺、九華、匡廬、伏牛、南嶽、西嶽，歷千百餘年，屢經兵火之厄，既毀而復興者，豈惟恃佛說動人，亦山之靈秀，其有關於氣運諸多也。

齋藏古書二十擔，紙潔字爽，讀之必净手焚香。學山學海，如在案前。不必遨遊四海，而天下奇觀已盡於是。此更爲無價之寶。

有此四寶，餘無足寶矣。

山陽居

户部主事　王屺

地不僻，不足以避喧；山不静，不足以消閒。<small>行間注補：屺。</small>守先人遺宅，土名馮家澥，植松柏以遠户，挿綠柳以横堤。<small>舊有横湖堤。</small>北山、南湖，聊適野趣，喜其無車塵之迹耳。

余築室初成，鄭先生璧過訪。余留坐於軒，取寶爐焚異香，閒談古今。先生曰："子之居，馮當世<small>京字當世。</small>之故居也。子之爐，王道宗之遺器也。"余曰："然。"先生吟詩於庭曰："靈泉山下南陽居，一水盈盈向月池。昔日龍來馮氏卧，今年燕向王家棲。"因名其地爲山陽居，謂余居山之陽也。

左氏居記

江夏人物：三代之世，喻良、喻史爲伯禹上卿，修三皇五帝之紀，其傑出者乎？至商而有官禮、衛衡二人名。權算陰陽、禮樂，八索九丘、三墳五典之書，① 無不讀矣。成周之代，屈伸、宋策二人名。爲武王太史，通兩儀，達三才，洵不可幾矣。

下至梁、隋，陵夷殆盡。有若左天垣字光斗者，習《左氏春秋》，振起其間。於仁壽<small>隋年號。</small>初，拜右相。謝政而歸，力挽楚風，學者師焉。湖山自樂，終老於修賢里中。

---

① 八索九丘、三墳五典：上古典籍的通稱。三墳就是三易：連山、歸藏、周易。五典就是五經，或者説是《尚書》，洪範五福。八索就是八卦。九丘就是九疇，就是《河圖》《洛書》的理數。

之樂，樂以心；而山水之樂，亦樂於天。二者一致，弗可遺也。由余而論，故必有山水，始足行間注增：以。發詩書之奇蘊；有詩書，始足以窮山水之奇情。此古聖賢諒有同情，不僅文人、學士所獨好也。余覽靈泉勝概，有峰、有巒，有泉、有流，有松、有柏，有樹、有竹，有煙、有雲，有鶴、有鷥，有鹿、有虎，有桂、有蘭，有花、有卉，有溪、有魚，有軒、有亭，有樓、有閣，有市、有店，有茶、有酒。無一不備。大約不出於山水而增其美也。

余喜讀書，尤好踏山，更好臨水。與二三良友，或春遊芳草而花發鳥啼，或夏賞綠池而魚梭荷衣，或秋飲黃花而月影潭空，或冬吟白雪而瓊樓玉宇。覺四時之景無一不與人同也。而余之所取者，獨取夫松景、雪景，風景、雨景，煙景、霧景，霞景、雲景，清景、朝景，爽景、晚景。間嘗評論之：雪景之奇，奇在松而不在雪；雨景之奇，奇在風而不在雨；霧景之奇，奇在煙而不在霧；雲景之奇，奇在霞而不在雲；朝景之奇，奇在清而不在朝；晚景之奇，奇在爽而不在晚。噫！宇宙變變化化之道，盡在目前；造物活活潑潑之機，洩於山水。吾願與一二達士、名流共領取之，故作爲《山水樂》之圖，以喻吾同志焉。

天下有奇山水，必有奇人物；有妙文章，必有妙領會。讀董公一作，已臻絕頂。

靈泉四寶誌

<small>永樂戊子舉人、己丑進士，巡撫張尚德之子　張宏字虛宇</small>

靈泉書齋一怪石，得諸山海關外，高三尺餘，奇洞千竅。對月光照之，有小千月。覺宇宙幽壑，尋玩不盡。一奇寶也。

一小石硯，方圓四寸，厚一寸，邊外有餘痕紋浪，色青赤。春夏磨墨，微雜煙雲。池上刻"芸窗伴業"四小楷字，如錢鵝眼，注水生綠。旁鐫"狀元張棟"。一至寶也。

洪武初，紫蕚園得古銅鼎。三十六斤，珠光霞彩，曆錄奪目。燒香其中，浮雲如蓋。腹刻"江夏王道宗製"。至今猶以饗祀。又一至寶也。

爲立學惇教，以示偃武修文之意。及我文皇帝，永樂，益隆繼述。頒賜《性理大全》諸書，① 使爲師者知所當教，爲弟子者知所當學。化民、養士之道，皆得其正。故數十年習善俗以成風，取真儒以 行間注改：而。 濟用。致治之功，直可與古聖王比隆。猗歟，休哉！②

士生斯世，得遊於學者，宜何如其慶幸，而思所以勉勵耶！必專心致志於性理之書，擴充涵養，漸有所得，使日用彝倫之間，遵道而行。居於學，則爲佳士；處於鄉，則爲善人；列於官，則爲良臣。內聖外王之學，③ 俱在於是。而德足以正君善俗者，④ 孰非其人者哉？苟或惰焉而不學，學焉而不精，義理不足以勝其利禄之心，以致曲學而阿世者，亦多矣。嗚呼，是豈興學立教之初心也哉？諸弟子敬聽之。

靈泉山水樂

進士、官通政司⑤ 董禮即辜皋後。

人生適意之景，不過詩書，而詩書所得意之景，無如山水。蓋詩書

---

① 《性理大全》：又名《性理大全書》，收録宋代理學家有關理學著述的文集，凡七十卷，明胡廣等人奉敕編輯。始編於永樂十二年（1414年），次年告竣。共採宋儒之説計一百二十家。全書分兩部分。二十六卷之前所録爲自爲卷帙者，計有周敦頤的《太極圖説》《通書》，張載的《西銘》《正蒙》，邵雍的《皇極經世》，朱熹的《易學啓蒙》《家禮》，蔡元定的《律吕新書》，蔡忱的《洪範皇極內篇》共九篇。自二十七卷以下，編者輯録各家之言，分理氣、鬼神、性理、道統、聖賢、諸儒、學、諸子、歷代、君道、治道、詩、文十三類，依類輯入。與同時編成的《五經大全》《四書大全》編例一致，互相配套。《性理大全》對宋儒諸家之説進行歸類整理，爲後世學者查找、利用這些資料提供了便利，但因成書倉促，故編得比較粗糙。
② 休：美，善。
③ 內聖外王之學：內聖外王，指內具有聖人的才德，對外施行王道。最早出自《莊子·天下篇》。自宋以來，隨着儒道釋三教合流，理學出現，隨之開始用"內聖外王"來闡釋儒學。
④ 正君善俗：使君正，使俗善。即匡正國君，改善風俗。
⑤ 通政司：官署名。明代始設"通政使司"，簡稱"通政司"，其長官爲"通政使"。清代沿置，掌内外章奏和臣民密封申訴之件。俗稱"銀臺"。

含山樓，右爲秋風亭，左爲春露亭。東、西有二井，東井以觀晴，西井以占雨。鄒、沈二家，所謂雙龍眼是也。朝陽坡下爲公居，而巋然居其上者，則宋高宗所建之忠文祠在焉。

祠前去，爲大觀橋。環顧琴臺，雲煙不斷。或倚山爲亭，或隨水爲軒，以參差錯落於山腰斷岩之間者，唐人所謂"萬卷書樓"，其在是焉。過金龜園，至黃獺陵。覺山東嵯峨，隱隱隆隆，綠樹蒼深之中，有仕宦居焉。其間梧桐拂道，松竹盈垣。遶戶而入，曲檻廻廊之中，有小月池，樊子之玩月池也；有大月池，董子之玩月池也。左爲玉書樓，右爲蓼莪堂。玉書樓者，曾泰讀書之樓也；蓼莪堂者，李廊事親之堂也。① 堂之以"蓼莪"名也，肅宗係明皇子。褒之以旌孝也。

迄於今，孝李公往矣，而蓼莪猶在；忠文叔夜。逝矣，而廟貌如故。後之登斯堂、履斯祠者，蓋不勝忠臣、孝子之感焉。是此山之所以足誌也。

靈泉北園尋樂齋

吏部　張添祐仁一

天生斯民，厥有恆性，而君不可以無教，民不可以無學。故古者聖王繼天立極，即建學校。其化民成俗，養之有素也。養之有素，所以治化之隆，非秦、漢以下所能及。自五代以降，中原一區每爲夷狄所傷，而俎豆、詩書者，人或僅識其名，烏識所謂性哉？天運否極，當還夫泰。我太祖高皇帝出定天下，汎掃金、元之餘習，復主中夏文明之大統。偏

---

① 李廊（？—820）：字建侯，江夏人。北海太守李邕的侄孫。大曆中舉進士，又以書判高等，授秘書正字。唐憲宗年間曾短暫被任命爲宰相，但他拒絕了，從未行使宰相職權。李廊生年不詳，自稱是戰國名將李牧及秦、漢、晉的一些官員之後，從李廊的四世祖李元哲起定居廣陵。李廊的曾祖父名李昉，祖父李璞任鄆州司户參軍，父親李暄任起居郎（有作舍人）。李廊至少有一兄李鄴。兒子李栻（《舊唐書》作柱。《新唐書》宗正卿，京兆尹，河東、鳳翔節度使。）官至浙東觀察使。李栻之子李溪在唐昭宗年間也擔任宰相。李溪有子李沆，字東濟。

年。時春,明月星輝,忽見野燐如炬,化爲白虹,冷然寒氣之逼人也,余疑其爲光怪也而詫行間注:齒亞切。①之。鄒子曰:"此王將軍飛身之處,靈泉,李道宗飛金身於此。②唐人修祠以祀之。"余益疑焉。鄒子曰:"生而爲英,死而爲靈,又何必疑哉!"

聞唐乾寧初,才人李沉景望之子。構書齋於祠左,啟南窗以舒嘯,開東戶以吞湖,故今傳爲沉子澥云。五代季,火於兵。王氏子孫行間注增:掘井。得石碑,上鐫"寶峯山齋"。宋李公宗孟年十二舉神童,爲中書舍人。大建廟宇,題爲"寶峯寺",因其舊也。元相沈公如筠置義田四十石於寺中,以助寒士。明洪武初,指揮使李賢屯谷數千石於漕公嘴,以給旱潦。

此吾鄉之仁人、義士,堪傳不朽也。余因其事而狀之,非誌寺也,誌義也。

炘族兄何品、何善,爲楚府典史。胞弟何遷年二十六歲,食邑廩,高才能文,工詩詞歌賦之學,爲靈泉諸友所器重,惜賦、命之不齊也。③李朝祖記。

靈泉蓼莪堂記_{堂廢於藩寢。}

明洪武翰林院　辜皋即董陶谷。

江夏,古稱忠臣、孝子之鄉也。東六十里,有山曰靈泉。萬樹如煙,一溪若碧。北山之下,多巨族大家。惟張氏居地,得山水之勝。其中有

---

① 《廣韻》丑亞切。
② 李道宗(600—653):江夏王,道玄從父弟,爲唐高祖李淵的堂侄。唐武德元年(戊寅,即公元618年)五月,李淵在長安稱帝,建立唐朝。李道宗的父親李韶,被追封東平王,贈户部尚書。李道宗則封爲略陽郡公,起家左千牛備身。唐永徽四年(公元653年),房遺愛伏誅,長孫無忌、褚遂良素與道宗不協,上言道宗與遺愛交結,配流象州。道病卒,年五十四。及無忌、遂良得罪,詔復其官爵。道宗晚年頗好學,敬慕賢士,不以地位和勢力欺凌人,宗室中唯道宗及河間王李孝恭兄弟最爲當代所重。
③ 賦、命之不齊:壽命没有天賦這麼高。

游樊湖記

巡江道，洪武甲子舉人　樊時中

余泛舟於樊湖之浦，落霞棲於天半，晚煙籠於水面。須臾，清風自南而來，因泊舟於梁子石間。夜半，步至享堂，弔東山之墓，名雨若，宋隱士。行間注：姓張。未嘗不欷歔以長嘆也。余見漁燈、野火，達於遠岸。四顧無人，惟聞林間鳥雀聲而已。

次日，過高塘。見遠山含翠，如取諸寄殘。覺宇宙間有此山，偏宜此水也。復掉舟北行，夜泊於磨刀磯下。問當年李行間注補：宗。孟宋神童，江夏人。石壁題詩處，已漠然不可復識矣。

翌日，舟經南、北蓮。二蓮，山名。至沙河徑，問馮公居行間注改：書。室。京子孫，遷居此。逾三山，抵觀音岩。行間注：在湖中。石壁挿天，今名石筆山。彷彿摩詰一畫圖也。

又次日，移舟至大乘菴。遇吳質於蒼松下。盤桓數日，有勝於山水之樂焉。是日，舟至潼山，張子添祐、靈泉才子。李子時亮洪武舉人，官給事中。烹鮮、飲酒，賦詩於其上。詩成，鑿石有聲，然後知此山空虛也。已而，夕陽在山，漁歌唱晚。於是風帆遠引，舟次南塘。載明月而歸，望靈泉山色，隱隱在古木、蒼煙中云。

遊觀之際，歷訪古今遺蹟，寄慨良深。又遇文人、才士，把盞分韵，覺一時清風、明月，漁歌、鳥聲，增我幾多佳趣也。湯半品誌。

寶峯寺義田誌

明弘治辛酉舉人、正德辛未進士　何炘即杜宗晦後

楚地多名山大川，而閒氣所聚，恆鍾爲異人。靈泉一山，已見昔年衣冠人物之盛矣。

今也，名賢不再，風流歇絕。炘也僻居湖山，抱琴書以自娛，恨良友之無多，抑又自悲矣。豐山鄒子繼魯、楚府儀賓。李子仲文、張子廷學，俱邑庠生。皆博學能文。故名家子弟也。余忝莫逆，連燈於寶峯寺者數

藐爾小子，①舜民字芸叟，成棟之子。年十二歲。天頭注：舜民二子：長文淵，次文潛。逃竄荆襄。抵於江夏，剪草爲房。締造經營，艱苦備嘗。以迄於今，卜世其昌。②大元喪亂，起兵蘄、黄。普勝活旅，③德我賓王。行間注：張養浩。天頭注：養浩字希孟，元文宗時宰相。④送之饒州，餘干行間注：縣名。凄涼。復走德興，依於瓦崗。行間注：地名。一家百口，採薇作湯。吴山、楚水，風景堪傷。維我神祖，顯聖得糧。叔夜顯聖。十有五載，塞陋非常。洪武定鼎，安揷故鄉。西宅江夏，東墾武昌。我來靈泉，白骨滿場。清風明月，入户穿堂。野菜和羹，收聚一方。嗟嗟萬朽，遍埋山荒。聖明在行間注改：有。道，樂賡陶唐。⑤徵車入里，洪武五年，張誠被聘。丹桂飄香。半生辛苦，付於彼蒼。維汝子孫，念哉弗忘。

按：張養浩以六百金，活鄒普勝父子之命。勝，廣濟人。元末兵亂，始事徐壽輝，後爲陳友諒將。勝以大將軍全養浩百口之命。故送至饒州，安置德興，皆當年賓王六百金積善之報也。

---

① 藐爾：小。這裏指年輕。
② 卜：在此不通，疑"十"之誤，北宋末至明初約二百五十年，大約十代人。
③ 普勝：鄒普勝。元末農民起義將領。紅安人。少以煉鐵爲生。至正十一年（辛卯，即公元 1351 年），徐壽輝組織群衆，密謀抗元。他知徐壽輝有大志，乃深與交結，共謀大舉。同年七月，起義軍佔領蘄州（今湖北蘄春），他與彭瑩玉共推徐壽輝爲首領。徐壽輝建國稱帝後，徐被封爲太師。次年，率兵沿江西上，直取漢陽（今屬武漢市），進逼江夏（今武漢市武昌），元威順王寬徹普化棄城逃走。不久據有池陽、太平（治所在今安徽當涂）等地。在陳友諒敗亡前，一直任太師之職。
④ 張養浩（1269—1329）：漢族，字希孟，山東濟南人。號雲莊。元代著名散曲家。詩、文兼擅，而以散曲著稱。唐朝名相張九齡的弟弟張九皋的第 23 代孫。少年知名，19 歲被薦爲東平學正，歷官堂邑縣尹、監察御史、翰林學士、禮部尚書、參議中書省事等官職。因看到元上層統治集團的黑暗腐敗，便以父老歸養爲由，於英宗至治二年（壬戌，即公元 1322 年）辭官家居，此後屢召不赴。文宗天曆二年（己巳，即公元 1329 年），關中大旱，特拜陝西行臺中丞，遂"散其家之所有""登車就道"（《元史》本傳），星夜奔赴任所。到任四月，勞瘁而卒。追封濱國公，本文稱賓王，疑由此誤，諡"文忠"。
⑤ 陶唐：帝堯，因初居於陶，後封於唐，故稱。

息，余心憂之，有紫衣道人相曰："君三世有大德，當產偉人，① 以光門閭。明歲槐花開，玉虛仙子來。"② 言訖，不見。明年，生京，③ 魁光滿庭。④ 吾鄉薦紳先生慶賀於門，⑤ 僉曰："積善之家，他日當大魁天下，爲三楚首望。"式也敢弗拜納嘉言，以書於寶善堂中。⑥

靈泉祖廟傳文

明洪武翰林院　張誠

先人張耆，⑦ 輔相宋皇。行間注：仁宗。勛名、道德，著於汴梁。熙、燾聯第，⑧ 翰苑文章。叔夜報國，節義無雙。伯奮、仲熊，同歾邊疆。狀元張棟，抗節咸陽。棟爲咸陽太守，引兵赴汴梁，遇金兵於太白山下，不屈而死。太白之巔，精魄洋洋。兩蒙聖賜，忠孝流芳。

---

① 偉：《新編馮氏大成宗譜》作"杰"。
② 玉虛仙子：傳說中掌管崑崙山玉虛峰的仙人。
③ 生：《新編馮氏大成宗譜》作"產"。
④ 魁：《新編馮氏大成宗譜》作"奎"，音、義同。
⑤ 薦：《新編馮氏大成宗譜》作"縉"。
⑥ 以書：《新編馮氏大成宗譜》無。
⑦ 張耆（？—1048）：初名旻，字元弼，河南開封人。十一歲時，給事真宗藩邸。真宗即位，授西頭供奉官。嘗與石知顒侍射苑中，連發中的，擢供備庫副使。張耆因曾幫宋真宗仍是太子時收留劉娥，遂官運亨通。宋真宗後期，張耆任馬軍都帥。張耆既無戰功，又無謀略，下令太過嚴苛，幾乎引起兵變，宰相王旦乃進耆爲樞密副使。宋仁宗即位，劉太后再將張耆提拔至樞密使。咸平中，爲天雄軍兵馬鈐轄。張耆極吝嗇，在家中設店肆，本家所需百貨都要從中購買。天禧二年（戊午，即公元1018年）爲武信軍節度使、同平章事，出判陳州。天聖三年（乙丑，即公元1025年）拜樞密使。宋朝重文輕武，晏殊等人反對張耆出任樞密使，宰相王曾更輕蔑稱其爲"一赤脚健兒"。明道元年（壬申，即公元1032年）加右僕射，爲昭德軍節度使兼侍中。慶曆三年（癸未，即公元1043年）以太子太師致仕。慶曆八年（戊子，即公元1048年），卒，贈太師兼侍中。謚"榮僖"。
⑧ 張燾（1092—1167）：字子公，饒州德興人。南宋政治人物。北宋徽宗政和八年戊戌（即公元1118年）科王昂榜進士第三人。

初以人才舉，縣丞。

無限深情妙假人以傳之，① 亦記、序中別致。湯半品識。

寶善堂記 堂在夾山，馮世塘建。
司徒 馮式 字程奕、子京。②

江夏古爲鄂渚，南通瀟湘，西連巴蜀。山川之所匯合，莫盛於江漢；風水之所蘊釀，莫隆於衡嶽；奇人、傑士之所居止，莫著於靈泉。

自世塘公修祠於鄂城而棲隱於夾山，③ 傳三百餘年，④ 世稱望族。至宋皇太宗朝，祖考觀公積德行善，⑤ 愛讀詩、書，樂親漁、樵。宅前有湖，築堤蓄魚，因名其池爲馮家瀊。⑥ 行間注：海同。先君子商公家號素封，⑦ 而積德愈廣，⑧ 與靈泉諸名公爲交遊，其學問、德行，優於鄉邦。母年五旬，生式於外祖張公琴樓之宅。行間注改：側。式之獲雋，蓋以此也。式弱冠，⑨ 博邑庠，以明經選進士，⑩ 授著作郎。年逾五旬，艱於嗣

---

① 假：借。
② 馮京（1021—1094）：北宋大臣，字當世。宋代宜山龍水（今廣西宜州市）人，還有兩種說法是藤州鐔津（今廣西藤縣）鳳鄉人或鄂州江夏（今湖北咸寧）人。生於宋真宗天禧五年（1021），卒於宋哲宗元祐九年（1094 年）。宋仁宗皇祐元年（1049 年）己丑科狀元，爲宋朝最後一位三元及第的狀元。其親屬史無記載，本書所記應當是根據傳說。
③ 世塘：《新編馮氏大成宗譜》作"唐、虞二"。
④ 三：《新編馮氏大成宗譜》無。
⑤ 觀公：《新編馮氏大成宗譜》無。
⑥ 池：《新編馮氏大成宗譜》作"地"。
⑦ 子商公：《新編馮氏大成宗譜》無。號：《新編馮氏大成宗譜》作"本"。素封：無官爵封邑而富比封君的人。
⑧ 積德愈：《新編馮氏大成宗譜》作"種福甚"。
⑨ 弱：《新編馮氏大成宗譜》作"甫"。
⑩ 《新編馮氏大成宗譜》句首有"後"。明經：漢朝出現之選舉官員的科目，始於漢武帝時期，至宋神宗時期廢除。被推舉者須明習經學，故以"明經"爲名。明經由郡國或公卿推舉，被舉出後須通過射策以確定等第而得官。漢代設置這一科，爲儒生進入仕途提供了渠道。

夾 山 記

<small>元泰定進士。洪武初，以人才舉。①</small> 聶炳②

夾山枕高崗，南濱大湖，即大山湖。東流九十里而注江，長港九十里，至於樊口。此一方之大勢然也。

余與劉子惟謙登豐禾之巔，③西望六老<small>行間注：山名</small>。諸峯，如旗幟之飄搖而來焉。其西南有山曰"錦繡"，唐隱士<small>行間注：即李大槐</small>。多植桃、李於此。劉子注目南望，見遠山在雲表中，不禁喟然嘆曰："子知山外之山、水外之水，無一不遙爲之招乎？"復下山，至鶯耳。<small>行間注：山名</small>。道經龍塘，携手至靈泉山下。

行六七里，皆蒼松、翠柏。亂鶯啼樹，浮雲棲壑。往來行人，半在濃陰疎影之中。步至層<small>行間注改：横</small>龍嶺，見有層樓凌霄，是誰氏之里居也？清響遏雲，是誰氏之絃歌也？書聲不息，是誰氏之誦讀也？余且行且止，劉子遇亭而吟，入閣而賦，每徬徨而不忍去。暮宿於尋樂齋，夜半聞疎鐘遠引，清風送香。仰見銀河，似別有一洞天也。是月中秋，復與劉子躡駱駝山。攀危岩而上，四顧雲山，蒼蒼茫茫，可極目而得也。俯瞰其下，萬家煙火，比戶可封，真不愧爲君子鄉云。

劉子曰："子盍誌？"友人田大圭爲余留題於夾山草堂。田大圭，洪武

---

① 人才：科舉名目。舉：中舉。
② 聶炳：字韞夫，江夏人。元統元年進士，授承事郎、同知平昌州事。炳早孤，其母改適。自平昌還，始知之，即迎其母以歸。久之，轉寶慶路推官。會峒瑤寇邊，湖廣行省右丞圖沁統兵討之，屯於武岡，以炳攝分省理問官。悍卒所至，掠民爲俘，炳言於圖沁，釋其無驗者數千人。至正十二年（公元1352年），遷知荆門州，纔半歲，淮、漢賊起，荆門不守。炳出，募土兵，得衆七萬，復荆門。又與四川行省平章政事耀珠復江陵，其功居多。既而蘄、黄、安陸之賊，其勢復振，賊將俞君正合兵來攻荆門，炳率孤軍晝夜血戰，援絶城陷，爲賊所執。極口駡不絶，賊以刀抉其齒盡，乃斷左臂而支解之。
③ 劉惟謙：吳王（朱之璋）元年（元至正二十七年，公元1367年）以才學舉。洪武初，歷官刑部尚書。六年，命詳定新律，刪繁損舊，輕重得宜。帝親加裁定頒行焉。後坐事免。

詠於其上焉。然則斯樓之所含者，非獨含乎煙雲、竹樹之景，_{行間注增：}_{而。}直含乎古今山川之秀也。觀風攬勝者，倘亦有樂取於斯也夫？

黃公鄉誌

太僕寺卿、弘治乙丑進士　張璞中美

西南九十里，有地名黃公鄉。_{今太平里。}是黃公者，吾不知其何時人？亦不辨其名、字，而後世僅以鄉傳也，亦可慨矣！

余居京師十餘年，讀《漢室名臣傳》，見黃瓊自叙年譜並其里居，①而知黃公之居在江夏之五谷嶺也。又考漢、唐古志，瓊墓在青石邑，瓊祖墓在黃陵山之東南。

今考其地祇有五谷城，無所謂其居之嶺矣。或曰：宋岳飛駐兵於此。亦無容深辨。然觀其寨門、城壘，如五花陣圖。噫，曾是仕宦也，而有此居耶？余至青石店，見通衢往來，無所謂邑也。想"驛"刻為"邑"，殆字之訛耶？及_{行間注補：訪。}黃公墓，其農夫、野人，無一知者。後之人，其孰從而見之耶？徐行，至仙人山，_{在湘東里。}遇一老叟坐一獨石，_{後名仙人石。}龐眉皓首。問其年，九十餘矣。余詢之，老叟曰："今之五谷城即黃公鄉也，今之蔡氏莊即黃公墓也。"語畢，翛然一揖而去。

老叟必有所據，惜不知其姓字。一言而決，千古遂有定論。老叟乃異人也，神人也。璞公之幸，亦玫地者之幸。湯半品識。

---

① 黃瓊（86—164）：東漢大臣。字世英，香子。初以父任除太子舍人，不就。後五府俱辟，不應。永建年間，征拜議郎，遷尚書僕射，進尚書令，出為魏郡太守。建和初，遷太常。元嘉初，代胡廣為司空，免。復為太僕。永興初，代吳雄為司徒，尋代胡廣為太尉。延熹初，坐忤梁冀免。復為大司農。冀誅，復為太尉，封邟鄉侯，免。復為司空，免。七年卒，年七十九，贈車騎將軍，諡曰忠侯。

吾亭之以"閒閒"名也，庶幾足以近是云。

閒 閒 亭
<small>俗名李洞。長沙太守，後爲僧。僧如曉</small>

余幼寄山谷間，窗有竹，門有松；砌有閑花，庭有怪石；墙角有梅，籬邊有菊。中有蒲團，旁有瓦燈。行則隨行，卧則隨卧。額之曰"閒閒亭"，更歌之曰："祇有白雲閒不得，時時出没萬峰頭。"

含山樓記
<small>五經博士　張鬱</small>

楚有衡嶽，控九華、霍山而几席之，即覽瀟湘、洞庭而潴藏之。其含乎名山大川者，不知幾千里矣！靈泉一山，爲三楚之首望，據鄂城之雄風。

《漢志》以江夏山名之，① 彼有取爾也。至唐而有夾山之名，謂兩山對峙、<small>行間注增：</small>而。二水夾流也。

宋世南競，先人隱居此地。仙師賴公謂："宜建高樓以應旺氣。"② 張芸叟公乃鑿石以爲基，採杞、楠以爲棟。上植飛檻，下疏雲池。高不過五丈，氣可含萬象，宋人稱爲一邑之衡、霍也。

余嘗升高峯以望之，而見洋洋乎匯於東南者，梁、樊諸湖也。且見巍巍然列於西北者，馬觀諸峯也。而兩山夾水以盤踞其中者，則靈泉之含山樓也。

蓋斯樓也，春宜吹笙，以鼓萌動；夏宜撫琴，以宣幽滯；秋宜讀書，吞天香也；冬宜講《易》，見天心也。宋元之文人、學士，往往流連、歌

---

① 《漢志》：《漢書·地理志》的縮略，查傳世本無江夏山記載。名之：稱呼它。
② 仙師賴公：賴文俊名敬仙，是宋代相地術巨匠，字太素，虔州（贛州地區）人，曾經在福建的建陽縣當過官，喜好相地術，於是棄職浪迹江湖，自號布衣子，世稱賴布衣。撰《催官篇》《紹興大地八鈴》及《三十六鈴》，注《四元天星》。

者焉。

署書所見，以爲攷古者之一證矣。

白雲阿亭 靈泉寺基。一名自在阿，一名白雲阿。
給事中，洪武庚午舉人　李時亮 嗣溪之子。

太虛之中，舒卷無心者，雲也。雲之變化，其爲雨乎？爲龍乎？俱不可知。靈泉山阿中，有窩焉，常出白雲。雲見於天則龍騰於上，雷鳴於空而雨散於郊。是雲者，山川之氣、造化之迹而未有定在也。其來也，吾不知其來；其去也，吾不知其去。其去來無定，以消歸於無何有之鄉者，仍然太虛之無心焉而已矣，吾因作亭以名之。

問月軒
祭酒、弘治甲子舉人　張輅

靈泉山勢盤旋，煙雲萬丈，湖中有月，嶺頭有松。門栽千柯竹，水蓄一池魚。春種百畝田，秋飲黃花酒。時與一二知己，或談典故，或講時務，或登山玩水，以適性情。既無俗客，又少喧塵。亭中微吟，樓上高歌。題其室爲"自在居"，爲"安樂窩"。

閒閒亭記
吏部　張添祐

宇宙之境，皆勞人之境也。擾擾塵寰之中，無一閒地，無一閒人。其不得以"閒閒"名也，審矣。惟山、林、泉、石之景，車馬所不至，寵辱所不驚。士處其間，逍遙於岩穴之中，出沒於萬峰之巔。覺天地皆動，而吾心自靜；萬物皆勞，而吾心自逸。俯仰之間，俗情悉捐。風月可玩弄也，煙霞可嘯傲也，① 行雲流水可排遣也，翠柏蒼松可坐卧也。

---

① 嘯傲：嘯：許慎《說文解字》："吹聲也。"《詩》鄭玄箋："蹙口吹而發聲也。"就是現代俗稱的口哨。嘯傲：嘯着傲視，即吹着口哨傲視。

地理閒評①

鄉進士　沈世昌

江夏名山盡於九峰之獅子山，唐李邕、李暄諸墓在其上，儼然天地居尊之象也。楚藩平之以爲寺，移其塚於盤龍山，李氏因以衰焉。黃柏山下，俗傳有漢黃琬之墓在焉。②

我觀靈泉，端、愍傷之。③ 故家大族，後將衰矣。張公誠之駱駝卸寶，④ 實自天葬，非人爲也。誠得石穴，爲天葬。楚莊憝，欲鑿其穴。雷雨數日，乃止。羅山之灣，俗謂七星朝斗，在靈泉山外，如篁墓在。余先人所以蔽風雨也。沈宗武埋玉行間注：骨也。於此，誤矣。前去爲趙池，即晉陶侃之連珠宿草也。⑤ 其南山北向，則唐相李景望之落雁投湖也。今胡住宅後。龍塘山間，今龍塘塆。宋張元載之錦鯉化龍，瞻之在前，忽焉在後。言龍變化。喜雀林中，明李元善之碧梧棲鳳，⑥ 如在其左，如在其右。穴情難定。徑途中幹分枝，如孟宗之漁翁曬網、漢孟宗有石城。杜淦之先人捧桃，二墓徑途。雖水鎖南塘，而真宰無靈。縱有石槨佳城，亦徒然耳。再查西南之形勢，梁湖亦稱大觀矣。趙松雪行間注：子昂。⑦ 空有玉梭之虛名，沈宗文竟無金釵之實跡。而張百谷名潮。之蘆花飛絮，在烏刺寺野鷄嘴。僅有可觀

---

① 地理：風水。
② 黃琬（141—192）：東漢末大臣。字子琰，江夏安陸（今湖北安陸北）人。
③ 端、愍傷之：楚端王、楚愍王傷害了它（的風水）。
④ 駱駝卸寶：風水分析地貌的名稱，下文七星朝斗、連珠宿草等同。
⑤ 陶侃（259—334）：字士行。江西鄱陽人，晉朝名將。
⑥ 李興元：字元善，號子㑇。公安人，袁宏道妻弟，與宏道少小同學，情誼甚篤。公元1600年（萬曆二十八年庚子）舉於鄉，授晉州知州。《公安縣志》有傳。
⑦ 趙松雪（1254—1322）：即趙孟頫，字子昂，松雪是其號，又號水精宮道人、鷗波，中年曾作孟俯，漢族，吳興（今浙江湖州）人。元代著名畫家，楷書四大家（歐陽詢、顏真卿、柳公權、趙孟頫）之一。趙孟頫博學多才，能詩善文，懂經濟，工書法，精繪藝，擅金石，通律呂，解鑒賞。特別是書法和繪畫成就最高，開創元代新畫風，被稱爲"元人冠冕"。他也善篆、隸、真、行、草書，尤以楷、行書著稱於世。

張忠文祠公諱叔夜。祠在朝陽坡上，即昭寢之左。行間注改：東。

狀元① 曾泰

天下才能之士，可以任事；公忠之臣，可以托國；節義之臣，可以共難。若忠文公張叔夜者，②大宋一社稷臣也。

當國家多難之秋，惟公奮不顧身，以捍社稷。雖張浚、劉錡之才能，李綱、宗澤之公忠，世忠、世傑之節義，無有居其右者。蓋忠文之才節，在朝廷，則朝廷安；在邊疆，則邊疆寧。跡其禦遼、金於居庸，摧金人於潼關，破宋江於梁山，擒李通於海門。斯其功豈出武穆行間注：岳飛。下哉？

無如天運方終，宋室不造。③而公之父子、兄弟，同死國難。其孤忠、亮節，堪與天地同流、日月爭光也。

泰敬仰高風，而見公之精爽，無在不著；公之節義，無一不備。高宗所以稱爲"社稷臣"，而晦菴朱文公所以許爲"第一人"也。④

---

① 與上文洪武褒獎他"高卧靈泉，恥食元禄，志節可高"矛盾。
② 張叔夜（1065—1127）：北宋末將領。字嵇仲，漢族，永豐（今江西廣豐）人，張耆曾孫。以門蔭調蘭州錄事參軍，歷知襄城、陳留二縣，通判潁州，知舒、海、泰三州。大觀中，召對，除庫部員外郎、開封少尹，遷右司員外郎。四年，賜進士出身。其從弟爲御史，嘗彈劾蔡京，後京復相，摭細故貶其監西安州倉草場。後來又被召爲秘書少監，擢中書舍人、給事中。進遷吏部侍郎，爲蔡京所忌，以徽猷閣待制出知海州，歷知宣州、濟南府、青州。靖康元年，金軍南侵，徙知鄧州，兼鄧州南道都總管。率兵入援京師，拜簽書樞密院事。是年，隨徽宗、欽宗入金，至白溝，絶食而死，年六十三。後贈開府，儀同三司，諡"忠文"。
③ 不造：北宋没有再造，即没有取得抗金、收復中原的勝利。
④ 晦菴朱文公：朱熹（1130—1200），字元晦，一字仲晦，號晦庵、晦翁、考亭先生、雲谷老人、滄洲病叟、逆翁。漢族，祖籍南宋江南東路徽州府婺源縣（今江西省婺源），出生於南劍州尤溪。南宋著名的理學家、思想家、哲學家、教育家、詩人、閩學派的代表人物，世稱朱子，是孔子、孟子以來最傑出的弘揚儒學的大師。19歲進士及第，曾任荆湖南路安撫使，仕至寶文閣待制。諡"文"，又稱朱文公。

公、張公睹斯祠之朽蠹，爰命工師採取良材，焕妙而飾修之。

工竣，聚一鄉之父老、子弟以落其成，且告之曰："某，其國之名臣也；某，其邑之鴻儒也；某，其里之仁人、孝子；某，其鄉之烈女、節婦也。皆國史所不及載，廟祀所不及享者。吾與里中諸君子同祀，皆本前人激濁揚清之微意，以爲吾鄉礪頑磨鈍之善術。"吾亦曰："古之道耳，寧於鄉賢有溢美耶？"衆皆舉酒，以爲二公觴，公謝之。

嗟夫！時至今日，人往風微，而猶存古道於一鄉，則庶幾古人於未泯也。詩有云"風簷展書讀，古道照顔色"，本文文山《正氣歌》。其斯之謂與？

諸公囑余以記之，同人朱鑑、沈詩言於旁曰："此吾鄉之節義文章也，直可以爲天下後世風焉！"

鄉賢祠書

永樂甲申進士，官通政司　董禮辜皋後。

古者朝廷舉賢之謂徵，郡國薦賢之謂辟。無以舉之，莫或薦也；無以薦之，莫或舉也。

明興，聖天子崇儒重道，求賢若渴。洪武五年，歲次壬子。遣御史大夫降詔書於廷曰："朕聞賢者，治天下之本也；才者，安天下之具也。念世經離亂，賢才伏處。山巔水湄之區，多隱逸焉。朕恨不罄知也。昔年康茂才薦江夏賢士三人，曰：辜皋、曾泰、張誠。高卧靈泉，恥食元祿，志節可高。朕書於闈間。歷經春秋數載，想其人皆皓首焉。汝御史張育，載厚幣以聘，務令安車就道，來遊於廷。如果才堪重任，社稷之庥、蒼生之福也。朕將虛左以待。"

由是觀之，聖天子求賢如此其殷也，賢士報負如此其偉也，天下文明如此其光也。用是敬書於庭，以對揚我天子休命。①

---

① 對揚：答謝、稱頌。

精微，未嘗不抱經而興悲也。唐之李沉景望之子，栻之孫。祖孫父子，世傳名師。挾家資數十萬金，搜求秘書。使四海商賈，不憚千里之勞，買奇書以售厚利，而天下秘書俱出於李氏之門。① 然李氏不敢自私，盡付梓人以公天下。② 所謂古今奇賞、天下巨觀，莫富於李氏之書。自李氏書出，而天下學山、學海者，咸如是焉取讀。則書之賴以不朽者，皆李沉之功也。天頭注：沉於唐乾道初構書齋以藏書。③

嗟乎！沉往矣，而書樓尚存。天下賢人君子，猶至今稱李氏書不衰。今李公子孫欲世其乃祖乃父之業，將鑿石以爲萬年記。余願拜手昌言，以賀其成。是余之志也夫，是余之幸也夫。

玫邑誌，鄘係暄之子，邕之孫。鄘長子柱，次子栻。栻生磩，唐宣宗大中末進士。昭宗素重磩，後召爲同中書門下平章事，諡曰：文。磩好學，家有萬卷書樓，世號"李氏書樓"。子沉，音衍。字東濟，頗負俊才。後遇害。沉乃沈字之訛，觀其字曰東濟可知。

宣宗傳長子懿宗，在位十四年，改元咸通。懿宗傳少子僖宗，在位十五年，改元五：一乾符，二廣明，三中和，四光啟，五文德。僖宗傳弟昭宗，在位十六年，改元七：一龍紀，二大順，三景福，四乾寧，五光化，六天復，七天祐。昭傳子哀帝，而禪於梁太祖朱溫。

靈泉鄉賢祠序祠基土名朱楊莊。

副使，洪武癸酉舉人　楊繼本

古來有功德於民者，國史書之，廟祀享之，用以誌不朽也。他若學問足以師世，道德足以維風者，皆載之祀典而不廢。

靈泉之有鄉賢祠也，自漢、唐始。今其祠，棟榱瓦解矣。鄉先生曾

---

① 秘書：隱秘、難見到的書。
② 梓人：古代一般指木工，這裏爲狹義，特指其中的雕版工人。公天下：對天下人公開。
③ 唐乾道：唐無乾道年號，乾道爲西夏和南宋年號，據本書其他地方的記載應爲乾寧。

聽松閣休焉。山巔曰椒。靈泉有白雲阿。

　　連上文一氣讀，高絕古今之文。本地風光，非高人雅士，那得領會？張鍾靈

尋樂齋張誠書房，吏部張添祐少時讀書處。

齋址係李道宗紫蕚園舊基。

元宰相　沈如筠

　　簡齋行間注：誠謐號。張先生築書齋於靈泉之北，題其亭曰：精一軒。在涼馬房前，遺跡可考。軒前松柏交蔭，泉流清洌，怪石挺立，塵飛不到。余時往來亭中，地廠湖闊，可以開人心胸，疎吾老眼。聞書聲朗朗如出金石，則張子添祐也。蓋已瀟然神爽，恬然氣靜矣。軒後，曰：花蕚園。園有舘，曰：臥雲。蓋取"東山高臥"之意也。① 時維中和令節，② 花香柳色，鬥弄煙景，而啼鳥且嚶嚶然調笙簧聲。余與先生坐列其下，嚼樹間雀舌，行間注：茶名。聽枝頭鳥舞，此樂何極！因更其名曰"尋樂齋"云。此齋係張誠讀書處，今爲憲寢。

　　眼前所見，皆成異境，趣甚。張鍾靈

萬卷書樓記

明洪武狀元　曾泰

　　書者，所以見藏百代之遺文而見古人之著作於今日，不獨歌詠古人之飲食、嗜好、話言而已也。

　　昔者秦人焚書而書已亡，後世儒者欲求詳帝王之制度，考論聖賢之

---

① 東山高臥：比喻隱居不仕，生活安閑。出自《晋書·謝安傳》："卿累違朝旨，高臥東山。"

② 中和節：又稱龍抬頭、龍頭節，亦稱春龍節、青龍節。也是傳説中黃帝誕辰，炎黃子孫共同的節日。中和節是唐德宗李適在貞元五年（789 年）所制定的，又名二月二日"龍抬頭"。本來在二月一日，後將土地神生日納入其中，故改爲二月二日。

有超然塵外之想。

命鼓琴，簫、琴雅淡，鏗鏗然真太古之遺響也。彈罷之餘，頓覺暑氣消而衣裾間融融帶翠色矣。

大有薰風解愠氣象，末句蓮亦生色。張鍾靈

秋風亭沈公自搆，在含山樓右。

元宰相　沈如筠

時惟九月。白雁催秋，拂層雲而競響；黃花應節，冒九日以重開。余見兩崖青松，一溪流水，無時不在目前。憑欄縱觀，宛然輞川一畫圖①行間注增：也。

余與先生，朝而玩山，夕而聽泉。徜徉以樂餘生，相與終此亭也。

文有千轉萬折，細玩如一氣呵成。當此妙境，獨自領取。張鍾靈

聽松閣在靈泉寺觀音閣左。

元宰相　沈如筠

詰旦，②宿雨初晴，三峯翠色如染。余與先生誠。偕童子五六，攜小榼，③踏芳坰。④以細草作茵褥，湖水供清茗，鳥聲比管絃，花枝當酒籌。樂哉！是遊何減蘭亭哉？回顧白雲深處，有寺存焉。靈泉寺。

攀臥石而上，鶯梭如織，松濤若鷺。余聽之悠然，羣席地而坐。漸覺桑柘影斜，村社將罷。⑤

已而，呼童子履山椒。望豐禾，遙瞻秀色插天，霞光照人顏色。至

---

① 輞川一畫圖：唐王維晚年歸隱藍田輞川，購居宋之問"藍田別墅"。嘗於清源寺壁上畫《輞川圖》，筆力雄壯。所創造的淡泊超塵的意境，給人精神上的陶冶和身心上的審美愉悅。
② 詰旦：清晨。
③ 榼：古代盛酒或貯水的器具。
④ 坰：遠離城市的郊野。
⑤ 村社：舊時農村祭祀社神的盛會。

生暮景，諒如是乎！"余遂欣然爲之記。

寄托遙深，地位儘高，讀者感慨之矣。張鍾靈

含山樓亦張芸叟建，在靈泉山天馬峯下，甚爲鉅觀。元末燬，明初張鶴山吏部重建。左、右亭二：曰"春露"，曰"秋風"。前爲張氏宅，後楚藩爲昭寢。

瑞芝堂楚藩改爲經堂菴，即李沉萬卷書樓。

元宰相　沈如筠

洪武元年四月十有三日，先生老友稱先生，是前輩好處。來叩我柴扉。左持杖，右執蓋。余携手過前溪，至瑞芝堂。松風吹鬢，蘿日依人。① 呼童子烹茶。先生執《黃庭》一卷，② 説劍，調行間注改：談。元。眞可以調聖賢之心，洗巢、由之耳，極不作空門了悟浮説已也。

日暮，相與披明月而歸。

淡處愈佳，襟懷如見。古人遊不廢學，非一味孟浪者比。張鍾靈

萬卷書樓在靈泉山東，誥軸峯下。唐相李磎子名沉，字濟東者，有俊才。一曰名沈。至今有沉子澥之稱。出資數萬金購求秘書，遠商輻輳。爲樓以貯之，天下稱"李氏書樓"。其堂產芝，顏曰：瑞芝堂。明李氏後裔巽猶修之，曾泰有《記》。以藩寢，廢爲經畲堂。

春露亭張孝廉所搆，在含山樓左。

元宰相　沈如筠

六月夏蟬噪林，春露亭前，池蓮競放，香風入座。

張子添祐侍立其旁，先生張誠，祐父。命賦詩。詩成，頗洗盡俗態，

---

① 蘿日：位置在松蘿處的太陽。
② 《黃庭》：《黃庭經》，道教經典，約出於魏晋之際。此經以道教思神守一、寶精愛氣之説與古代醫家臟腑理論相結合，闡述修煉長生成仙之術。自晋代以來，此經流傳頗廣，歷代道士注解者甚多。早期上清派奉此經爲主要經典之一，唐宋内丹家亦深受此經影響。

靈泉後六景 後賢附

紫蕚園　蓮花池　卧雲舘　靈泉寺　嶺頭松　山溪水

含山樓 張芸叟所搆。避亂行間注補：至。
於此，盡有靈泉之地。樓在天馬峰下。

元宰相　沈如筠 字無回，號開平。

含山樓者，張處士所營也，樓成於宋建炎二年。環廬萬點秀嶂，遶户一泓碧水；修竹茂林，遍滿其地。處士因家焉。元至大間，先生益加修理，搆堂而奠先靈，鬱然處士之廬也。

筠自屏擯以來，① 作舍數椽，附於其右，得以高枕丘園，逃名世外。耕稼以輸王稅，採樵以供微軀，此外復何計哉？②

頃者，六花飄空，③ 著樹粧玉，怳然瓊瑤世界矣。余雖不能往灞橋尋梅，④ 竊效袁安杜門而已。⑤ 適鄒、李二生折梅一枝，携酒一壺，踏雪而來，急招先生同飲。登樓一望，見風捲長空，如春江潮雨之聲。倏忽間，名山皆已皓首，惟峰頭蒼松，鬱鬱然含青色焉。先生喟然嘆曰："人

---

① 屏擯：摒棄，外放。
② 何計：追求什麽。與明陸紹珩著《小窗幽記（一名醉古堂劍掃）·卷五·集素》"高枕丘中，逃名世外，耕稼以輸王稅，采樵以奉親顔"四句僅4字异。
③ 六花：雪花。雪花結晶六瓣，故名。
④ 灞橋尋梅：張岱《夜航船》記載，孟浩然情懷曠達，常冒雪騎驢尋梅，曰："吾詩思在灞橋風雪中驢背上。"
⑤ 袁安杜門：指高士生活清貧但有操守。《後漢書·袁安傳》李賢注引晋周斐《汝南先賢傳》載，有一年冬天，紛紛揚颺的大雪一連下了多天，地上積雪有一丈多厚，封路堵門。洛陽令到州中巡視灾情，訪貧問苦，雪中送炭。見家家户户都掃雪開路，出門謀食。來到袁安家門口，大雪封門，無路可通，洛陽令以爲袁安已經凍餒而死，便命人鑿冰除雪，破門而入，但見袁安偃卧在床，奄奄一息。洛陽令扶起袁安，問他爲什麽不出門乞食，袁安答道："大雪天人人皆又餓又凍，我不應該再去干擾別人！"洛陽令嘉許他的品德，舉他爲孝廉。他在漢章帝建初年間出任河南尹，在職十年，政尚慈愛，被朝廷譽爲"孫寶行秋霜之誅，袁安留冬日之愛"，并且自此扶搖直上，成爲了漢室的社稷之臣。

宇。凡景望所修十八羅漢，皆丹青而煥妙之。因題曰"靈泉古寺"云。元賢張賓王字養浩。復買樊山，以爲藩籬，而四維在山色中央矣。

予攷曉然者，唐詩僧也。其解悟，半出於詩、書。讀其詠句、紀序，學士、大夫每流連而嘆息之。洪武吏部張添祐續絶句於閒閒亭，[①] 則曉然之著作可想矣。

靈泉山記

明景泰庚午舉人　樊鏞

靈泉四圍皆山，蒼松、古柏、行雲、流水，四時有長夏之景，余未遑寫其勝概焉。

自漢以來，人物尚稀。至唐而漸盛，至元而極盛。唐時古市在山外，居聚致貨，民往往利之。宋時遷市於内，約有數百户。至元時，則蔚然一都會矣。未幾，爲徐壽輝、劉福通二賊所洗，[②] 一片荒墟在望，人、物俱盡。

國朝洪武初時，張、沈、鄒、李復起爲集。五十餘年，自洪武元年至永樂末年共五十七年。比宋、元更有加焉。今上徵市之法，歲不過錢，上、中、下三市：上市徵綿，中市徵貨，下市徵皮於獵户。民力寬然有餘，而絶口不言貧。市中人大抵多秉禮義，而少起争訟。歲時伏臘，具酒漿，讀法律，咸遵約束。是以處華不奢，入紛不亂。而一二淳龐之風、和樂之氣，浸於人心。徵於里左，猶有先王遺民焉。故可嘉而可美，可述而可誌也。

靈泉前六景_{前賢題}

含山樓　瑞芝堂　春露亭　秋風亭　尋樂齋　聽松閣

---

① 見後詩七絶部分，標題前有"靈泉"二字。
② 徐壽輝、劉福通：都是元末紅巾軍起義領袖。劉福通軍在北方活動，未至靈泉山一帶。

靈泉寺記

洪武己卯科舉人　李元善

靈泉寺者，唐舍人官名。① 李暄之遺址也。舍人父太和，② 爲北海太守，因號北海。士民德之，③ 元宗明皇。欲大用之。李林甫時元宗奸相。忌之，矯天子詔以殺之，竟夷其家。舊居洪山，今廢爲修净寺。④ 舍人移居夾山，⑤ 築室於靈泉。⑥ 有翛然遠引之志，因名其居爲"自在阿"。⑦ 即今靈泉寺基。⑧

乾元中，⑨ 夜夢至人告曰："汝居佛地，後將不利，子曷易之？"⑩ 舍人以語弟洞，洞曰："吾久欲入空門，盍以此爲修省地？"舍人使居之。⑪

洞曰："吾但得一佳僧，可以超然脱去。"遂有百嵩、古峯者行間注補：二人。慕而過訪。兩目瞢然，聲響林谷。洞見而異之，曰："子形容古怪，真山林中人。汝可著吾袈裟，穿吾芒履。肩頭擔清泉，爐中燒赤火。暇時坐吾閒閒亭，好來聽松風聲。可以洗滌俗腸，別自有見地耳。"而所謂曉然者，則不知所往矣。

宰相行間注：唐昭宗時爲相。李景望名磩，栻之子，柱之姪也。天頭注：據邑志，磩乃鄘之孫，栻之子也，此注大誤。而鄘乃暄之子、邕之孫、善之曾孫。若洞，則鄘之叔父。繪曉像於亭，鐫詩句於石壁間。宋淳熙時，李定遠修葺其故

---

① 一本有：李暄也，是靈泉施主。
② "舍人父"後一本有"李"。"太和"後一本有"名邕"。《新唐書》李鄘爲李邕從孫，此應據傳説。
③ 德之：感戴他的恩德。一本作：生民被其德，學士嘆其才。
④ 一本有：此段叙李氏之來由。
⑤ 一本無後四字。
⑥ 一本有：李暄是宰相李景望之父。
⑦ 一本有：言舍人復居靈泉。
⑧ 一本無此句。
⑨ 乾元後一本有：唐肅宗年號。公元758—760年。
⑩ 一本有：此言施主之由。
⑪ 使後一本有：弟。之後一本有：僧曉然，又改如曉，唐稱詩僧，有詩帖行世。

靈泉寺序

鄉進士　沈世昌

　　靈泉寺開創者誰？唐釋曉然也。① 曉然俗姓李，名洞。爲長沙太守，② 創嶽麓書_{行間注補：}院。者是也。曉然胡爲乎爲僧？因父邕。③ _{天頭注：中宗信術士鄭普思、葉靜能，邕上疏曰}："若有神仙能令人不死，則秦皇、漢武得之矣；佛能爲人福、利，則梁武帝得之矣。堯、舜所以爲帝王者，亦修人事而已。尊寵此屬，何補於國？"不聽。字太和，爲北海太守，清廉慈愛，士沐其教，民感其恩；且善書，有名，唐明皇屢欲大用之。無何，習氣未除，自以耆舊，未除，意怏怏。李林甫惡其負才使氣，欲因事除之。別遣羅希奭_{行間注：爲吏深刻，林甫重之。}按邕，與裴敦復皆_{行間注補：杖。}殺之，竟夷其家。_{行間注：林甫於開元廿二年甲戌爲相，天寶六年丁亥殺邕。孔璋進《代死》之奏，杜甫作《八哀》之詩。}洞與胞兄暄遷居靈泉，後以宅爲寺。

　　洞遂削髮禮佛。得孟百嵩、_{行間注：名觀，漢孝子孟宗之後。}④ 張古峯_{行間注：名眺，唐將軍張寶清之後。}二人爲徒，傳其衣缽，遂遊天台山。

　　踰數十年，有_{行間注補：楚。}人在武陵遇，問曰："子非曉然乎？"答曰："然。爲語百嵩、古峯，過三年，來天台會我。"遂躍然而去，其人見在雲霧中行云。

---

① 曉然：本書另處有作"如曉"。
② 沙：一作"安"，疑誤。
③ 李邕（678—747）：字泰和，人稱李北海，廣陵江都（今江蘇揚州）人，唐代學者李善之子，著名書法家。曾任北海太守。書法風格奇偉倜儻，爲行書碑法大家，傳世碑刻有《麓山寺碑》《李思訓碑》等。天寶中，左驍衛兵曹參軍柳勣有罪下獄，邕嘗遺勣馬，故吉溫使引邕嘗以休咎相語，陰賂遺。宰相李林甫素忌邕，因傅以罪。詔刑部員外郎祁順之、監察御史羅希奭就郡杖殺之。時年七十。代宗時，贈秘書監。
④ 孟宗（？—271）：字恭武，荊州江夏郡鄳縣人，後因避吳末帝孫皓名諱而改名孟仁。爲人至孝，民間傳說有孟宗哭竹生筍的故事，即《二十四孝》哭竹生筍的主角。孟宗也是三國時吳國中後期的大臣，官至司空。

靈泉記

唐乾寧天頭注：乾寧係下唐昭宗國號。① 在位十七年，被弑。子哀皇帝居虛位四年，禪於梁朱溫。元年宰相② 李磎字景望，沉其子也。③

泉以靈名，非有蛟龍之與處而後爲靈也。兹泉之靈，以山能興雲雨、致風雷，而始名爲靈耳。

凡泉皆有源，有源必有流，而後清濁攸分焉。斯泉無源亦無流，無清亦無濁。其色碧緑，其味甘美。烹茗香，浣衣潔，洗目明，濯膚澤。不與凡水類，其靈也如是。

漢末有桃仙者，善卜地，尋龍至此。見兩岸如門環、似鋒鍔。有二巨石，似獅獸狀。泉湧然在盤阿中。桃曰："此靈泉也，不可鑿，鑿則雷雨至矣。"迨天寶行間注：唐明皇號。末，余家命匠人鑿房屋基，雷雨大作。工半載，室乃成。泉從石脊中流出如液，乃知靈氣損矣。於是引泉於除，宛然一池。雖旱不涸，天陰有雲霧覆其上。始信桃仙之言爲不謬云。

時唐乾寧元年，宰相李磎記於白雲阿亭。

---

① 乾寧係下唐昭宗國號：誤，乾寧爲晚唐國號，非後唐國號。
② 乾寧元年：甲寅，公元894年。
③ 李磎：有作李溪，《資治通鑒》作李谿。生年不詳，公元895年卒。字景望，揚州江都人。唐昭宗時宰相。唐憲宗時名相李郱之孫、李栻之子。大中末，擢進士，累遷户部郎中，分司東都。歷官中書舍人、翰林學士。乾寧元年，進禮部尚書、同中書門下平章事。家有書至萬卷，世號"李家樓"。李茂貞及王行瑜、韓建擁兵入長安，逮李溪與韋昭度、樞密使康尚弼等，列溪罪，殺之於都亭驛。王行瑜伏誅，有詔復官爵，贈司徒，謐曰文。子李沉，字東濟，與父一同被殺（據《舊唐書》《新唐書》）。本書寫作李沉，又作李沈，應爲形近誤。

在焉。① 兩山遥對，南爲金堂，北爲玉屏。山形如屏，今牛脛頸是也。山勢盤環。有如帶者焉，或呼爲"蜂房"；今誥軸等山是。有如盤者焉，或呼爲"水阿"。今天馬等山是。祖堪輿者珍之。② 若夫前誥軸後天馬，兩相朝對。右秋風而左春露者，二亭。則有先人之敝廬存焉。

自花山花山山阿，有紫荆高數尺，開時最幽艷，雅致如神。接軫而北馳，山相連而行，如車之相接而馳。如龍卧，如虎伏，如鳳舞鸞挺者，則靈泉古寺是也。

環靈泉而居者，若陳、樊之桂園，樊時中種紅、白二桂三十株。鄒、董之菊圃，董禮菊只有紅、黄、白，惟鄒彦邦墨菊最幽。潘、鄭之桃院，鄭壁、潘紳之桃，白不勝覽，紅不勝採。永和之陂塘橫柳，曾氏塘插柳，其綠如煙。時亮之幽崖棲竹，李氏之竹得自異域。中美之旋紋古柏，③ 張璞柏高九丈，細紋錯然。皆足擅名。而余之北園，惟背倚青山，面臨湖水，搆齋諸峯之下，與沈子道倫、道紀、道宗，皆篤之子。日夕讀書。聞午夜鐘聲，觀山頭曉霧而已。

祐家世澗谷間，④ 抑又何樂？一樂夫林壑之幽，尤樂夫四時在鳥聲中，與諸君子共居此地，共樂此樂。幸無貽山林羞，⑤ 故不可以不誌。

---

① 樊英：東漢安帝、順帝時期《易》學專家，字季齊，南陽魯陽（今平頂山魯山縣）人。幼年到三輔（今陝西西安周圍地區）學習《京氏易》，後隱居於壺山。樊英著有《易章句》，世稱樊氏學説，在學術上有比較廣泛的影響。

② 堪輿：堪，地突之意，代表"地形"之詞；輿，"承輿"，即爲研究地形地物之意，着重在地貌的描述。《史記》將堪輿家與五行家並行，本有仰觀天象並俯察山川水利之意，後世專稱看風水的人曰"堪輿家"，故"堪輿"民間亦呼之爲"風水"。

③ 中美：張璞字中善，本書誤爲"中美"。

④ 世：世代居住。

⑤ 幸無貽山林羞：有幸没有使山林蒙羞，指有所成就。

廣延可十里許，無衡、霍之雄巍然作鎮，無方城之險昂然壯觀，其不誌也亦宜。①

攷江夏一郡，自洪武開武昌道，始爲羣邑之首，則山之得名，從乎郡也。夫即從乎郡，則郡之號爲山者亦纍纍矣，胡此山獨冠以"江夏"二字？是必有說存焉，余卒不自解。豈爲羣邑領袖耶？亦行間注：抑。爲江夏首望耶？訪之故老，謂此山爲武陽侯樊噲所封地，家世居此，故冠以"江夏"，猶之鄂城，冠以"樊山"云，此其說似矣。

噫！是山之秀，吳塘繞其北，梁湖繞其南。②登高望遠，林木蔭翳，煙火萬家，足以抒壯懷而供眺賞。由宋遡唐，惟有歷年；由晉遡漢，惟有歷年。遐稽往躅，以至今日，其爲侯王、將相之所鍾靈，農夫、野老之所棲息；以及鄉紳、先生之所遨遊而流連，牧童、樵叟之所謳歌而上下者，俱於是乎在。勿謂非名山而不爲之誌，余故爲之記。

前攷山所由名，疑信相參；後論山之形象，雅俗共賞。直起直收，並無一字假借，此記中樸實文字也。湯飲冬半品氏記。

靈泉山記

<small>明洪武探花、吏部尚書　張添祐仁一</small>

山自西來，逶迤數十里。起一奇峰，爲諸山之祖，名爲豐禾山，里人報賽處也。③豐禾山脈三支：一支過峽，分兩山夾行，勢如雙龍，故云夾山，結靈泉寺等處。一支奔結省城。一支奔結九峯山。由豐禾而馬峽，而過峽，皆山名。兩山排列，起伏不一。至馬鞍谷口，而復起獨峯，狀如筆格。今江口碑、太子廟是。筆格之左，有泉清冽，傳爲蛟龍之壑。墾地廣十畝。洪武九年，龍起，水湧高數尺。獨峯而東，亘橫數里，曰"龍帳"，今興龍菴。曰"寶蓋"，今圓通寺是鄭璧住基，即应山縣宋狀元鄭獬之苗裔也。曰"父子嶺"。漢樊英父子墓

---

① 不誌：沒有人寫志。
② 梁湖：梁子湖。
③ 報賽：古代一年農事完畢之後的謝神祭祀。

之。嗣是，有術士傅仙子指靈泉爲大地，① 因心圖之。歷昭、莊、憲、康四王，皆未營葬。及弘治十二年己未，竟爲靖王所奪。再傳而至愍王，兇暴尤甚，將内山八名家、外山四十八户，碑、坊、廟、寢，竄逐、毀掘，而諸勝地遂蕩然無餘矣。豈知天運循環，無往不復。嘉靖九年庚寅，被進士張翹等叩閽，杖斃楚府三人始結案。已而，愍王得心恙，眇一目。於嘉靖廿四年乙巳春正月上元夜，王與武岡王行間注：諱顯槐。天頭注：武岡王，愍王之三弟。飲，爲子英燿爭幸童所弒。恭王繼立，遂爾絕嗣。而王之預謀風水，果安在哉？曾幾何時，闖逆焚其廟宇，屯兵掘其寢室，祗昭寢得全，其餘俱掘。而殘碑、斷碣、碎尾、② 頹垣，出没於豐林、茂草間，則向之所謂九寢者，亦蕩然無餘矣。使王而有知，九原之下，③ 當亦自悔其過計也。行間注：此一段係參叙之文。

夫以漢、唐千百年精靈之氣所鬱積而成者，忽傾敗於楚愍一人之手，勿論山内外之忠臣、孝子，文人、學士，隱逸、節烈，淒然邊斬，無復繼起，即後之遊覽者按其山川，玫其圖蹟，知必於蒼茫莽剥落中，爲之心擬腹誹。漠然徒見行間補：山。高而水清，悲夫！

叙多錯訛，余參攷《明紀》，④ 畧爲參叙，文更曉暢，而報復循環之理，一覽便知。湯歙冬記。

江夏山記
明正統任縣令、丁卯舉人　孫熙

江夏山去縣六十里，兩山排列，一水平湖，⑤ 儼然萬緑蒼深處也。

---

① 術士傅仙子：現代發掘楚昭王墓，有碑記載爲王化龍。大地：風水寶地。大：一作吉。

② 尾：鴟尾。古代宮殿屋脊正脊兩端的裝飾性構件。外形略如鴟尾，因稱。尾：一作壁。

③ 九原：指墳墓。

④ 《明紀》：清代陳鶴編寫，六十卷，用編年體記述明代的史事。比較簡略，又多鈔襲舊書而成，但因爲是較早的明史編年著作，起了普及作用。

⑤ 一水平湖：即一湖平水，爲音韻對偶而倒置。

藩驅逐，後子若孫終_{行間補：}未。有尋祖攷宗，令前之忠臣、孝子，文人、學士，節烈、隱逸相與並傳，以爲此某之幾世祖，此某之幾世孫，源遠流長，先後相承，爲攷古者所深幸，豈不大可慨哉？

錄《誌》成，敘之，以誌今昔興感之由，而嘆天道、人事之莫可誰訴也。因吟以遣其懷_{行間補：詞}曰：盛衰各有時，遷變不可知。古今無定局，聚散任驅馳。將相公卿位，忠孝節烈祠。人情懷報復，天道力難支。寄語藩楚者，堪笑愚與癡。

長嶺山麓老人湯銘新半品氏序。

靈泉序

縣東六十里，有山自西來，雙峯對峙，是爲夾山，漢名江夏山。唐天寶中，更名靈泉。①

蓋自漢樊噲及唐李道宗封王於此，② 延及宋、元，人文蔚起，而莫盛於有明。孰知莫盛於明者，亦即莫衰於明也。

考洪武三年庚戌册封諸王，以楨王楚。先元順帝二十四年甲辰，太祖兵破湖廣，駐節梅亭山。_{山在縣南五里。}在使報皇子生，上悦，問左右曰："此何地？"曰："楚地。"曰："他日以此子王楚。"指黃龍寺塔爲殿基，未逾月，寺焚。及後即位，封諸子以王。以楨王齊，寶三鑄不成。上曰："我昔破湖廣，駐梅亭，曾云以此子王楚。"寶成，遣方士賫御製祝文祭告武昌封內山川，今有封建亭云。

按：甲辰至庚戌年，王方七歲。後丙辰，來楚。_{天頭注：丙辰，洪武九年，昭王年十三歲。}王獵於九峯，見山勢崇塋，欲預爲佳城，③ 計奪而棄

---

① 清康熙《湖廣武昌府志·圖考志》：靈泉山在東北，與江夏山相連。其《山川志》稱江夏山古稱峽山，唐天寶中改今名。
② 李道宗（600—653）：祖籍隴西成紀（今甘肅秦安），字承範，李淵之侄，中國唐朝初年重要軍事將領。曾封江夏王。
③ 佳城：墓地的美稱。

"漢高行間補：祖。所封武陽侯樊噲墓，① 楚營昭寢，掘噲塚，遷遺骸於東而埋之。"見其寺，法相莊嚴，海島參差，② 聖跡仙靈，別有洞天，則曰："此靈泉寺，始屬唐舍人行間注：舍人，官名。李暄第宅。③ 暄一日夢神告曰：'此佛地，汝不可居。'因語弟洞。詎洞久戀空門，遂棄官、削髮以居之，洞官長沙太守。爲開山始僧。"憶爾時與諸表觀覽，④ 不過耳而目之，並無今昔盛衰之感；至山內八家亭臺樓閣諸名勝，被楚藩毀盡，渺焉無存，余亦茫然莫議行間改：識。其處。

後聞有《靈泉古誌》，所以存人物之盛、宅第之美，徧索未得。仲弟又新於嘉慶癸亥歲得其書，亦殘而不全。心焉憶之，鬱而未遂者久矣。

時道光二年，歲次壬午，余館於傅氏學府，⑤ 聞伊家抄藏《靈泉誌》一部，⑥ 因索觀焉。自漢、唐而宋，而元，而明；凡湖山景色、人物儀容，與夫風俗教化之美，詩詞歌賦之學，往來贈答之章，無不備載。奈字多錯訛，亥豕莫辨。⑦

余揣以意，斷以理。所知者，則從而正之。甚有疑義莫解者，與弟又新詳攷邑乘，旁參存書，楚會存書，湘東陳述知所紀，存癸未以前事。⑧ 幾費精神，乃得確解。間亦竊附己意，爲之評、釋，俾後之攷古者亦可按圖索跡，因跡識人，曰："此，某宅第處也。此，某樓閣處也。此，某墳墓處也。此，某碑坊處也。"跡象非舊，故址可稽。獨惜山內外仕宦家被楚

---

① 武陽侯樊噲：漢樊噲封舞陽侯，諡號武。稱武陽侯應是無意或有心的混淆所致。
② 海島：原指蓬萊三仙島，這裏指寺廟景色。
③ 李暄：本書記爲唐李善孫、李邕子。
④ 表：表親。
⑤ 館：在學館中教書。傅氏：本書湯又新《報復説》稱名定邦，居同里。
⑥ 伊家：疑即底本首卷扉頁所錄尹安愚《母病館中自悼》的作者及其宗親。《靈泉誌》：據本書湯又新《報復説》稱名《靈泉古誌》。
⑦ 亥豕：古書中有亥錯爲豕，後用作錯字的代表。
⑧ 會：都會。湘東：地名，這裏爲作者籍貫。陳述知：人名。生平不詳，著有包含明癸未以前楚地方志内容的書。癸未：公元1463年，楚藩從這年開始撥換土地修墓。

子華奎嗣。①

華奎　自萬曆元年癸酉嗣位，至崇禎十七年癸未五月三十日獻逆陷武昌。②昇王至，時王已老，嗔目而叱之。獻逆怒，以竹兜載之投於江，水爲沸開者數尺。在國七十一年。先是，楚宗華越具奏王非恭王子，③類莒滅鄫，④楚紳給諫段然亦疏論之。而四明沈一貫首相。主其事，⑤得不竟。大宗伯郭正域以是忤四明，⑥勒令歸勘，至今語猶嘖嘖。世子漢陽王蘊鑨先王卒，未及於難，餘子俱罹獻逆之禍。

此楚藩諸王始末，因備書焉，俟觀志者知之，不昧先後之次。湯又新大受氏。⑦

靈泉誌叙

余童時，曾到外祖家劉氏。劉住與靈泉山一水之隔。與秀嶺松公、郗林桂公渡三汊，港名。遊靈泉。見其祠榱桷崇隆，⑧墻院鋒鍔，則曰："此楚藩祠也。"旋陟祠後，⑨指其墓，則曰："此楚昭王寢。"溯其始，云：

---

① 奎：清康熙《湖廣武昌府志》寫作"煃"；但記恭王二子光化王名華璧，與他一致應名奎；記楚宗又有華樾，與他一致又應名桂。
② 崇禎十七年癸未：癸未年是崇禎十六年，七誤。即公元 1643 年。獻逆：明、清統治者對明末農民起義領袖張獻忠的蔑稱。
③ 越：清康熙《湖廣武昌府志》寫作"樾"。
④ 莒滅鄫：《鄫氏源流傳圖》說：周簡王時，莒子生三女，長女嫁魯成公生魯襄公。鄫子（時泰）娶其二女爲先夫人生子巫。鄫子與魯成公連襟，巫與襄公爲姨表。後鄫子先夫人卒，繼娶莒子小女即先夫人之妹爲後夫人。後夫人無子，只生一女，還嫁回莒家，即與莒家爲姑舅婚。所生子即莒家外孫。後夫人性悍，愛己女，迫太子巫奔魯依襄公爲附庸。公元前 567 年，莒人以鄫之外孫嗣位，史評："非滅也，以外姓嗣位，滅亡之道也。"
⑤ 四明：地名，這裏爲籍貫。
⑥ 四明：這裏是用籍貫指代首相沈一貫。
⑦ 湯又新大受氏：本書《報復說》署名爲湯盤又新氏。
⑧ 榱桷：屋椽，這裏指代房屋。崇隆：高大。
⑨ 陟：登上。其祠背靠天馬峰。

秋九月朔崩，在位一月，稱光宗貞皇帝。皇長由校即位，號天啟。左光斗以今年庚申八月前爲萬曆，以八月後爲泰昌，從之。又廷議以明年辛酉爲天啓元年。

楚藩世次紀

明楚昭王楨　太祖第六子，母妃胡氏，以元順帝廿三年三月三日生。① 洪武三年庚戌四月七日授金册、金寶，封爲楚王，是時王方七歲。至九年丙辰，始之國湖廣之武昌。永樂廿二年甲辰春二月薨，享國五十四年，春秋六十有一。世子孟烷嗣，是爲莊王。

莊王　洪熙元年乙巳嗣位，正統四年己未薨，享國十五年，春秋五十有八。庶弟一子季埱嗣，是爲憲王。

憲王　正統五年庚申嗣位，八年癸亥薨，在位四年。無子，以二弟季堄嗣，是爲康王。

康王　正統九年甲子嗣位，至天順六年壬午三月薨，在國十九年。亦無子，以三弟季㙃之長子均鈋嗣，是爲靖王。

靖王　成化元年乙酉嗣位，至正德五年庚午七月薨，在國四十六年。長子榮滅嗣，是爲端王。

端王　正德七年壬申十月，王三十六歲，册命嗣王位。至嘉靖十三年甲午薨，在國二十三年。庶弟一子顯榕嗣，是爲愍王。

愍王　嘉靖十五年丙申嗣位，至廿四年乙巳春正月十八夜爲世子英燿所弒，在國十年。至嘉靖三十年辛酉，② 春三月，皇上以庶弟二子英㷆嗣，是爲恭王。

恭王　自嘉靖三十年嗣位，至隆慶六年壬申薨，在國二十二年。世

---

① 元順帝：即元惠宗。元順帝廿三年：癸卯，即公元1363年。據後文《靈泉序》和清康熙《湖廣武昌府志》，應爲甲辰，即公元1364年。

② 嘉靖三十年辛酉：嘉靖三十年爲辛亥年，酉誤。公元1551年。

首卷　紀、序、記、傳、案稿、贊文

大明紀年

太祖洪武　在位三十一年　元戊申，終戊寅。

惠宗建文①　在位四年　元己卯，終壬午。

成祖永樂　二十二年　元癸未，終甲辰。

仁宗洪熙　一年　乙巳。

宣宗宣德　在位十年　元丙午，終乙卯。

英宗正統　十四年　元丙辰，終己巳。

景泰　在位七年　元庚午，終丙子。

天順_{行間注：亦是英宗之號。}復辟八年　元丁丑，終甲申。

憲宗成化　二十三年　元乙酉，終丁未。

孝宗弘治　十八年　元戊申，終乙丑。

武宗正德　十六年　元丙寅，終辛巳。

世宗嘉靖　四十五年　元壬午，終丙寅。

穆宗隆慶　六年　元丁卯，終壬申。

神宗萬曆　四十八年　元癸酉，終庚申。四十八內秋八月有泰昌。

光宗泰昌　庚申八月即位，九月朔崩。萬曆七月崩。

熹宗天啟　七年　元辛酉，終丁卯。

懷宗崇禎　十七年　元戊辰，終甲申。

按：萬曆四十八年秋七月崩，太子常洛秋八月即位，國號泰昌。至

---

① 惠宗：廟號。本爲神宗。永樂後不稱。南明弘光元年七月，因與萬曆重複而改。歷史年表上一般稱惠帝。建文：年號，這裏都指朱允炆。

紫萼園四季賞景調（338）　　漁家樂（339）

集錄靈泉八達家堂、樓、亭、閣匾額對聯 ·················· 340

　　靈泉寺（340）　　鄉賢祠（340）　　含山樓（340）　　琴樓（340）

　　望遠樓（340）　　春露亭（341）　　秋風亭（341）

　　張氏門（341）　　瑞芝堂（341）　　聽松閣（341）

　　尋樂齋（341）　　臥雲亭（341）　　蓮花池內有小草亭（341）

　　曹氏別業（342）　　樊氏堂（342）　　沈公堂（342）

　　董氏堂（342）　　鄒氏堂（342）　　鄭氏堂（342）

　　張氏堂（342）　　閒閒處（342）　　樊氏堂（342）　　寺門（343）

　　靈泉寺（343）　　門（343）　　門（343）　　大佛殿（343）

　　堂（343）　　臨湘亭（343）　　門（343）　　門（344）

　　門（344）　　靈泉寺（344）　　樊氏中堂聯（344）

　　靈泉寺（344）　　沈氏齋（345）　　贈御史張尚德（345）

　　沈書房（345）　　賀進士張鬱（345）　　賀張通拔貢（345）

　　賀進士張鷟（346）　　賀張敏中舉（346）　　堂聯（346）

　　鄉賢祠（346）　　鄒氏齋（346）　　賀張友諒拔貢（347）

　　賀張添祐陞吏部（347）　　賀進士張輅（347）

　　賀張禮中舉赴京（347）　　賀舉人張才（348）

　　賀張鍾靈發解（348）　　大佛殿（348）　　靈泉寺門（348）

　　賀張楒中舉（349）　　賀刑部員外張雲鸚（349）

　　賀張桃登第（349）　　贈御史張璞（349）　　賀舉人張祥（350）

　　賀張添祐及第（350）　　樓（350）　　寺門（351）

　　賀舉人張弘（351）　　堂聯（351）　　寺門（351）　　堂聯（351）

　　大佛殿（352）　　靈泉寺（352）　　題寺門（352）

　　聽松閣（353）　　題白雲阿（353）　　題僧室（353）

張公祖堂（311） 贈沈如筠先生隱居（312）

贈張隱士歸隱（312） 歸途日暮（312）

南樓中秋玩月（313） 月桂步韻（313）

闈中詠月、丹桂（313） 應制詠新月（314） 問月（314）

黃鶴樓春眺（314） 寄四弟添祺（315） 花放酒醉（315）

秋飲黃花酒（315） 冬吟白雪詩（316） 靈泉山冬夜（316）

春遊芳草地（316） 夏賞綠荷池（317）

呈沈休齋先生（317） 弔沈休齋先生（317）

上大總裁詹老先生（317） 賀李盛爲督學使者（318）

賀曾泰典會試主考（318） 贈歸客（318） 歸隱（319）

題舟早行（319） 思親（320） 夢妻（320）

勉夫一律（320） 寄惜花詩於妻（321）

回惜花詩於夫（321） 宜作（321） 和夫張璞（322）

觀世有感（322） 哭夫（322） 詠漁（323） 詠樵（324）

詠耕（324） 詠塔上桃（324） 激水把竿（325）

靈泉李氏書樓（325） 壽鄒太常六旬（325）

靈泉吊古（326） 癸未亂後登黃鶴樓（326）

金陵懷古（326） 又之琅邪謁曲阜與孔林，拜夫子廟（327）

祝祖望伯兄五旬（327） 登黃鶴樓（327） 又（328）

又（328） 黃鶴樓題壁（328） 九日思歸（329）

感懷（329） 過朱仙鎮懷古（329） 昭寢懷古（330）

泉港寺晚題（330）

靈泉雜詠 …………………………………………………………… 330

觀宜春侯南征凱旋（330） 答沈少崗（331）

靈泉玉書（331） 黃鶴樓漫興（332） 秋江雁字（333）

隔江聞鐘（333） 山居懷思（334） 春圍棋調（334）

夏（335） 秋（335） 冬（336） 消閒清吏（336）

迴文詩（337） 京師署中自判（337）

白燕應制（286）　　白燕應制（286）　　樊湖遇雨（287）
靈泉寺雪（287）　　靈泉冬景（287）　　雨後踏山（288）
詠龍（288）　　詠鳳（288）　　靈泉古墓（288）
靈泉春雨（289）　　頌閨秀張含英（289）
祝靈泉修真上人（289）　　詠梅、竹（290）
詠梅、雪（290）　　詠梅、月（290）　　春飲春露亭（291）
酬和原韻（291）　　酬春露亭飲（291）　　前題（292）
前題（292）　　前題（292）　　靈泉詠雪（292）　　前題（293）
前題（293）　　前題（293）　　過靈泉秋風亭誌感（294）
靈泉寺（294）　　菖蒲（295）　　祝沈閣老八旬（295）
祝鄔年伯六旬（295）　　賀沈公鍾之子貢（296）
賀沈貢新婚見寄（296）　　賀樊鏞七夕新婚（296）
壽同年進士沈貢四十（297）　　嘲友再娶（297）
壽張學悟八旬（297）　　遊春（297）　　桃花（298）
杏花飲（298）　　暮春行（298）　　獨坐來青閣（299）
夏至（299）　　早秋（299）　　李園秋菊（299）　　洪福寺（300）
七夕（300）　　含山樓落成（300）　　前題（301）
遊紫蕚園（301）　　中秋月（301）　　與楊溥玩月（302）
江上別楊溥憶之（302）　　金陵夜興（302）　　黃鶴樓（303）
琴、月寫雙情（303）　　曾公伏處（303）　　賀杜公生子（304）
與李時亮、樊時中遊樊湖作（304）　　春遊（305）
舟中懷古（305）　　寄四弟添祺詩（305）　　送姪張鑑（306）
承詔赴京（306）　　元旦（306）　　早春（307）　　遊杭州（307）
壽舉人粟應瑞（307）　　賀進士順境歸婚（307）
賀張巡按晚生子（308）　　賀張桃新婚中舉（308）
萬卷書樓弔李氏（308）　　思故鄉（309）　　寄知州沈貢（309）
獄中寄張鶚（309）　　贈黎選（310）　　題節婦張氏（310）
詠雁（310）　　又（311）　　又（311）　　又（311）

退老靈泉（261）　賣花郎（262）　又（262）　四藥名（262）

應制詠雁（263）　又（263）　又（263）　又（264）

休歸詠（264）　秋夜雨（264）　悼亡（264）　題燕（265）

解燕（265）　詠蓮（265）　含山樓觀燈賞月（266）

又（266）　又（266）　又（266）　又（266）　又（267）

又（267）　又（267）　又（267）　又（268）　又（268）

又（268）　又（268）　又（268）　又（269）　又（269）

又（269）　又（269）　又（269）　又（270）　又（270）

又（270）　又（270）　又（270）　白頭鳥集玉簪叢（271）

詠燈花（272）　詠梅（272）　訪靈泉山雲遊道人（272）

掬水月在手（273）　梁湖玩景（273）　舟出樊口（273）

蓮花池（273）　卧雲館（274）　靈泉閒閒亭（274）

蕨萁（274）　植梅（274）　臺上觀桃（275）　詠海棠（275）

殘杏（275）　勉人力學（275）　又（276）　又（276）

贈長老（276）　隱逸作（277）　又（277）　詠漁翁（277）

又（277）　詠牧童（278）　贈陶居士（278）

永樂北狩回朝遇雪命博士詠詩（278）

飲瓊林宴應制各詠攀桂一絕（278）　又（278）　又（279）

上在丹鳳亭讀《忠孝經》，問：世間何最好？（279）

夢東窗半月（279）　祝公溪（280）　萬卷樓（280）

含山樓追次張鶴山韻（280）　又次含山樓元宵韻（280）

詠夾山（281）　又（281）　和仙詩韵（281）

遊靈泉山（281）　題靈泉寺壁（282）

靈泉詩七言律 ·················· 282

南道吟（282）　死節（282）　哭祖叔夜（283）

哭父楝（283）　隱居靈泉（283）　登含山樓（284）

過靈泉寺（284）　九日登高失約（284）　白燕應制（285）

白燕應制（285）　白燕應制（285）　白燕應制（286）

前題（240）　寄鶴山張添祐（240）　聽松閣（241）
飲將軍閣（241）　靈泉山有感（241）　靈泉夜雨（242）
靈泉山居（242）　游九峯（242）　梅伴竹（242）
秋夜懷肅簡（243）　羣英夜衡文（243）　送子赴京（243）
尋樂齋（244）　登岸望赤壁（244）　夏憩山莊（244）
桃園示兒（244）　勉力學（245）　春園聚友（245）
春郊有感（245）　靈泉別業（245）　李園李花盛開（246）
秋風亭小飲（246）　春露亭玩景（246）　靈泉僧房題（247）
踏春日暮（247）　靈泉居第（247）　靈泉桃園（247）
靈泉龍池（248）　靈泉初春（248）　南宮有感（248）
樓中遣懷（248）　靈泉安壇長老自題（249）
太清長老像（249）　送孫尚德之監察（250）
含山樓秋色（250）　秋風亭（250）　靈泉瑞芝堂（250）
沼山冬夜讀書（251）　南遷思君（251）　附錄南遷賦（251）
母病館中自悼（252）

靈泉詩七言絶句 …………………………………… 253

晚朝歸（253）　山溪書屋（253）　乘月登樓（253）
春日榮歸（253）　與沈學士（254）　與李處士（254）
九日夜詠（254）　惜花春起早（254）　愛月夜眠遲（255）
詠牡丹下伏雌（255）　曾氏垂崖竹（255）
吊王氏荒園（2555）　柳絮（256）　春邀友漫遊（256）
辛浩典試滇南歸江夏邀之（256）　春日歸雁（256）
梁湖疎雨（257）　客船（257）　月中折桂應制（257）
紫萼園（257）　尋菊（258）　慈雲寺壁上日影（258）
八分山龍王廟（258）　觀桃園（258）
元宵晤慈雲寺僧（259）　又（259）　詠竹（259）
詠畫中花、小鳥（259）　送客（260）　發解題（260）
獄中寫懷（261）　辭朝（261）　豐禾山齋集古（261）

《靈泉詩》叙（223）

五言絕句 ……………………………………………………… 223

古松（223） 殘冬（224） 靈泉山夜（224） 靈泉寺（224）

居第（224） 遊靈泉寺（224） 靈泉山景（224）

春遊靈泉（225） 有感古松（225） 孟春赴館（225）

讀書誓志（225） 山莊聽農（225） 宿下陽潭（225）

暮歸（226） 尋樂齋（226） 聽松閣（226）

春露亭遊人（226） 雨後登樓（226） 秋風亭（227）

與靈泉僧（227） 幽隱（227） 秋夜讀書（227）

秋夜餞別（228） 秋夜有懷（228） 飲杜家巷（228）

祝解元王時化母壽（228） 祝王時化母壽（229）

春愁吟（229） 題慈雲寺（229） 豐禾山書房（229）

前題步韵（230） 山齋（230） 孟宗母墓（230）

玩蓮（230） 過花山（230） 登城（230） 雨後聽琴（231）

小園（231） 賞紅白梅（231） 歸途日暮（231）

湖山暮景（231） 靈泉寫景（232） 秋園（232）

湖山暮景（232） 靈泉初夏（232） 移居（232）

靈泉山莊居（233） 董公養老堂（233） 完賦吟（233）

沈宅看梅（233） 偕友人王禮渡樊口（233）

靈泉五言律詩 ……………………………………………… 234

張叔夜石坊（234） 張府石橋坊（234） 琴樓（234）

飲石蓮峯頭（234） 過酒家飲竹間（235） 北園留客（235）

楊繼本書房斑竹（235） 醉登白雲樓（236）

燕京署中寄（236） 靈泉有感（236）

過雲夢渡蟻橋吊宋公序（237） 除夕（237）

客中除夕（237） 見妓者（238） 雲山道人題（238）

春日懷歸（238） 江閣聽雨（238） 聽鶯（239）

雨中鵑聲（239） 和族兄登科（240） 鞔姐槎雲（240）

靈泉山李氏録（107） 張氏宗派（107）
張氏世家譜序（108） 《張氏族譜圖》述（109）
張叔夜忠文公記（110） 張叔夜墓地攷（111）
寄張仁一查譜書（112） 約同宗議修譜書（113）
遷移總記（113） 沈氏世家譜（114） 沈氏宗譜（116）
沈氏源流譜（117） 鄒氏由來録（118） 靈泉曾氏譜（118）
靈泉董氏録（119） 董氏族譜（119） 董氏宗派（120）
靈泉杜氏録（120） 杜氏宗譜記（120）
馮文簡宗譜總序（121） 馮氏舊譜序（123）
沼山賦（124） 沼山月臺齋記（125） 沼山名賢十友（126）
沼山記（127） 山靈毓秀記（128）
馮氏銅堤三元閣記（130） 與銅溪潮書（131）
寄同鄉書（132） 馮司徒式公廟碑（133） 積德文（134）
鄂城黃鵠山賦（135） 謝賜及第表（137） 文運論（139）
立學論（140） 訓風俗文（141） 學術事功論（142）
班、馬優劣（143） 道德論（145） 宋將張所論（146）
上元順帝疏（147） 節用、防患、公財疏（149）
憂世論（151） 賦役之苦論（152） 救荒全民疏（154）
上差役疏（156） 六經論（158） 王道論（160）
循吏論（161） 防微疏（163） 輔諫儲貳論（166）
鹽法論（168） 陳兵制方畧論（170） 寬嚴並用（174）
釋氏論（175） 蒐逸才論（177） 幸太學表（180）
謝頌九經書（182） 廟祀論（184） 論從祀（186）
楚稅（191） 示徐曰仁應試論（192） 漕運疏（193）
巡河（196） 修慈雲寺記（198） 迎親回車文（199）

下卷　形勢、詩章、匾對 ……………………………… 200
形勢 ……………………………………………………… 200
靈泉諸公詩集 …………………………………………… 223

孟孝子傳（48）　靈泉八家記（49）　靈泉宅第記（50）

撥換靈山事實（50）　奉旨撥換靈泉山公案（51）

陳嘉言回奏稿（52）　參楚藩本（53）　再參楚藩本（54）

劾楚藩本稿（55）　上言"復勘楚藩"奏疏稿（56）

陳抄家草稿（58）　建李都堂盛神像（59）　占永豐山（59）

覆楚靖王均鈋書（60）　上楚端王書（61）　上楚愍王書（64）

報復說（65）　靈泉穴地總記（66）　靈泉樊侯墓碑（67）

祭戶部曾泰先生墓文（68）　祭副使道張公宏文（69）

祭太僕張璞先生文（71）　沈大亨墓誌銘（72）

同年戴德彝相贊（74）　威靈王張叔夜像讚（75）

題釋如曉行贊（75）　太祖敬心錄（75）　魁星贊（76）

與國子祭酒張御龍先生書（76）　與師張文山子書（77）

與八家書（78）　閣臣別山書（78）　與張學悟書（79）

答張祥書（79）　與東白先生書（80）　與宗弟玉璧書（81）

中卷　記、序、論、疏、文……………………………………82

遺三子及喻兒書（82）　遺書與女玉華（83）

先考遺事誌（84）　杜公遺子書（84）

與董、王四子書（85）　進學訓（86）　誡子（86）

士習訓（87）　學堂訓（88）　讀書訓（89）

傳家訓（89）　發達箴（89）　致仕居靈泉（90）

家政（90）　訓族人（91）　訓子道倫（91）

張都堂遺訓（92）　張封君遺訓（92）　化質訓（93）

慎獨說（93）　屏間自盟詞（94）　傳家格言（95）

言行錄（96）　垂裕後昆文（97）　改過箴（99）

睦族文（99）　交誼論（100）　忿欲論（101）

正鄉賢祀典與邑令書（101）　靈泉八大縉紳總序（102）

樊氏族譜序（103）　《樊氏譜》記（104）

《樊氏譜》跋（105）　樊氏宗譜序（106）

目　　錄

首卷　紀、序、記、傳、案稿、贊文 ……………………………………… 1

　大明紀年（1）　　楚藩世次紀（2）　　靈泉誌叙（3）

　靈泉序（5）　　江夏山記（6）　　靈泉山記（7）　　靈泉記（9）

　靈泉寺序（10）　　靈泉寺記（11）　　靈泉山記（12）

　靈泉前六景（12）　　靈泉後六景（13）　　含山樓（13）

　瑞芝堂（14）　　春露亭（14）　　秋風亭（15）

　聽松閣（15）　　尋樂齋（16）　　萬卷書樓記（16）

　靈泉鄉賢祠序（17）　　鄉賢祠書（18）　　張忠文祠（19）

　地理閒評（20）　　白雲阿亭（21）　　問月軒（21）

　間間亭記（21）　　間間亭（22）　　含山樓記（22）

　黄公鄉誌（23）　　夾山記（24）　　寶善堂記（25）

　靈泉祖廟傳文（26）　　游樊湖記（28）　　寶峯寺義田誌（28）

　靈泉蓼莪堂記（29）　　靈泉北園尋樂齋（30）

　靈泉山水樂（31）　　靈泉四寶誌（32）　　山陽居（33）

　左氏居記（33）　　龍泉寺序（34）　　靈泉八達名宦（34）

　靈泉鄉賢文（34）　　靈泉山八名家錄（36）　　靈泉人物記（37）

　靈泉品題（37）　　銀瓶井記（37）　　寶善錄（38）

　宋高宗勅賜封威靈王張叔夜廟、坊（41）

　宋理宗詔封忠節坊（42）　　張舜民傳（42）

　明太祖勅賜靈泉山張叔夜廟碑加封順天平北王（43）

　思親臺記（43）　　張氏忠烈傳（43）　　張孝廉傳（44）

　張誠瘞枯骨記（45）　　張御史祖孫合傳（45）

　唐將軍李道宗封江夏王傳（46）　　張東白先生傳（47）

完全成書和基本成書的差别。古人著作權意識遠不如完善典籍的願望强烈，不少歷史典籍都是相當長歷史時間内作者們跨時代合作的結果。張文認爲後者從前者中吸收資料，證據不够充分）。湯銘新每課餘隨録數篇，久之成集。湯氏兄弟參考史志和其他文獻考校、注評並補充文章（包括湯銘新撰《靈泉誌叙》《張叔夜墓地考》，湯又新參訂張昌亮撰《撥換靈泉山事實》、編《楚藩世次紀》、撰《報復説》），才成了現在我們看到的樣子。從本書的主要内容看，湯氏兄弟發現之前可能已經初步成書；但從傳世本的角度看，湯氏兄弟卻是最後的完成者。張文認爲本書是"圍繞明代楚藩强占靈泉山爲陵寢的事件，收集了大量文獻"形成的。分析本書文章，直接有關的只有十餘篇，比例較小，説明這雖然幾乎是本書反映的時期的帶結局性的重大事件，但並非全書的中心。後人的少量同類增補，清代讓朱姓後人以享堂爲祖祠，其記載接受了沈賜姓朱的傳聞，是同一思想指導下的回波餘響。傳世各本小有差異，應反映增補仍在繼續。

　　瞭解了作者、成書經過和書中内容，我們就好對本書的性質和價值作判斷了。本書應是以楚王建陵寢前靈泉山地區主要家族族譜爲基本資料，以靈泉山地區地方志的形式，集中反映了靈泉山地區從傳説到反對楚王撥换山内各家的歷史的區域地方志。對瞭解該地區歷史和人物有一定的參考價值。其中反映以張氏爲首的靈泉世家反對楚王撥换的歷史資料，較爲具體和生動。

　　瞭解了作者、成書經過和書中内容，也可以幫助我們發現該書的不足，家譜和地方志的作者史學修養參差不齊，如本書中從上古到成書的歷史，有不少攀附、附會、抄襲甚至互相矛盾的内容，在取信或引用時，要注意核實。有據此書録江夏王道宗題靈泉寺門聯稱爲"華夏第一聯"，受到楹聯史學者的批評，應該引爲借鑒。

　　編輯的問題也較多，如標題與内容不相應，體例也有較多不合理的地方，爲讓大家能看到原貌，暫不多作變更。

們之前遷來此處的原因有相似之處，明楚王也看中了這塊風水寶地，並欲作墓地。有的家族自知不是對手，順從地按楚王的安排撥換（撥地交換）出去了；有的爲了祖墳和利益，希望能抵抗。爲了增加自己的身價，和楚王僞造碑文、倒題年代一樣，靈泉山地區各家族進一步加強了族譜的歷史建設。其實實力相差是懸殊的，相比明代一字併肩的楚王，靈泉山內身份靠得住的只有張添祐中過進士（洪武二十七年甲戌科三甲37名，而非本書文中所說讓出的探花），其他都於史無據。可能只是後世子孫願望的反映，想象祖先曾經也曾貴爲侯、王和大官，而且轟轟烈烈地與楚藩鬥過一場（湯又新撰《報復說》甚至想象張獻忠和李自成是上天安排爲張、李家復仇的），多少可以發泄一下心中的怨恨。其中，張添祐及其後人對本書的貢獻應該最大。本書中張氏家族的資料、點評（11處）最多；張添祐的作品最多（文26篇、詩85首、匾4塊、聯3副、點評2處）；除湯銘新（10處）外，張鍾靈的點評（6處）數量居第二。他們能寫，應該不屑於作僞，抄襲應該是其後代有心或無意造成的。張小也《地方志與地方史的建構——以清〈江夏縣志〉與民間文獻〈靈泉誌〉的對比爲中心》（《清史研究》2012年8月3期，下稱張文）據清同治《江夏縣志》開始采納引用等，判斷成書時間大概是明末清初。明末楚藩氣焰囂張，張家作爲反撥換的中堅，遭受迫害也最爲慘重，能保留一些歷史資料已屬不易，結合本書被發現、引用情況的考察，認爲清初成書比較穩妥。

　　主要的內容有了，就會被有心人發現，湯又新在嘉慶癸亥（公元1803年）年發現一本《靈泉古誌》（張文稱沈氏族人也於大致相同的時間見過，應該不是偶然）時，其殘缺狀況只能使其兄，生長於靈泉山外圍地區，對靈泉山歷史、人物很有興趣，在傅家學館任教的塾師湯銘新感到遺憾。湯銘新于道光二年（公元1822年）又在伊（疑"尹"之誤，即原在首卷扉頁五言古詩《母病館中自悼》的作者尹安愚或其族人）家發現了一本相對保存較好的《靈泉誌》抄藏本（其與之前發現的《靈泉古誌》比較，從湯叙看，似乎只有殘缺和完整的差別，當然也可能是未

前　　言

要瞭解一本書及其價值，必須從瞭解其作者開始，對於眼前的這本武漢市地方志辦公室收集珍藏的抄本，這首先就是個難題，因爲作者不明。當然，雖然作者難以斷定，但也不是完全沒有綫索，只是因爲證據不够充分，難以確定而已。

書中包括靈泉山内主要家族的歷史，最初和基本的資料積累應該是從傳説和族譜（如張、沈、馮氏族譜等）開始的。我國上古只有姓，至周代前後，氏族開始分立，《世本》是其反映。到魏晋時期實行九品中正制，開始重郡望。永嘉之後，北方民族大融合，南方氏族重新布局。唐、宋適應上層家族的變化，又開始姓氏的統計和排序，《貞觀氏族志》《姓氏録》《元和姓纂》《百家姓》《通志·氏族》等都是其反映。傳宋代歐陽修編《歐陽氏譜圖》、蘇洵編《蘇氏族譜》，創立了譜圖（表）的較好體例，但靖康亂後，宋室南渡，又一次重新洗牌。直到明、清，各氏族相對穩定，纔進入了族譜的繁榮期。靈泉山主要家族的族譜，也只能是元末明初以後纔可能真正開始，以前的只能算傳説。當然，也可能參考了明嘉靖《湖廣圖經志書》、萬曆《湖廣總志》和相應文集以及民間傳説。這些族譜，和其他地區的一樣，因爲歷史記載不足和後代願望的多種因素，有心（希望人家認爲自己祖宗成就輝煌等）或無意（誤以前人抄録爲創作等）的附會和攀附，甚至抄襲（首、中卷文199篇約有18篇，下卷詩399首約有74首、賦3篇有1篇、聯47副有9副有這樣的問題）是比較明顯的。明、清有專門滿足這種需要的專業"譜師（匠）"，清代盛行"拉名人作祖宗"和"拉名人作譜序"，本書成書於其時，有這樣的問題是意料中的事。

靈泉山内外的各家族剛剛安定下來，開始了第宅和景點建設，和他

出版説明

湖北乃九省通衢，北學南學交會融通之地，文明昌盛，歷代文獻豐厚。守望傳統，編纂荆楚文獻，湖北淵源有自。清同治年間設立官書局，以整理鄉邦文獻爲旨趣。光緒年間張之洞督鄂後，以崇文書局推進典籍集成，湖北鄉賢身體力行之，編纂《湖北文徵》，集元明清三代湖北先哲遺作，收兩千七百餘作者文八千餘篇，洋洋六百萬言。盧氏兄弟輯録湖北先賢之作而成《湖北先正遺書》。至當代，武漢多所大學、圖書館在鄉邦典籍整理方面亦多所用力。爲傳承和弘揚優秀傳統文化，湖北省委、省政府決定編纂大型歷史文獻叢書《荆楚文庫》。

《荆楚文庫》以"搶救、保護、整理、出版"湖北文獻爲宗旨，分三編集藏。

甲、文獻編。收録歷代鄂籍人士著述，長期寓居湖北人士著述，省外人士探究湖北著述。包括傳世文獻、出土文獻和民間文獻。

乙、方志編。收録歷代省志、府縣志等。

丙、研究編。收録今人研究評述荆楚人物、史地、風物的學術著作和工具書及圖册。

文獻編、方志編録籍以1949年爲下限。

研究編簡體横排，文獻編繁體横排，方志編影印或點校出版。

《荆楚文庫》編纂出版委員會
2015年11月

《荆楚文庫》工作委員會

主　　　任：王蒙徽

副　主　任：諸葛宇傑　琚朝暉

成　　　員：韓　進　張世偉　丁　輝　鄧務貴　黃劍雄
　　　　　　李述永　趙凌雲　謝紅星　劉仲初　黃國斌

辦公室

主　　　任：鄧務貴

副　主　任：趙紅兵　陶宏家　周百義

《荆楚文庫》編纂出版委員會

主　　　任：王蒙徽

副　主　任：諸葛宇傑　琚朝暉

總　編　輯：馮天瑜

副 總 編 輯：熊召政　鄧務貴

編委（以姓氏筆畫爲序）：　朱　英　邱久欽　何曉明
　　　　　　周百義　周國林　周積明　宗福邦　郭齊勇
　　　　　　陳　偉　陳　鋒　張建民　陽海清　彭南生
　　　　　　湯旭巖　趙德馨　劉玉堂

《荆楚文庫》編輯部

主　　　任：周百義

副　主　任：周鳳榮　周國林　胡　磊

成　　　員：李爾鋼　鄒華清　蔡夏初　王建懷　鄒典佐
　　　　　　梁瑩雪　丁　峰

美術總監：王開元

靈 泉 山 誌
LINGQUANSHAN ZHI

圖書在版編目（CIP）數據

靈泉山誌 /〔清〕佚名 編；晏鴻鳴 點校.
—武漢：武漢出版社，2023.9
ISBN 978-7-5582-5384-3

Ⅰ．①靈⋯
Ⅱ．①佚⋯ ②晏⋯
Ⅲ．①山—地方志—武漢—明清時代
Ⅳ．①K928.3

中國版本圖書館 CIP 數據核字(2022) 第 132399 號

責任編輯：齊大勇　胡　新
整體設計：范漢成　曾顯惠　思　蒙
技術編輯：沈力夫
責任印製：代　湧
出版發行：武漢出版社
地　址：武漢市江岸區興業路 136 號
電　話：027-85606403　郵政編碼：430015
錄　排：武漢尚品書緣有限公司
印　刷：湖北新華印務有限公司
開　本：720mm×1000mm　　1/16
印　張：23.25　插頁：8
字　數：330 千字
版　次：2023 年 9 月第 1 版　2024 年 9 月第 1 次印刷
定　價：105.00 元

靈泉山誌

〔清〕佚名 編

晏鴻鳴 點校

荆楚文庫編纂出版委員會

武漢出版社